Elizabeth Teissiers
Sternzeichen-
analyse

Elizabeth Teissier · Gerhard Hynek

Elizabeth Teissiers Sternzeichen- analyse

Mit persönlicher Astro-Prognose bis 2005

NEUER
HONOS
VERLAG

Liebe Leser und Leserinnen!

Die Prognosen dieses Buches sind jeweils auf Ihr Sonnenzeichen bezogen und stellen nützliche Informationen dar. Da die Sonne – und damit Ihr Sternzeichen – meistens der Kernpunkt eines persönlichen Horoskops ist, haben diese kollektiven Prognosen einen Sinn. Sie sollten sie wie eine Art Wetterbericht lesen. Wenn Sie „kosmischen" Rückenwind haben, das heißt günstige Einflüsse, dann können Sie direkt auf Ihr Ziel zusteuern. Bei schwierigen Einflüssen hingegen sollten Sie etwas vorsichtiger sein, sich größere Schritte gut überlegen, manchmal einen günstigeren Zeitpunkt abwarten.

Außerdem sollten Sie immer wieder daran denken, dass auch schwierige Einflüsse einen Sinn haben, und manchmal kommen wir gerade dann einen großen Schritt weiter im Leben, wenn wir Konflikte lösen müssen. Umgekehrt haben wir oft festgestellt, dass man bei harmonischen Einflüssen bloß die Hände in den Schoß legt und das Leben genießt. Deshalb sollten Sie den Kopf nicht hängen lassen, wenn Sie in den nächsten Jahren zu den Zeichen gehören, die mehrere Planeten gegen sich haben. Denn gerade deshalb könnten es besonders wichtige Jahre Ihres Lebens werden, Jahre der großen Umwälzungen.

Schließlich betreffen diese Prognosen nur die Sonne in jedem Horoskop und alle anderen Planeten und wichtigen Punkte in einem persönlichen Horoskop (z. B. der Aszendent oder die Himmelsmitte) sind nicht berücksichtigt. Deshalb könnten manchmal schwierige Einflüsse auf Ihre Sonne durch positive Aspekte auf andere Punkte oder Planeten in Ihrem persönlichen Horoskop neutralisiert oder sogar in günstige Einflüsse „umgepolt" werden.

Nun wünschen wir Ihnen eine ganze Menge günstiger Planeten-Aspekte und viel Erfolg und Glück für die nächsten Jahre!

Mit Sternengruß

Elizabeth Teissier und Gerhard Hynek

EINFÜHRUNG

Fast jeder weiß heute, dass Astrologie nichts anderes als die „Kunde von den Sternen" ist. Das hat nichts mit Karten oder Hellseherei und anderen Hilfsmitteln zu tun, sondern ist die Interpretation der Wirkung der Konstellation zum Zeitpunkt Ihrer Geburt. Nach der Position von beispielsweise Jupiter, dem Mond und der Sonne können Sie schon eine ganze Menge über den Charakter und sogar über das mögliche Schicksal des Geborenen erfahren! Und die Wirkung jedes Planeten und der Sonne und des Mondes beruht auf einer jahrtausendealten Tradition und Überlieferung (jeder kann sie erlernen!), die den Astrologen eben lehrt, wie die Qualität der nächsten Jahre oder Monate aussehen könnte. Das alles hat natürlich nichts mit Hexerei oder Hokuspokus zu tun, sondern es sind – in zahlreichen Büchern aufgeführt und nachweisbar – kosmische Einflüsse, die mit diesen Regeln gedeutet werden. Ich bin deshalb immer wieder überrascht, wenn Leute über Astrologie diskutieren wollen, die keine blasse Ahnung davon haben. Die noch immer auf dem Standpunkt stehen, dass der Einfluss der Sterne nur etwas für Leichtgläubige sei. Ich kann dazu nur sagen, dass jeder, der sich einige Stunden dafür Zeit nimmt, selbst nachprüfen kann, wie Astrologie funktioniert und ob sie überhaupt funktioniert ...

Zuerst einmal ein wenig Astronomie, um Klarheit zu schaffen – nur einige Grundbegriffe, damit die Zusammenhänge deutlich werden.

Was ist der Tierkreis?

Darunter versteht man das Band, das die Sonnenbahn – von der Erde aus gesehen – bildet, wenn Sie im Jahresablauf vom nördlichsten Punkt (Wendekreis des Steinbocks) bis zum äußersten Punkt im Süden (Wendekreis des Krebses) wandert. Dieses Band, eigentlich Ekliptik genannt, wird dann in 12 gleiche Teile getrennt, und diese bilden die 12 Sternzeichen.

Als diese Zeichen vor etwa 2000 Jahren mit Namen versehen wurden, vom Widder bis zum Fisch, standen jeweils hinter den Sternzeichen auch die gleichnamigen Sternbilder. Aber: Diese Sternbilder, auch Konstellationen genannt, bestehen aus mehreren Sternen – und nur mit viel Phantasie kann man tatsächlich erkennen, dass es sich um einen Widder oder um Zwillinge usw. handelt.

Daraus entstand ein großes Missverständnis: Wie Sie sicher schon gehört oder gelesen haben, sind derzeit die Sternzeichen und die Sternbilder nicht mehr identisch, da sie sich nicht mehr überdecken. Denn der Tierkreis hat sich gegenüber den Konstellationen um fast ein ganzes Zeichen verschoben. Das bedeutet, dass hinter dem Zeichen Widder im Himmel nicht mehr die gleichnamige Konstellation Widder steht, sondern das Sternbild Fische. Und hinter den Fischen steht das Sternbild Wassermann, usw. durch den gesamten Tierkreis. Dadurch kann man zum völlig falschen Schluss kommen, dass wir eigentlich nicht dem Sternzeichen angehören, das wir als das unsere kennen, sondern dem Zeichen davor. Ein großer Irrtum! Denn obwohl diese „Verschiebung" zwischen Tierkreis und Sternbildern astronomisch richtig ist, stützt sich die Astrologie nicht auf den Einfluss der Sternbilder, sondern der Planeten unseres Sonnensystems auf den Tierkreis. Und der Unterschied ist gigantisch: Stellen Sie sich vor, dass ein Sternbild aus etwa einem Dutzend Fixsternen besteht, die im Allgemeinen einige hundert Lichtjahre von unserer Erde entfernt sind. Außerdem sind

auch die Distanzen zwischen den Sternen eines Sternbildes astronomisch und können bis zu Tausende von Lichtjahren betragen!

Da sind die Distanzen innerhalb unseres Sonnensystems (und nur unser Sonnensystem interessiert uns in der Astrologie!) im Vergleich lächerlich. Die Sonne ist beispielsweise etwa sieben Lichtminuten von uns entfernt. Und der am weitesten entfernte Planet Pluto, der auch mit Fernrohren nur äußerst schwer zu beobachten ist (und erst 1930 entdeckt wurde), ist etwa 30 Lichtminuten von der Erde weg. Ganz anders die Distanzen der Sterne (darunter versteht man im Allgemeinen Fixsterne): Der Stern, der unserer Erde am nächsten ist (sein Name ist Alpha Centaurii), ist immerhin schon mehr als zwei Lichtjahre weit weg! Und viele andere Sterne, die wir täglich mit bloßem Auge am Himmel beobachten können, sind hunderttausende Lichtjahre weit entfernt.

So weit zum Unterschied von Sternzeichen und Sternbild. Außerdem beginnt das kosmische Jahr nach wie vor mit dem Beginn des Frühlings, das heißt am 21. März, wenn die Sonne in das Zeichen Widder eintritt (aber nicht in das Sternbild Widder!). Und für uns Astrologen besteht kein Grund, den Tierkreis nach hinten zu schieben, denn die Sternzeichen sind schließlich seit Jahrtausenden auch an die Jahreszeiten gebunden (der Widder ist eben ein stürmisches Frühlingszeichen, der Löwe gehört zum Hochsommer, und die Waage ist genau richtig für den Zeitpunkt der neuerlichen Tagundnachtgleiche usw.).

Obwohl es nicht leicht ist, alle diese astronomischen Tatsachen zu kennen, sollten Sie mir ruhig vertrauen: Sie gehören weiterhin zu Ihrem Sternzeichen und daran hat sich kein Jota geändert! Außerdem können Sie auch das manchmal zitierte 13. Sternzeichen sofort wieder vergessen, denn das ist großer Unsinn (hier wird wieder der Fehler gemacht, dass die Zeichen mit den Sternbildern verwechselt werden!). Es gibt 12 Sternzeichen und die Astrologie funktioniert damit bestens. Jeder Astrologe kann

in seiner Praxis beurteilen, dass sich an dieser uralten Einteilung nichts geändert hat. Außerdem gibt es ganz neue wissenschaftliche Forschungen mit statistischen Angaben über mehrere hunderttausend Geburtsdaten, die von einer Gruppe ermittelt wurden, die kein Interesse daran hatte zu beweisen, dass die Astrologie stimmt oder nicht. Und trotzdem ist das Ergebnis eindeutig: Die astrologischen Kriterien bezüglich der 12 Sternzeichen haben ihre Gültigkeit. Ein harter Schlag übrigens für die Gegner der Astrologie, da bei diesen statistischen Erhebungen nur die jeweiligen Sternzeichen berücksichtigt wurden – ohne genaue Geburtsstunde und ohne persönliche Horoskope. Damit bestätigt sich sogar die Grundeinteilung in 12 Sternzeichen. Das bedeutet, dass eben jeder Widder bestimmte Grundeigenschaften hat, genauso wie jeder Stier, jeder Zwilling usw. bestimmte Qualitäten und Fehler entwickelt, einzig und allein aufgrund seines Geburtsdatums. Natürlich gibt es dann aber Unterschiede, da in der feineren Unterteilung auch der Aszendent und die Position der Planeten bei Ihrer Geburt eine wichtige Rolle spielen!

Sie können also sicher sein, dass Sie als Widder andere Eigenschaften haben als ein Stier oder ein Löwe. Aber: Wenn Sie Widder sind und Ihr Aszendent ist Krebs, dann sind Sie wiederum verschieden von einem anderen Widder, dessen Aszendent im Zeichen Skorpion ist.

Deshalb haben auch kollektive Prognosen, in denen jeweils nur der Stand der Sonne in den Sternzeichen berücksichtigt wird, ihre Berechtigung.

Stehen wir am Beginn der Wassermann-Ära?

Vielleicht war 1998 eine wichtige Etappe für den Beginn des Wassermann-Zeitalters? Denn neben Uranus, dem Planet dieses Zeichens, der ein Symbol für Reformen, Umschwung oder neue Ideen ist, und der in seinem eigenen Zeichen steht, trat auch

Neptun in das Zeichen Wassermann. Diese äußerst seltene Konstellation, die sich frühestens wieder in etwa 160 Jahren ergeben wird, könnte eventuell ein Hinweis darauf sein, dass diese neue Ära derzeit beginnt. Ziemlich sicher dürfte wohl sein, dass wir auf jeden Fall derzeit in einer Übergangsphase zwischen dem Zeitalter der Fische und des Wassermanns sind. Demzufolge sollte das nächste Jahrtausend unter diesem Zeichen stehen (eine Ära dauert etwa 2 170 Jahre und ist der Zeitraum, den der Äquinoktilpunkt benötigt, um ein Sternzeichen rückwärts laufend zu durchwandern). Das 3. Jahrtausend soll ein Zeitalter des Geistes und der Erkenntnis werden, und universelle Ideen dürften vorrangig sein. Nachdem die Ära der Fische, die ungefähr mit der Geburt Christi begonnen hat, vor allem symbolisch ist für Mitgefühl, Religion und Liebe zum Nächsten, sollte die Wassermann-Ära große Reformen bringen, und das Denken sollte wichtiger sein als das Fühlen. Hoffen wir, dass die humanitären Ziele, die Nächstenliebe und die Liebe nicht zu kurz kommen. Jeder von uns sollte versuchen, sich in eine harmonische „Grundschwingung" zu versetzen. Dabei können Disziplinen wie Yoga, Atemübungen, Meditation usw. eine gute Hilfe sein. Wenn man diese innere Harmonie erreicht, wird man auch die kosmischen Schwingungen, egal ob harmonisch oder dissonant, relativ gut integrieren.

Da viele Probleme der letzten Jahre (speziell bezüglich unserer Umwelt und einer möglichen Klimakatastrophe) weit über nationale Grenzen hinausgehen, sollte sich auch die Wassermann-Idee des Universalismus besser durchsetzen. Nur planetarische Entscheidungen, die alle Nationalitäten einbeziehen, können uns in den nächsten Jahren weiterhelfen. Vielleicht wird man eines Tages einen Rat der Weisen einberufen, der für unsere ganze Welt Entscheidungen trifft. Dies wäre eines der Symbole der Wassermann-Ära.

Die Planeten-Zyklen der nächsten Jahre und das Ende des Jahrtausends

„Wir wissen, dass Zivilisationen nicht unsterblich sinc", schreibt der französische Philosoph Paul Valéry. Wir leben mehr denn je in einer Phase der großen Umwälzungen, und der technische Fortschritt allein gilt schon seit langem nicht mehr als das erstrebenswerte Ziel. Ein Zeitalter geht zu Ende und eine neue Epoche beginnt.

Als Astrologe richtet man sich (besonders in der mundanen Astrologie, die sich mit den Ereignissen befasst, die unsere Erde betreffen) nach den planetarischen Zyklen, die immer wieder in der Geschichte für große Mutationen gesorgt haben. Es gibt einen kosmischen Ablauf der Geschichte, der sehr stark mit den Zyklen unserer Planeten verbunden ist. Die großen Umwälzungen der Zivilisation laufen parallel zu einem der größten Zyklen – dem von Pluto und Neptun – der 496 Jahre dauert, also etwa fünf Jahrhunderte.

Geht man in unserer Geschichte mehrere solcher 500-Jahr-Zyklen zurück, so stößt man im 6. Jahrhundert vor Christus auf das Zusammentreffen der Geburt von außergewöhnlichen Denkern wie Lao Tse, Konfuzius, Buddha oder Pythagoras. Und fünf Jahrhunderte später erfolgte die Geburt von Jesus. Als der bisher letzte Zyklus am Ende des 15. Jahrhunderts begann, entdeckte Kolumbus Amerika, der Buchdruck begann mit Gutenberg seinen Siegeszug, und es kam zu einer großen Revolution der Kommunikation.

Neben diesem 500-Jahr-Zyklus gibt es noch die Zyklen der anderen Planeten – von Pluto-Uranus, Uranus-Neptun usw. bis zum kleinsten und kürzesten dieser Zyklen, dem zwischen Sonne und Mond, der 28 Tage jeweils von einem Neumond zum anderen dauert. Alle diese Zyklen haben ihre Bedeutung und vor allem die Zyklen der langsamen Planeten (ihre Umlaufdauer reicht von dem am weitesten entfernten

Pluto, 248 Jahre, bis zu Jupiter, der 12 Jahre benötigt, um einmal den Tierkreis zu durchlaufen).

In der mundanen Astrologie, die sich hauptsächlich mit den allgemeinen Konstellationen und deren Wirkung auf unsere Erde sowie das Schicksal der Nationen befasst, haben diese Zyklen eine große Bedeutung.

1980 begann eine vier Jahre dauernde Periode, in der es zu mehreren „großen" Konjunktionen kam (dem Zusammentreffen auf dem Tierkreis von zwei langsamen Planeten). Die großen Umwälzungen haben in dieser Periode begonnen, und man wurde sich beispielsweise bewusst, wie schlimm es um unsere Umwelt steht. Auch die bisher unheilbare Seuche AIDS wurde in dieser Periode weltweit bekannt, und all diese Ereignisse tragen zu einer Änderung unseres Bewusstseins bei.

Hoffen wir, dass die Menschheit dank positiver Schwingungen zu einer Art Erleuchtung findet und eine Lösung für diese bedrohlichen Probleme gefunden wird. Neue Entdeckungen werden in den kommenden Jahren zu einschneidenden Änderungen führen. In den 90er Jahren gingen mehrere Zyklen in die Endphase, und im Jahre 2005 beginnt ein Großteil der wichtigsten Zyklen wieder von vorne mit einer Phase der Öffnung und Entfaltung, und damit beginnt eine neue Epoche. Vielleicht das berühmte „Goldene Zeitalter", von dem mehrere Propheten gesprochen haben?

Trotz großer Katastrophen und Umwandlungen in den kommenden Jahren wird die Erde weiter bestehen. Der geniale Astrologe und Seher Nostradamus, der sicherlich einer der wenigen echten Propheten der letzten Jahrhunderte war, spricht von einem außergewöhnlichen Ereignis im August 1999, wenn ein „Schreckens-König auf die Erde herabsteigen wird". Allerdings ging dieser 11. August 1999 vorbei, ohne dass es zu einem größeren kosmischen Ereignis kam. Vielleicht müssen wir noch ein wenig warten (dieses Manuskript entsteht Ende August!) ... Oder hat sich Nostradamus diesmal getäuscht?

Doch seine Voraussagen, die er vor fast 500 Jahren verfasste, gelten bis ins Jahr 3790, und bis dahin können uns wohl noch einige Generationen nachfolgen ...

Nach der Serie zwischen 1980 und 1984 und den großen Konjunktionen zwischen 1988 und 1992 kam es zwischen 1990 und 1997 zu einer weiteren Serie.

Man hat festgestellt, dass die Zahl und Stärke der Naturkatastrophen in den letzten Jahren zugenommen hat (Erdbeben, Wetterkatastrophen, Vulkanausbrüche usw.).

Wenn sich mehrere Planeten in der gleichen Zone des Tierkreises „treffen" oder sehr nahe aneinander sind, dann nennt man dies eine „Doriphorie". Solche Doriphorien waren im 20. Jahrhundert häufiger als in den Jahrhunderten davor.

Die Doriphorie des Jahres 1989 wurde begleitet von den Konjunktionen zwischen Uranus und Neptun sowie Saturn und Neptun. Dies war übrigens der Grund, weshalb ich schon 1983 in einem meiner Bücher eine große Umwälzung in der UdSSR und der DDR für das Jahr 1989 vorausgesagt hatte, da diese beiden Zyklen eine große Rolle im Horoskop der UdSSR und der DDR spielen! Man konnte deshalb damit rechnen, dass Ende 1989 und Anfang 1990 entscheidende Perioden in der Geschichte der UdSSR und der DDR werden würden.

Eine weitere „Planeten-Ansammlung" fand im November 1995 statt, diesmal im Zeichen Schütze. Ich hatte in mehreren meiner Bücher geschrieben, dass wir Ende 1995 mit einer wichtigen Entwicklung im Kampf gegen AIDS rechnen können würden. Tatsächlich begann man Ende November 1995 – genau zu dem Zeitpunkt, als Pluto in das Zeichen Schütze eintrat – mit der sogenannten Tri-Therapie (drei Medikamente werden gleichzeitig verabreicht), und zum ersten Mal seit vielen Jahren gab es immerhin einen Hoffnungsschimmer, da bei vielen AIDS-Kranken zumindest der Stillstand der Krankheit festgestellt werden konnte. Mit einem Mal waren die „Todesurteile" wenigstens aufgeschoben.

Und für 1993, als Neptun und Uranus im Steinbock eine Konjunktion bildeten, wagte ich die Prognose, dass wir damit an einen Wendepunkt in der Kommunikation kommen würden. Das letzte Treffen dieser beiden Planeten geht auf 1821 zurück (Beginn des Industriezeitalters, Wiener Kongreß, Aufteilung Europas usw.), und es ist kein Zufall, dass das neue „Europa der 12" mit dieser Konjunktion begann. Außerdem kam es mit der Verbreitung der Heimcomputer und vor allem dem Aufbau des weltweiten Computernetzes Internet zu einer neuen und vor allem globalen Entwicklung in unserer Kommunikation. Auch der bereits erwähnte Zyklus von etwa 500 Jahren spielt hier eine Rolle, denn Ende des 15. Jahrhunderts begann mit dem Buchdruck ebenfalls eine neue Ära der Kommunikation wie Ende des 20. Jahrhunderts mit der binären Computersprache und der Explosion des globalen Kommunikationssystems Internet. Noch nie gab es in der Geschichte der Menschheit die Möglichkeit, weltweit und zu jeder Zeit Informationen auszutauschen.

Dies könnte außerdem in den kommenden Jahren der Grund dafür sein, dass Diktaturen weniger Möglichkeiten haben, einen Informationsfluss zu verhindern. So gibt es unter anderem die Hypothese, dass beispielsweise das Regime in China immer größere Schwierigkeiten hat, eventuelle Regimegegner zu kontrollieren.

Aber diese Hypothese ist ein zweischneidiges Schwert, denn immer kompliziertere Computerprogramme ermöglichen es derzeit, Millionen von Telefonanschlüssen zu überwachen – mit einem ausgefeilten Stichwortsystem, dass tausende Telefongespräche gleichzeitig überprüfen kann! Wie wir sehen, ist auch auf diesem Gebiet „Big Brother" immer mehr möglich und es wird zusehends schwerer, die Privatsphäre des Individuums zu schützen.

Auch die Konstellation im August 1999 (speziell zum Zeitpunkt der Sonnenfinsternis am 11.!) war ziemlich außergewöhnlich. Fast alle Planeten standen in Form eines Kreuzes in den vier fixen Zeichen Stier, Löwe, Skorpion und Wassermann. Dies führte

dazu, dass ich – und viele andere Astrologen – einerseits eine Zunahme von Katastrophen (speziell der Umwelt, Erdbeben, Überschwemmungen, Eisenbahn) befürchtete, aber auch ein außergewöhnliches Ereignis im Zusammenhang mit dem Weltall, der Raumfahrt. Leider ist bisher nur der negative Teil dieser Vorhersagen eingetroffen: Das schlimmste Erdbeben des Jahres fand in der Türkei statt, das schlimmste Zugunglück mit über 400 Toten in Indien, die schrecklichen Überschwemmungen in mehreren Ländern Asiens waren ebenfalls die schlimmsten seit Jahren usw. Da diese Konstellation bis zum folgenden Neumond am 9. September wirksam ist, kann man noch keine endgültige Bilanz ziehen. Aber in meinen Interviews und in meinen Büchern habe ich immer wieder besonders betont, dass glücklicherweise ein sehr günstiger Aspekt zwischen den beiden Glücksplaneten Jupiter und Venus die Hoffnung zulässt, dass globale Katastrophen oder ein Weltkrieg verhindert werden!

Hoffen wir jedenfalls, dass mit der Wassermann-Ära vor allem auch ein neues Zeitalter des Humanismus beginnt ... Dann könnte das neue Jahrtausend den Erwartungen eines neuen Zeitgeistes entsprechen. Aber vorerst müssen wir noch einige Hürden überwinden: Denn die Konstellation von August könnte im November und dann nochmals im Frühjahr 2000 Auswirkungen haben. Und im Mai 2000 kommt es zur Konjunktion Jupiter-Saturn, die in der Vergangenheit oft sehr bedeutsam für die Entwicklung Europas war und diesmal mehrere Krisenherde betrifft (z. B. Israel und den nahen Osten, Irak-Iran, aber auch China), so dass ein weltweiter Frieden oder ein „Goldenes Zeitalter" zumindest in den nächsten Jahren eine Utopie bleiben wird.

DIE ZWÖLF STERNZEICHEN

Fast jeder kennt heute sein Sternzeichen. Den letzten Meinungsumfragen zufolge sagen 98 % der Bevölkerung, dass sie ihr Sternzeichen kennen und in den meisten Fällen auch die Grundeigenschaften ihres Sonnenzeichens. So wissen selbst astrologieskeptische Widder, dass sie direkt, draufgängerisch, mutig usw. sind. Und Stiere geben gerne zu, dass sie naturverbunden, bodenständig, gelassen, freundlich usw. sind.

Auf den nächsten Seiten finden Sie eine Beschreibung jedes Sternzeichens. Dies stellt jeweils Grundtypen dar, aber man soll nicht vergessen, dass wir alle ein Cocktail aus verschiedenen Sternzeichen sind. Denn Aszendent, Mond oder Planeten sind meistens in einem Horoskop auf mehrere Zeichen verteilt. Diese Positionen geben in persönlichen Horoskopen noch Auskunft über die bestimmten Lebensgebiete, die von den verschiedenen Einflüssen betroffen sind. So könnte es manchmal bei kollektiven Prognosen aufschlussreich sein, wenn man seinen Aszendenten kennt und auch unter diesem Zeichen die Prognosen nachliest. Aber die Sonne ist in den meisten Fällen der stärkste Punkt in einem Horoskop, schließlich ist die Sonne das Zentrum unseres ganzen Sonnensystems ... Dies ist auch der Grund, weshalb kollektive Prognosen, die nur auf das Sonnenzeichen Rücksicht nehmen (deshalb auch „Sonnenstand-Horoskop" genannt), ihre Gültigkeit haben.

Der Tierkreis wird nicht nur in 12 Sternzeichen unterteilt, sondern auch in die vier Elemente: Feuer, Erde, Luft und Wasser.

Widder, Löwen und Schützen sind Feuerzeichen, Stier, Jungfrau und Steinbock werden der Erde zugeteilt, die Zwillinge, Waagen und Wassermänner der Luft, und schließlich Krebs, Skorpione und Fische dem Element Wasser.

Es gibt noch andere Einteilungen (männlich-weiblich oder feste, fixe und veränderliche Zeichen), aber das würde hier zu weit führen.

Es gibt noch die Unterteilung in Dekaden, das heißt Abschnitte von 10 Grad (Bogen) auf dem Tierkreis, jedes Zeichen in drei Dekaden. Dies ist vor allem dann sinnvoll, wenn man Prognosen in einem kollektiven Horoskop etwas präziser machen kann. Oder man gibt die genauen Daten innerhalb des Zeichens an, die vom Transit eines langsamen Planeten betroffen sind.

Widder

vom 21. März bis 20. April

Ihr Motto:

„Ich bin" oder „Ich agiere"

Typisch Widder

Als erstes Sternbild des Tierkreises im kosmischen Jahr ist der Widder das Zeichen des Frühlings par excellence. Begierde, Schwung, Spannung, Trieb, Eroberung, Energie. Alles ist Tat. So wie Baudelaire schreibt: „Gewiss, was mich betrifft, so werde ich zufrieden aus einer Welt scheiden, in der die Tat nicht die Schwester des Traumes ist." Oder Jean-Paul: „Nur Taten geben dem Leben Stärke." Der Planet Mars regiert den Widder. Mars, der Aggressive, der Militärische, der Impulsive. Bismarck sagt: „Nicht durch Reden und Majoritätsbeschlüsse werden die großen Fragen der Zeit entschieden, sondern durch Eisen und Blut."

Dieses Feuerzeichen ist ganz und gar von Vitalität geprägt. Der Widder ist eines der vier Kardinalzeichen, das für schnelle Entscheidungen und wagemutige Initiativen steht, ein männliches Zeichen.

Ihr Wochentag, lieber Widder, ist der Dienstag, der Tag des Mars. Ihre Farbe ist Rot, Ihr Metall das Eisen, Ihr Parfum sehr natürlich: geschnittenes Heu. Ihre Pflanzen sind Heidekraut und Minze. Der Edelstein des Widders ist der Amethyst, seine Zahl ist die 11.

Widder, wer sind Sie?

Vom Temperament her sind Sie instinktiv, impulsiv und primär. In dem Sinne, dass Sie unmittelbar reagieren und ein Mensch der Gegenwart sind. Für Sie zählt nur das „Jetzt". „Die Zeit wartet nicht", sagt Lenin, ein Stier mit Widder-Dominante.

Obwohl auf die Zukunft gerichtet, leben Sie dennoch völlig in dieser Gegenwart, der Sie Ihre gesamte Energie widmen. Also elementar, aktiv und erregbar, dies ist Ihr Charakterbild. Der aufbrausende Typus. Nach Hippokrates (dem griechischen Arzt des 5. Jahrhunderts vor Christus) sind Sie Choleriker. Ihre Gangart ist entschieden, Ihre Gesten sind klar und eckig, Ihr Kopf oft markant mit ausgeprägtem Profil, Adlernase mit ziemlich dicker Nasenwurzel, Ihr Hals ist muskulös wie auch Ihr Körper. Er ist eher schlank oder gar mager, wie es sich für einen Choleriker wie Sie gehört.

Ihr Verhalten ist ungeduldig und autoritär. Sie lieben Kampf und Wettstreit. „Man macht erst furchtbar viel Böses durch, und dann wird man berühmt", sagt der Widder Hans-Christian Andersen. Sie sind zu Aufsehen erregenden Handlungen fähig, Sie lieben Abenteuer und Risiko, und am Steuer erkennt man Sie sofort als das, was Sie auch sind: ein draufgängerischer Widder! Eine Mischung aus Don Quichotte und Zorro. Sie sollten diese natürliche Unvorsichtigkeit zu meistern versuchen, denn überstürztes Handeln und Waghalsigkeit können Ihnen leicht Kummer bereiten ... Ihre *Stärken* sind Offenheit, Spontaneität, Begeisterungsfähigkeit, Tatkraft und echter Mut.

In der Not beweisen Sie Ihrer Umgebung, dass Sie ein tapferer kleiner Soldat sind. Darin kommt auch Ihr Unternehmungsgeist, Ihre Freude an der Initiative und Ihr schnelles Handeln zum Ausdruck.

Ihre Schwächen sind diese ins Extrem geführten Qualitäten: Ungeduld, Unvorsichtigkeit, Starrköpfigkeit bzw. Fanatismus, unüberlegte Handlungen und vorschnelle

Aktionen, mitunter auch eine gewisse Brutalität, mangelndes Anpassungsvermögen. Sie nehmen wenig Rücksicht auf andere, sind leicht taktlos. Der französische Widder der Aufklärung, Descartes, sagt: „Der Wahlspruch, dem ich in meinem Leben am meisten gefolgt bin, war, nur dem Hauptpfad zu folgen und zu glauben, dass die Hauptfinesse darin besteht, überhaupt keine Finessen anwenden zu wollen." Sie fangen außerdem gerne Dinge an, sollten aber lernen, diese auch bis ans Ende zu verfolgen!

Ihre Intelligenz

Sie ist konkret, realistisch, auf praktische und unmittelbare Anwendung gerichtet. Sie ist intuitiv und instinktiv, auf Ihre vitalen Regungen bezogen. Sie ist konzentriert und schnell. Wenn Sie Ihnen ein Urteil diktiert, ist es kategorisch, manchmal parteiisch und steht mit Vorliebe im Widerspruch zur Meinung Ihrer Umwelt. Und zu diesem Widerspruch neigen Sie auch, gestehen Sie es nur, und Sie lieben es, sich mittels provozierenden Verhaltens durchzusetzen.

Sie und die Liebe

Sie sind nicht umsonst in einem Feuerzeichen geboren. Sie gehen buchstäblich in Flammen auf, wenn Sie Ihr Herz verlieren und eine wilde Leidenschaft Sie packt. Für Sie, feurige Widder, gilt die Liebe auf den ersten Blick, aber oft ist es nur ein Strohfeuer. Ihre Glut lässt sich weder durch Misserfolg noch durch Missgeschick abkühlen, und Sie sind stets bereit, für eine neue Leidenschaft zu entbrennen. Leidenschaft ist wichtiger als Zärtlichkeit, das Verlangen wichtiger als Gefühle.

Sie, Frau Widder, sind eine wahre Minerva, eine Herrin, die gerne ihre Welt regiert, gerne diktatorischen Einfluss ausübt. Wenn Ihr Partner Ihre Vorherrschaft anerkennt,

bilden Sie ein harmonisches Paar. Nur ein außergewöhnlicher Mann kann Sie zähmen. In Ihrer Persönlichkeit gibt es ein männliches Element, das große Amazonen hervorbringt.

Für Sie, Herr Widder, ist der Partner ein Ruhepol. Die Frau muss Sie beweihräuchern, Ihnen schmeicheln, Sie unablässig in Ihrer männlichen Überlegenheit anerkennen. Sie erleben die Liebe wie einen sportlichen Wettkampf mit seinen Kraftproben und Eroberungen. Und Ihr Schwung ist so spontan, so männlich und kindlich zugleich, dass Sie ein überzeugender Verführer sein können.

Natürlich gibt es Tierkreiszeichen, zu denen Sie sich besonders hingezogen fühlen, die Sie besonders stimulieren. Vor allem die beiden Feuerzeichen Löwe und Schütze, zu denen Sie die größte Affinität haben. Die Willenskraft des Löwen und Ihre Dynamik vereint, kann die Verwirklichung großer Projekte bedeuten. Mit dem großzügigen Schützen werden Sie Ihre Begeisterungsfähigkeit für gemeinsame Abenteuer teilen. Ebenso werden Sie sich sehr gut mit dem Zwilling verstehen, dessen Beweglichkeit Sie fasziniert, und auch mit dem Wassermann, der wie Sie das Neue liebt und wie Sie gerne andere überrascht, sei es auch durch Provokation.

Der Widder und die anderen Sternzeichen

Widder und Widder

Hier sprühen die Funken, denn jeder will den anderen dominieren. Ihre Ähnlichkeit macht Sie gleichzeitig zu Komplizen. Zwischen Ihnen findet ein Schlagabtausch statt, doch geht der Kampf oft unentschieden aus. Eine tiefe Freundschaft kann Sie verbinden. Die Beziehungen sind leidenschaftlich, nie lauwarm ...

Widder und Stier

Diese Paare sind selten, da beide Zeichen sehr verschieden sind. Der Stier ist ruhig und zurückhaltend, doch wird seine Geduld vom feurigen Widder auf die Probe gestellt. Aber: Gegensätze ziehen sich oft an ... Ihre Unternehmungslust wird allerdings dem gemütlichen Stier einen ganz schönen Schrecken einjagen.

Widder und Zwilling

Der eine ist energisch und begeistert und der andere lebhaft verspielt, deshalb kommt zwischen diesen beiden selten Langeweile auf. Gemeinsam sind sie auf der Suche nach Unabhängigkeit und Originalität. Einziges Hindernis: Der Widder, oft aus einem harten Holz geschnitzt, ärgert sich häufig über den oberflächlichen und flatterhaften Zwilling ...

Widder und Krebs

Diese beiden liegen wirklich nicht auf der gleichen Wellenlänge. Anfangs ist der verträumte Krebs von Ihrer Vitalität und Ihrer überschäumenden Energie angetan, aber schnell verliert er den Atem und kann Ihnen nicht folgen. Auch Sie, lieber Widder, sind am Beginn von der Sensibilität des Krebses fasziniert, doch bald gehen Ihnen seine Launen auf die Nerven und Sie suchen das Weite – es sei denn, eine wahre große Liebe (und ein individuelles Horoskop) lässt Sie all dies überbrücken.

Widder und Löwe

Hier stoßen zwei Feuerzeichen aufeinander, die gemeinsam wirklich „ein großes Ding drehen" könnten. Leidenschaftlich bis zum Exzess steuern sie auf ein Ideal zu und kommen nie zur Ruhe. Deshalb besteht bei diesen Beziehungen die Gefahr, dass einem der beiden schließlich der Atem ausgeht ...

Widder und Jungfrau

Die zartbesaitete Jungfrau sieht die feurige Begeisterung des Widders leicht als Brutalität an. Überhaupt: Sie haben nur wenig gemeinsam. Mit Ausnahme ihres Sinnes für Realismus eigentlich gar nichts. Im Idealfall können sich die krassen Gegensätze ergänzen ... allerdings nur, wenn Ihre individuellen Horoskope dies bestätigen.

Widder und Waage

Mit der sanften Waage haben Sie nur wenig Affinitäten, vielleicht gerade deshalb ziehen Sie sich stark an. Sie sind ein Draufgänger und gehen gern aufs Ganze, und die Waage ist raffiniert und elegant. Wenn jeder dem anderen einen Schritt entgegengeht, kann diese Beziehung lange dauern. Und Sie können sogar ein ideales Paar abgeben: Schließlich führt hier Mars seine Braut Venus zum Altar.

Widder und Skorpion

Hier stoßen Sie auf einen harten Brocken, denn der Skorpion ist energiegeladen wie Sie, dauernd in Bewegung. Während Sie aber schnurgerade auf ein Ziel hinsteuern, macht dieser gern einen Umweg. Das kann im Laufe der Zeit zum Stein des Anstoßes werden, da Ihnen das Verständnis für die gequälte und selbstzerstörerische Art fehlt. Mein Rat: Verwenden Sie Plastikgeschirr, denn in dieser Beziehung werden Teller fliegen.

Widder und Schütze

Der ideale Partner in jeder Beziehung: als Liebhaber, Freund und in der Ehe. Mit dem Schützen können Sie Pferde stehlen. Er ist wie Sie aufrecht und sympathisch, und wie Sie liebt er Bewegung und Sport, Reisen in die weite Welt und die Natur. Wenn es also zwischen Ihnen nicht klappt, dann sind Sie wirklich selbst daran schuld.

Widder und Steinbock

Diese Paare sind ziemlich selten. Sie sind feurig und direkt, und der Steinbock ist kühl und überlegt. An und für sich haben Sie sich nur wenig zu sagen. Für dieses Winterzeichen sind Sie wie ein Wesen von einem anderen Stern, obwohl er Ihr instinktives und begeistertes Wesen vielleicht insgeheim bewundert. Ähnlich sind Sie sich in Ihrer Ehrlichkeit, doch davon abgesehen eben grundverschieden.

Widder und Wassermann

Sie beide sind echte Komplizen. Mit diesem Partner können Sie durch dick und dünn gehen. Er liebt wie Sie alles Neue und Unvorhergesehene. Sie können mit ihm stundenlang Pläne schmieden und vielleicht sogar verwirklichen, denn da, wo der Wassermann in Gedanken an Projekten feilt, gehen Sie sofort zur Tat über. Der einzige dunkle Punkt: Ab und zu werden Sie es ihm übel nehmen, dass er nicht immer so handelt wie er denkt, zum Beispiel in der Liebe: Beim Wassermann läuft alles über das Gehirn ...

Widder und Fische

Für die Fische-Frau, die Sie Tag und Nacht bewundern wird, sind Sie der echte Supermann. Und auch Ihnen wird die Rolle des dominierenden Beschützers gefallen. Weniger gut passt der Fische-Mann zur Widder-Frau, da er sich von ihr fast überrannt fühlt und sie auf Dauer nicht gern die Stärkere sein will.

Ihre Gesundheit

Sie sind sehr vital und haben eine robuste und widerstandsfähige Konstitution, aber Sie muten sich oft zu viel zu und treiben Schindluder mit Ihrer Gesundheit. Sie übertreiben eben gerne und neigen zu Exzessen, wobei Sie riskieren, die Überanstrengung mit vorzeitiger Abnutzung bezahlen zu müssen. Die dem Widder-Menschen zugeordneten Körperbereiche sind die Muskulatur, der Kopf (Schädel, Hirnhaut, Gehirn sowie Augen, Ohren und Zähne). Aufgrund Ihres Temperamentes sind Sie viel öfter Unfällen ausgesetzt als Krankheiten, ausgenommen Entzündungen und starken Fieberanfällen. Nehmen Sie sich in Acht vor Unfällen im Zusammenhang mit Eisen, Feuer und Waffen, und achten Sie vor allem auf Ihren Kopf. Durch Einfluss der Waage, das Zeichen, das Ihnen im Tierkreis gegenübersteht, sind auch Ihre Nieren anfällig. Nierensteine, Nierenkolik, Hexenschuss können Ihnen zu schaffen machen. Entschlacken Sie sich jeden Frühling und trinken Sie viel Wasser.

Ihre Berufung

Sie sind zum Befehlen geboren. Sie haben eine Pionier- und Führerseele und neigen aufgrund Ihres Marseinflusses dazu, sich zu schlagen und sich zu verausgaben. Sport – und zwar besonders Kraftsport mit Wettkampfcharakter – zieht Sie an. Auch der Anwaltsberuf kann ein Ventil sein, wenn Sie den Gerichtssaal wie einen Boxring empfinden.

Alles, was mit Metallverarbeitung in Verbindung steht, zieht Sie an: Maschinen, Werkzeuge, Motoren. Unter Ihnen gibt es viele Ingenieure, ebenfalls viele Chirurgen, Zahnärzte, Tierärzte, Fleischer (denn Mars, Ihr Planet, ist unter anderem auch Symbol des roten Blutes). Außerdem sind natürlich viele Politiker Widder, wie man es von einem führenden Charakter erwartet. Vergessen wir nicht die Reiseführer und die

Dolmetscher. Sie, Frau Widder, werden oft zu halsbrecherischen Berufen verlockt wie Kaskadeurin, Akrobatin oder Pilotin. Aber Ihr Feuer kann sich auch nach innen wenden. Die heilige Theresia von Ávila in ihrem glühenden Mystizismus: „Ich lebe, ohne in mir selbst zu leben, mit der Hoffnung auf ein so erhabenes Leben, dass ich sterbe, um überhaupt nicht zu sterben."

Ihr Schicksal

Als Widder-Geborene riskieren Sie durch unüberlegtes Handeln plötzlich all das zu zerstören, was Sie in langen Jahren aufgebaut haben; aber das stört Sie nicht weiter. Sie scheuen keine Hindernisse und Widrigkeiten, und Sie sind fähig, Ihr Leben mehrmals ganz von vorne anzufangen. „Misserfolge sind kein Hindernis", sagt der Widder Heinrich Mann, sie versprechen nur das künftige Gelingen. Sie haben zum großen Erstaunen Ihrer Umgebung die Fähigkeit, durch plötzliche Energie-Anfälle verfahrene Situationen zu meistern.

Ihr Leben besteht im Allgemeinen aus Exzessen, Unordnung, Rivalität, Prozessen und Kämpfen, an denen Sie Ihre Persönlichkeit messen. Denn diese gefällt sich allein im Abenteuer und im Handeln.

Berühmte Widder

Karl der Große, Napoleon III., Bismarck, Nikita Chruschtschow, Thomas Jefferson, Lenin, Goya, Vlaminck, Max Ernst, van Gogh, Baudelaire, Maxim Gorki, Paul Verlaine, Nikolai Gogol, Wilhelm Busch, Zola, Thornton Wilder, Tennessee Williams, Samuel Beckett, Marlon Brando, Jean-Paul Belmondo, Charlie Chaplin, Steve McQueen, Gregory Peck, Terence Hill, William Holden, Alec Guinness, Michel Simon, Richard Cham-

berlain, Eddie Murphy, Omar Sharif, Warren Beatty, Claudia Cardinale, Jayne Mansfield, Agnes Windeck, Simone Signoret, Ingrid Steeger, Bette Davis, Doris Day, Joseph Haydn, Bob Marley, Elton John, Aretha Franklin, Diana Ross, Eric Clapton, Willie Nelson, Marvin Gaye, Emmylou Harris, Jacques Brel, Julian Lennon, Carl Perkins, Herbie Hancock, Sarah Vaughn, Herbert von Karajan, Arturo Toscanini, Béla Bartók, Pierre Boulez, Billie Holliday, Francis Ford Coppola, Helmut Käutner, Akira Kurosawa, Hugh Hefner, Wilhelm Reich, Ernst Jünger, Erich Fromm, Gari Kasparow, Colin Powell, General Westmoreland, die heilige Theresia von Ávila, Jack Brabham, Jim Clark, Rainer Bonhof, Marika Kilius, Jochen Rindt, Casanova, Helmut Kohl, Daniel Cohn-Bendit, Wernher von Braun, Wilhelm Conrad Röntgen.

Ihre Sterne 2000

1. Dekade (21. bis 31. März)

Sie sehen im neuen Jahr viele Dinge unter einem neuen Blickwinkel, beschäftigen sich mit neuen Aufgaben, oft verbunden mit einer großen inneren Bereicherung. Vor allem die zwischen dem 24. und 28. März Geborenen entdecken aufregende neue Horizonte. Neptun verspricht eine außergewöhnliche Kreativität, Phantasie, exzellente Ideen. Sie verhandeln sehr clever, beweisen eine erstaunliche Intuition, fast einen sechsten Sinn, und in der zweiten Jahreshälfte winkt eine echte Glückssträhne, da Jupiter tolle Erfolge und wahre Entfaltung verspricht. Sie haben alle Trümpfe in der Hand, um größere Vorhaben zu verwirklichen, die Ihnen seit längerem vorschweben. Eventuelle künstlerische Talente können Sie erfolgreich einsetzen, manchmal in klingende Münze umwandeln. Im Juli und August gelingt einigen ein Volltreffer: Ein neues Produkt? Ein neuer Posten? Eine Beförderung? Ein finanzieller Gewinn? Oder ein günstiger Bescheid (Bank, Behörde)?

In den letzten Wochen des Jahres sorgt Jupiter für beneidenswerte Ergebnisse, und Projekte aus Juli/August versprechen im November und Dezember reichliche Ernte. Nützen Sie für wichtige Termine oder große Vorhaben und Entscheidungen die absoluten Glücksperioden: die letzte Juliwoche, den 7. bis 12. August und den 3. bis 10. Dezember!

Auch im privaten Bereich wird es ein exzellentes Jahr und so manche Singles könnten den idealen Partner finden. Speziell in der zweiten Jahreshälfte (ab Juli) bieten sich tolle Chancen. Vielleicht eine schicksalhafte Begegnung? Oder eine bestehende Bindung erreicht eine höhere Ebene? Sie schweben wie auf Wolken dahin, sind euphorisch, charmant und verführerisch. Besonders die Monate Juli und August werden traumhaft. Jupiter und Neptun wirken gleichzeitig günstig und für einige wird es eines der besten Jahre seit langem. Unvergessliche Stunden, zauberhafte, romantische oder leidenschaftliche Nächte ... Alle Hoffnungen sind erlaubt und für viele geht ein alter Wunschtraum in Erfüllung. Heirat, Verlobung, ein Baby ... das Jahr 2000 wird für Sie eine Sternstunde! Auch November und Dezember werden Traummonate und Ihre endgültige Jahresbilanz sollte äußerst positiv ausfallen.

Auch gesundheitlich sind Sie in Bestform. Vielleicht beginnen Sie neue Disziplinen, wie beispielsweise Yoga oder asiatische Kampfsportarten, oder neue Hobbys, wie Golf, Tennis usw. und fühlen sich dadurch nicht nur seelisch sehr ausgeglichen, sondern auch körperlich fit und aktiv. Ihr Immunsystem funktioniert bestens, und eine allgemeine geistige und seelische Bereicherung trägt ebenfalls dazu bei, dass Sie sich rundum wohl fühlen. Falls Sie an einer Krankheit laborieren sollten, wären Juli und August ideal, um neue Heilverfahren oder neue Medikamente erfolgreich einzusetzen. Auch sanfte Methoden und Naturmedizin könnten gut anschlagen und exzellente Resultate erzielen. November und Dezember werden in dieser Hinsicht optimal, mitunter eine Konsequenz des Sommers. Zu sportlichen Höchstleistungen wären Sie speziell im Februar, in der ersten Maihälfte oder der ersten Augusthälfte fähig. Ein

wenig vorsichtiger sollten Sie hingegen in der zweiten Junihälfte und in den drei ersten Novemberwochen sein, da Mars während dieser Perioden Spannungen verursachen könnte. Sie schlagen zu sehr über die Stränge, trauen sich physisch zu viel auf einmal zu, und es wäre ratsam, zu diesen Zeitpunkten jedes unnötige Risiko zu vermeiden (beim Sport, im Haushalt usw.)! Von diesen kurzen Phasen abgesehen sollten Sie praktisch das ganze Jahr hindurch in blendender Verfassung sein. Kurz gesagt: Das Jahr 2000 wird auf allen Gebieten ein exzellentes Jahr, für einige das beste seit langem!

2. Dekade (31. März bis 10. April)

Das neue Jahr bringt eine große Umstellung und für viele Widder Ihrer Dekade beginnt ein völlig neuer Lebensabschnitt. Pluto sorgt für tief gehende Umwälzungen und vor allem die Geburtstage zum Beginn der Dekade (vor dem 4. April) machen einen großen Wandlungsprozess durch, der monatelang dauert und sehr positiv wirkt. Vielleicht tragen äußere Umstände dazu bei, dass Sie in Ihrer Karriere oder im privaten Bereich eine äußerst positive Veränderung erleben? Vielleicht ein neuer Posten? Oder ein großes neues Vorhaben? Manchmal geht ein Machtkampf zu Ihren Gunsten aus und Sie schaffen sich eine gute neue Position.

Die nach dem 5. April Geborenen (5. bis 10.) erleben ebenfalls eine radikale Wende, für die Uranus verantwortlich zeichnet. Völlig unerwartet bieten sich im Laufe des neuen Jahres interessante Gelegenheiten, und Sie haben tolle Karten, um etwas völlig Neues zu beginnen. In den meisten Fällen kündigt sich in den ersten vier Monaten eine radikale Veränderung an, die dann ab Juli/August eintreten dürfte. Vielleicht ein verlockendes Angebot? Ein Umzug? Ein neuer Vorgesetzter? Oder ein überraschendes Angebot? Wie auch immer, Sie können mit großer Sicherheit eine radikale, aber gleichzeitig sehr positive Wende erwarten. Besonders günstig für neue Vorhaben

(z. B. Unterzeichnung eines Vertrages, Reisen usw.) werden: der 8. bis 16. Januar, 19. bis 24. April, 12. bis 17. August und 10. bis 16. September. Sie sollten hingegen etwas vorsichtiger sein zwischen dem 6. und 12. Januar, 6. und 30. Juni, im ganzen Juli und vom 14. bis 21. September, denn während dieser Phasen sind Sie etwas zerstreut und dadurch könnten Fehler unterlaufen.

In der Liebe kann es ebenfalls zu tief greifenden Umwälzungen kommen, und das neue Jahr wird wirklich ein Meilenstein für Sie. Wenn Sie vor dem 4. April geboren sind (1. bis 4.), verspricht Pluto eine große Umstellung, eine äußerst positive Metamorphose, und dies bedeutet in einigen Fällen einen totalen Neubeginn. Bestehende Beziehungen werden fester, intensiver und erreichen ein höheres Niveau, und Singles könnte eine schicksalhafte Begegnung widerfahren. Oder Sie sehen den Partner mit völlig neuen Augen und er verändert sich sehr zu seinem Vorteil? Vor allem im September und Oktober erleben Sie wahre Sternstunden! Auch die nach dem 4. April Geborenen (zwischen dem 4. und 10.) stehen vor einschneidenden Veränderungen im privaten Bereich, manchmal einem radikalen Neubeginn. Unerwartete Ereignisse kommen auf Sie zu, die zu einem Wechsel auf dem Gefühlssektor führen. Neue Freundschaften, eine überraschende Begegnung, ein Treffen mit alten Freunden oder Liebe auf den ersten Blick? Uranus steht das ganze Jahr hindurch günstig für die Geburtstage vom Ende der Dekade, und ab Juli werden Sie auch vom Glücksplaneten Jupiter verwöhnt. Juli, August und dann wieder November und Dezember könnten denkwürdige Phasen in Ihrem Leben sein, in deren Verlauf eine Menge umgekrempelt wird. Dies alles sollte vorteilhaft für Sie sein, und die schönsten Perioden sind der 8. bis 16. Januar, Ende Februar, der 14. bis 22. April, 2. bis 10. Juni, die letzte Juliwoche, der 8. bis 16. August, Ende Oktober und Anfang November sowie der 16. bis 25. Dezember. Sie amüsieren sich köstlich, genießen das Leben in vollen Zügen und freuen sich über die unerwarteten Veränderungen ...

Physisch sind Sie praktisch das ganze Jahr hindurch gut in Form. Ihr Kräftepotenzial ist erstaunlich, und im Laufe der kommenden Monate erleben Sie einen tief gehenden Wandlungsprozess, so dass einige kaum wiederzuerkennen sind (speziell die um den 1./2. Geborenen). Ihr Regenerierungsvermögen ist exzellent, und selbst im Falle einer Krankheit wären die Chancen auf Heilung besonders im Juli-August, sowie November-Dezember optimal. Alle anderen sind ebenfalls fit, können sich kaum beklagen. Vor allem Ende Februar und in der ersten Märzwoche, in der zweiten Maihälfte und der zweiten Augusthälfte stimuliert Sie Mars zu Glanzleistungen. Vorsichtig sollten Sie hingegen in den ersten zwei Juliwochen und zwischen dem 20. November und 6. Dezember sein, da Sie dann etwas anfälliger für Verletzungen sind (beim Sport, im Haushalt usw.). Der positive Einfluss von Pluto und Uranus sollte aber einen gewissen Schutz versprechen (z. B. durch schnelle Reaktion, richtige Behandlung).

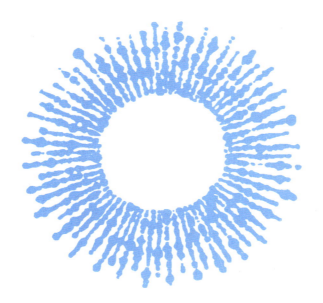

3. Dekade (10. bis 20. April)

Für Sie dürfte das Jahr 2000 ein relativ ruhiges Übergangsjahr werden, in dessen Verlauf größere Katastrophen ausbleiben sollten. Nur die ganz am Ende Geborenen (nach dem 16. April) erleben gleich zu Jahresbeginn eine echte Glückssträhne: Jupiter verwöhnt Sie. Sie sind finanziell im Aufwind (günstig für Investitionen, Spekulationen, neue Projekte usw.) und manchmal können Sie nun ernten, was Sie letztes Jahr im Juni begonnen hatten. Neuer Job? Neuer Posten? Berufliche Partnerschaft? Gründung des eigenen Unternehmens?

Wenn Sie zum Beginn der Dekade geboren sind (vor dem 12.), könnte es zu einer unerwarteten Veränderung in Ihrer Karriere kommen. Oder eine größere Wende zeichnet sich derzeit lediglich unterschwellig ab und kommt erst im darauf folgenden Jahr ernsthaft zur Sprache ... Die besten Perioden für wichtige Verhandlungen und neue Projekte sind: die erste Februarhälfte, die letzte Aprilwoche, die letzte Maiwoche, der 17. bis 22. August und die zweite Dezemberhälfte. Mit (kleinen) Hindernissen und Komplikationen müssen Sie allerdings zwischen dem 12. und 18. Januar, in der ersten Augustwoche und zwischen dem 21. und 28. September rechnen.

Auch auf dem privaten Sektor dürfte es in den meisten Fällen beim Status quo bleiben. Ihr Liebesleben pläschert ruhig vor sich hin, ohne größere Aufregungen ... Die ganz am Ende Geborenen (nach dem 16.) erleben in den ersten Wochen des Jahres wunderschöne Tage, romantische Stunden. Jupiter bringt glückliche Ereignisse (oft eine Konsequenz vom Juni letzten Jahres) und alle Hoffnungen sind erlaubt (Heirat oder ein Baby nicht ausgeschlossen!). Allein Stehende haben viel versprechende Möglichkeiten, um neue Freunde zu gewinnen oder um den idealen Partner kennen zu lernen. Sie sind aufgeschlossen, optimistisch und selbstbewusst, und Ihre positive Ausstrahlung verfehlt kaum ihre Wirkung. Die ganz am Anfang der Dekade Geborenen (10. bis 12. April) könnten zwischen April und Juli eine große – aber posi-

tive! – Überraschung erleben. Uranus kündigt vielleicht eine lang ersehnte Umstellung an?

Gesundheitlich sind Sie gut in Schwung und können sich kaum beklagen. Die nach dem 16. April Geborenen sind in den ersten Wochen des Jahres in Superform, schweben wie auf Wolken dahin. Ihre seelische Ausgeglichenheit trägt zusätzlich dazu bei, dass Ihr Immunsystem bestens funktionieren sollte. Im Falle chronischer Probleme wären die Chancen speziell vom Jahresbeginn bis Mitte Februar optimal, um erfolgreich neue Medikamente einzusetzen oder neue Heilmethoden auszuprobieren ... Oder Sie legen schlechte Gewohnheiten ab (weniger Alkohol, weniger Nikotin, mehr Bewegung etc.), und dies wirkt sich sehr positiv auf Ihr Allgemeinbefinden aus? Manchmal haben Entscheidungen oder Ereignisse vom vergangenen Juni jetzt, zu Jahresbeginn, positive Folgen.

Auch alle anderen Widder Ihrer Dekade sind vor allem während folgender Phasen in Bestform: in der ersten Januarwoche, vom 9. bis 23. März, in der ersten Junihälfte und in den ersten beiden Septemberwochen. Vorsichtig sollten Sie hingegen in der zweiten Julihälfte und zwischen dem 6. und 23. Dezember sein, denn während dieser Perioden neigen Sie zu riskanten und leichtsinnigen Reaktionen (am Steuer, beim Sport, auf Reisen usw.) und sind gesundheitlich anfälliger als sonst.

Ihre Sterne 2001 bis 2005

Wenn man die Bahnen und Zyklen der langsamen Planeten in den nächsten fünf Jahren verfolgt, so gehören speziell die April-Widder (2. und 3. Dekade) zu den großen Favoriten der Sterne. Pluto und Neptun betreffen Sie alle nacheinander und dies bedeutet einschneidende Veränderungen, einen radikalen Wandlungsprozess, der sehr positiv für Sie ist. Gleichzeitig erfahren Sie eine große innere Bereicherung, entdecken neue Interessen (z. B. für Philosophie, Grenzwissenschaften, Religion oder Kunst). Dazu kommt noch ein unerwarteter Neubeginn (neuer Posten, Ortswechsel, neuer Partner etc.) für die Widder der 3. Dekade in den Jahren 2001 bis Mitte 2003.

Ihre großen Glücksperioden der nächsten Jahre: Anfang bis Mitte 2001 und August 2002 bis August 2003. Während dieser Phasen können Sie große Pläne verwirklichen, Ihre Position ausbauen und einige erfüllen sich einen großen Wunschtraum, beruflich oder privat. Vor allem April-Widder erleben zwischen den Sommern 2002 und 2003 eine der besten Perioden ihres ganzen Lebens. Es wäre nicht erstaunlich, wenn Sie in dieser Zeitspanne große Vorhaben verwirklichen, die Ihnen besonders

am Herzen liegen. Auch auf dem privaten Sektor könnte dies eine außergewöhnliche Phase werden, und so mancher Widder entschließt sich zur Hochzeit oder trifft andere große Entscheidungen für die Zukunft.

Mit einigen Komplikationen (juristischen, Problemen mit Behörden oder Vorgesetzten usw.) müssen Sie eventuell zwischen Juli 2001 und Juli 2002 sowie zwischen Oktober 2004 und Oktober 2005 rechnen. Je nach Ihrem Geburtstag könnte Jupiter in diesen genannten Perioden jeweils einige Wochen lang ungünstig wirken, und deshalb sollten Sie vorsichtig sein, wenn Sie beispielsweise wichtige Entscheidungen treffen (z. B. Investitionen, langfristige Anlagen, Immobilienkauf). Aber in den meisten Fällen wirken andere langsame Planeten zur gleichen Zeit günstig und „schützen" Sie vor größeren Fehlern oder Verlusten.

Bilanz: Sie gehören in den ersten Jahren des neuen Jahrtausends zweifellos zu den großen Gewinnern des Tierkreises, zu den Glückskindern der Sterne!

Stier

vom 21. April bis 21. Mai
Ihr Motto:
„Ich habe" oder „Ich besitze"

Typisch Stier

Ihr Zeichen ist von der Sinnlichkeit durchdrungen, die der Natur im Monat Mai zu Eigen ist. Mit der Fruchtbarkeit, der Wärme und der betörenden Stimmung des schon fortgeschrittenen Frühlings ist der Stier das Tierkreiszeichen der Lebenslust. Sie haben es sicher schon erraten, die Venus ist Ihr Planet. Sie verleiht Ihnen Charme, Verführungskunst, Sanftheit, Geduld, Weiblichkeit und Anmut. Als Erdzeichen sind Sie praktisch veranlagt und zugleich skeptisch: Man macht Ihnen kein X für ein U vor! Sagen wir es, wie es ist: Sie sind ein Materialist. Zwischen dem Greifbaren und dem Ungreifbaren entscheiden Sie sich für das Erstere.

„Die Liebe ist die einzige Leidenschaft, die weder Vergangenheit noch Zukunft duldet", sagt der Stier Balzac. Da Sie überdies noch ein fixiertes Zeichen sind (andere feste oder fixierte Zeichen sind Löwe, Skorpion und Wassermann), sind Sie für das Beständige, das Dauerhafte, das Solide. Sie hassen es, auf Sand zu bauen.

Ihr Tag ist der Freitag, Ihre Farbe das Dunkelgrün, Ihr Parfum Veilchen, Rosmarin und Eisenkraut. Ihre Pflanzen: Veilchen und Rose. Die Tradition ordnet Ihnen das Kupfer und als Edelstein den leuchtenden Smaragd zu. Ihre Zahl ist die 4.

Stier, wer sind Sie?

Sie haben eine robuste körperliche Konstitution, ein viereckiges Gesicht mit starkem Kiefer. Ihre Augen sind vorwiegend rund, manchmal leicht vorstehend; die Stirn ist häufig gewölbt und hoch.

Es gibt aber auch den langgliedrigen Stier-Typus mit länglichem Gesicht. Der Gesichtsausdruck ist oft ein wenig schüchtern, fast naiv – in Ihnen steckt etwas Pausbäckiges und Unschuldiges. Sie sind das brave Kind des Tierkreises. Sie sind ein sekundärer Typ – d. h. Sie reagieren oft mit Verspätung und verabscheuen es, „überrascht" zu werden. Sie sind sehr instinktiv, oral, würden die Psychoanalytiker sagen, im Gegensatz zum analen Skorpion, der Ihnen im Tierkreiszeichen gegenübersteht. Dies bedeutet, dass Sie gerne sammeln, erwerben, besitzen. „Wenn der Geiz sich bei Ihnen ein Ziel setzt, hört er auf, ein Laster zu sein; er ist dann Mittel zur Tugend", sagt der Autor der „Menschlichen Komödie", Balzac. Sie sind ein Habsüchtiger. Hat sich der Stier Salvador Dali nicht selbst „Avidadollar" (dollargierig) genannt? Mit allen Kräften verteidigen Sie Ihren Besitz. Dieser Heißhunger auf irdische Nahrung – materielle Güter, Genüsse aller Art – macht aus Ihnen einen Jünger des Dyonisos: Sie lieben die Feste, die Liebe, die Erde, die Natur, all die guten Dinge, die den Menschen dieser Erde offen stehen. Es ist wieder Balzac, der sagt: „Der Genuss braucht wie eine seltene Blume die Sorgfalt kunstreichster Pflege." Sie haben im Allgemeinen ein sanguinisches Temperament, aber es gibt unter Ihnen auch kalte, saturnische oder lunarische Stiere – die phlegmatischen Melancholiker, die nach dem Abbild des Tieres dieses Sternzeichens in einem gleichsam vegetativen Zustand zu leben scheinen.

Im Prinzip also Genießer, werden Sie nicht leicht zornig. Aber wenn Sie explodieren, dann ist es besser, weit weg zu sein. Sie haben einen unerschütterlichen Glauben an das Leben. Sie sind wie aus einem Stück, mit fixen Vorstellungen über Dinge und

Menschen. Sie haben das, was man Prinzipien nennt. Vorsicht: Wenn Sie sich zu stark auf sie stützen, könnten diese zusammenbrechen!

Seien Sie weniger dickköpfig, weniger kategorisch, weltoffener, legen Sie die Scheuklappen ab. Denn aus Vorsicht und aus Angst, den Boden unter den Füßen zu verlieren, wollen Sie manchmal den weiten Horizont nicht sehen und begrenzen freiwillig Ihren Blick.

Ihre Intelligenz

Sie ist langsam und sicher, positiv und nützlich. Sie liebt das Konkrete, das Beweisbare – welch einen heiligen Thomas könnten Sie abgeben! Als zu skeptischer Mensch sollten Sie nicht dogmatisch, zu engstirnig oder borniert sein. Abstraktes Denken lässt Sie kalt: Sie sind Realist. Der Stier Karl Marx sagt: „Die Philosophen haben die Welt nur verschieden interpretiert. Jetzt geht es darum, sie umzuformen." Man muss wissen, dass sein revolutionärer Geist durch seinen Aszendenten im Wassermann erklärt ist. Und manchmal sind Sie sogar zynisch. Ihre Objektivität, Ihr Rieseneifer bei der Arbeit – denn Sie sind hartnäckig und emsig, ein echtes Arbeitstier – verkörpern Ihre großen Trümpfe im Leben. Der Stier Kant: „Unter den drei Lastern, Faulheit, Feigheit und Falschheit, scheint das Erste das Verächtlichste zu sein."

Ein Widder wäre da ganz anderer Meinung! Ihre Religion ist die Effektivität. Ein anderer Stier, Machiavelli, sagt: „Der weise Herr kann seinen Glauben nicht bewahren, noch sollte er es, wenn dessen Befolgung sich gegen ihn wendet und wenn die Gründe ausgelöscht sind, die ihn dazu veranlasst haben, diesen Glauben anzunehmen." Und Richard Wagner, ein Zwilling mit Stierdominante: „Nichts hoffen, aber alles tun."

Mit anderen Worten: Organisationsgeschick und gesunder Menschenverstand.

Insgesamt kann man von Ihnen sagen, dass Sie das Geld, die Materie, die Arbeit und die Liebe lieben. Aber Vorsicht vor möglichen Exzessen: Irgendwo sind Sie der Sklave des einen oder anderen dieser Bereiche. „Meine unbesiegbare Arbeit", seufzt Balzac. Oder wieder Karl Marx: „Ich bin eine Maschine, dazu verdammt Bücher zu verschlingen, und sie dann in veränderter Form auf den Dunghaufen der Geschichte zu werfen." Versuchen Sie, nicht hartnäckig zu sein. Sonst gibt es nur verpasste Gelegenheiten, weil Sie nicht rechtzeitig erkennen, dass Sie sich getäuscht haben.

Sie und die Liebe

Sagen wir es klar und deutlich: Sie sind leidenschaftlich und besitzergreifend. Sie sind für absolute Treue. Der Gedanke, betrogen zu werden, lässt den ruhigen Stier rot sehen. Da Sie ebenso sehr von der Venus beherrscht werden, Herr und Frau Stier, sind Sie sehr sinnlich, sensorisch ausgerichtet. Sie haben den Sinn für Behaglichkeit und Wohlbefinden zu einem Höchstmaß entwickelt – Sie scheinen der ideale Gefährte, die ideale Gefährtin zu sein, wenn Sie die Routine zu vermeiden wissen. Die Art von Routine, deren Sklave, wie man sagt, der große Immanuel Kant gewesen ist. Er ging bei seinem täglichen Spaziergang immer bis zu einem bestimmten Baum – und dies jahrelang.

Wenn Sie die zersetzenden Gewohnheiten zu vermeiden wissen und diese besitzergreifende Eifersucht, die Sie charakterisiert und die dem anderen gerne den Eindruck vermitteln möchte, unter Ihrem Schutz zu stehen, ihn aber geradezu einverleibt – wenn Sie die Versklavung durch die Arbeit zu verhindern wissen, wenn Sie, Ihre Ängstlichkeit überwindend, mehr aus sich herausgehen, sich ausdrücken, sich erklären, dann werden Sie sehr glückliche Tage verleben.

Der Stier und die anderen Sternzeichen

Stier und Stier

Sie haben alle Chancen auf Ihrer Seite, ein glückliches und beschauliches Leben zu führen. Sie lieben beide den Komfort und die Gemütlichkeit, und Sie sind häuslich. Sie werden Ihr Nest gemeinsam bauen und einen wunderschönen Garten anlegen. Sie sind beide für Treue und werden sich gegenseitig überwachen, denn Ihren Partner wollen Sie mit niemandem teilen. Was draußen in der Welt vorgeht, das interessiert Sie weniger.

Stier und Widder

Mit diesem Draufgänger können Sie nicht viel anfangen. Nichts geht Ihnen mehr auf die Nerven als jemand, der Ihre heilige Ruhe stört. Sie müssten beide große Anstrengungen unternehmen, um Ihre Gegensätze zu überbrücken.

Stier und Zwillinge

Mit ihm ist eine Freundschaft möglich, aber nur selten eine gut gehende Partnerschaft. Seine Oberflächlichkeit ist Ihnen ein Gräuel, und Sie verlieren Ihre Zeit damit, den flatterhaften Zwilling auf den Boden der Tatsachen zurückzubringen.

Stier und Krebs

Sie beide können sich bestens verstehen, und oft geht Ihre große Liebe durch den Magen. Sie können stundenlang über Kochrezepte diskutieren. Drei oder mehr Kinder sind keine Seltenheit, und Ihrem gemeinsamen Glück steht eigentlich nichts im Wege.

Stier und Löwe

Der stolze Löwe ist selten Ihr Fall und Sie werden oft aufeinander prallen. Der Kampf wird meistens unentschieden enden, denn Ihrer statischen und ruhigen Kraft kommt auch der Löwe nicht bei. Die Frage ist nur: Wer gibt als Erster auf?

Stier und Jungfrau

Dieses Paar scheint ewig zu halten. Ihre Hartnäckigkeit und Ihr praktischer Sinn sind für die Jungfrau wie geschaffen. Und Ihre sinnliche Lebensfreude lockt sie ein wenig aus ihrer schüchternen Reserve. Eigentlich kann hier nichts schief gehen, oder?

Stier und Waage

Die Schutzherrin für Sie beide ist Venus, Symbol der Schönheit und der Lebensfreude. Den Geschmack für alle guten Seiten des Lebens haben Sie gemeinsam. Aber: Sie stehen mit beiden Beinen auf der Erde, und die Waage ist oft mit dem Kopf woanders. Außerdem sollten Sie weniger eifersüchtig sein, denn die Waage flirtet gern, auch wenn es harmlos ist. Auf alle Fälle werden Sie die Rolle des Finanzministers spielen, während die Waage für die Kultur zuständig ist.

Stier und Skorpion

Dieses Zeichen steht Ihnen im Tierkreis genau gegenüber, und mit etwas gutem Willen von beiden Seiten können Sie sich bestens ergänzen, obwohl Sie so verschieden sind. Und der für Sie aufregende Skorpion ärgert sich manchmal über den langsamen Stier, bewundert aber gleichzeitig Ihre Ausgeglichenheit. Sexuell ziehen Sie sich wie zwei Magneten an und können sich hörig sein. Bleibt immer noch die Frage offen: Werden Sie seinem Machthunger widerstehen?

48

Stier und Schütze

Auch wenn der Schütze nicht gerade Ihr idealer Partner ist, können Sie recht gut miteinander auskommen. Sie bringen ihm ein wenig Ruhe in sein bewegtes Leben, und er lockt Sie ab und zu vom heimischen Herd weg. Und wenn es einmal wirklich kriselt, schleppen Sie Ihren Schützen ins beste Restaurant ... und alles ist wieder in Butter.

Stier und Steinbock

Außenstehende haben oft den Eindruck, dass Sie beide sich langweilen. Doch wenn man Sie besser kennt, weiß man, dass Sie eben etwas zurückhaltend sind und nicht sehr aus sich herausgehen. Ihre Lebensauffassung ist sehr ähnlich – Treue und Beständigkeit sind Ihnen z. B. überaus wichtig – und Sie wissen beide, was Sie wollen. Deshalb werden Sie es ziemlich weit bringen.

Stier und Wassermann

Bei ihm brauchen Sie eine gehörige Portion guten Willen, denn der Wassermann hält es nicht lange an einem Ort aus. Wenn Sie gerade anfangen, sich wohl zu fühlen, ist er schon wieder woandershin unterwegs. Sie lieben die Beständigkeit und er die Abwechslung. Und das kann nicht lange gut gehen – es sei denn, dass Ihre Horoskope zusätzliche Affinitäten aufweisen.

Stier und Fische

Sie beide kann eine tiefe Zärtlichkeit verbinden. Ihr sentimentaler Realismus und die verträumte Sensibilität des Fisches können Ihnen wunderschöne Stunden bescheren. Und Ihr Sinn fürs Praktische kommt dem zerstreuten Fisch wie gerufen. Wenn Sie also geduldig sind und sich nicht zu oft darüber ärgern, dass Ihnen der Fisch entgleitet, dann steuern Sie unvermeidlich auf ein Happy End zu.

Ihre Gesundheit

Die empfindlichen Punkte Ihres Sternbildes, die anfälligsten Organe, sind Hals, Kehlkopf, Rachen und Stimmbänder. Sie erkranken besonders leicht an Angina und haben eine Neigung zur Kropfbildung. Hinzu kommen durch die Reflexionen des gegenüberstehenden Zeichens die verwundbaren Zonen des Skorpions: die Geschlechtsorgane, die Harnwege. Und schließlich die Zonen des Löwen und des Wassermanns, die auch auf den Stier wirken: Herz und Kreislauf, Wirbelsäule und Beine. Vermeiden Sie auf alle Fälle eine zu reichliche Kost, um nicht anfällig für die entsprechenden Krankheiten zu sein.

Ihre Berufung

Welches sind die Berufe, für die Sie besonders geeignet sind? Als Erdzeichen solche, die eine Beziehung zur Erde haben: Landwirt, Agraringenieur, Landschaftsgärtner, aber auch Architekt oder Bauunternehmer. Sie entwickeln eine starke Vorliebe für Häuser. Als Venus-Mensch ziehen Sie Kunst, insbesondere Musik und Gesang, unwiderstehlich an, gleichfalls alle kaufmännischen Berufe, die mit der Schönheit in Beziehung stehen: Friseur, Parfümeriehändler, Modeschöpfer. Oder mit der Ernährung: Gastwirt zum Beispiel. Nicht zu vergessen diejenigen Berufe, die mit Geld zu tun haben: Bankier, Buchhalter, Kassierer, Finanzexperte, Börsenmakler, Volkswirt. Da Sie Ihre Gewohnheiten lieben, sind Sie nicht allergisch gegen Berufe, die eine gewisse Automatisierung mit sich bringen. Sie mögen es nicht, wenn man Sie hetzt, und Sie wissen sich gut einzurichten. Sie sollten einen Beruf ausüben, der Ihre Fähigkeiten zur Anwendung bringt.

Ihr Schicksal

Ihr Schicksal verbessert sich im Allgemeinen mit der Zeit, denn Sie wissen das Erworbene, wenn es sein muss, mit Härte zu verteidigen. Und da Sie es verstanden haben beständig einzusammeln und Sie die Anstrengung nicht abschreckt, ist die Hoffnung berechtigt, dass Sie sich eine beachtliche Stellung schaffen.

Berühmte Stiere

Sigmund Freud, Karl Marx, Machiavelli, Robespierre, Golda Meir, Evita Perón, Elisabeth II. von England, Papst Johannes-Paul II., Shakespeare, Dante, Johannes Brahms, Max Planck, Pétain, Salazar, Saddam Hussein, Audrey Hepburn, Orson Welles, Gary Cooper, Fred Astaire, Salvador Dali, Erik Satie, Jean Gabin, Anthony Quinn, Jack Nicholson, Rudolfo Valentino, Otto Klemperer, Henry Fonda, Dennis Hopper, Ella Fitzgerald, Barbra Streisand, Duke Ellington, Tino Rossi, Stevie Wonder, James Brown, Bono, Peter Gabriel, Vladimir Nabokov, André Agassi.

Ihre Sterne 2000

1. Dekade (20. bis 30. April)

Das neue Jahr wird für viele April-Stiere ein gutes Jahr und vor allem in den ersten Monaten haben Sie gute Karten, um größere Vorhaben zu beginnen und um sich (finanziell?) zu verbessern. Jupiter verspricht von Mitte Februar bis Anfang April echte Aufstiegschancen, und Sie sollten diese Periode so gut wie möglich nutzen, um Ihre Projekte zu verwirklichen (unter anderem die Gründung der eigenen Firma, berufliche Partnerschaften, Investitionen, neue Produkte). Ab Mitte April wird es ruhiger und für viele wird die zweite Jahreshälfte eine Übergangsphase. Ausgenommen die zwischen dem 23. und 27. Geborenen: Das ganze Jahr hindurch wirkt Neptun störend und symbolisiert unklare Situationen, Intrigen und Klatsch, manchmal auch Verluste (Vorsicht vor Diebstählen! Prüfen Sie Ihre Versicherungen!). Oder man versucht, Ihnen etwas vorzumachen und Sie über den Tisch zu ziehen. Sie selbst neigen zu leichtsinnigen Entscheidungen oder Sie bauen Luftschlösser. Besonders um den 20. Januar, Ende März und Anfang April, in der ersten Augustwoche und Mitte September sollten Sie auf der Hut sein. Vielleicht sollten Sie auf den Rat Ihres Partners oder eines verlässlichen Freundes hören, bevor Sie wichtige Abmachungen treffen oder etwas unterschreiben!

Für die gesamte Dekade werden, neben der oben genannten Jupiter-Phase folgende Perioden viel versprechend: die erste Januarwoche, die erste Februarhälfte, die erste Juniwoche, die letzte Augustwoche und die letzte Dezemberwoche. Mit einigen Verspätungen und Verzögerungen müssen Sie hingegen in der zweiten Januarhälfte, der ersten Augusthälfte, in der ersten und letzten Oktoberwoche und den ersten drei Novemberwochen rechnen: Merkur nervt Sie und es kommt zu Missverständnissen, Kontakte gestalten sich schwieriger, Post lässt auf sich warten usw. Da aber die positiven Einflüsse überwiegen, sollte Ihre Jahresbilanz recht gut ausfallen.

Auch im Gefühlsbereich erleben Sie wahre Sternstunden zwischen Mitte Februar und Anfang April: Jupiter beschert Ihnen eine Glücksserie und Sie verbringen unvergessliche Momente (13. bis 21. März!), geniessen das Leben in vollen Zügen. Allein Stehende könnten Anschluss finden, und bereits Gebundene verstehen sich besser denn je. Auch eine Heirat, eine Verlobung oder geplanter Nachwuchs wären nicht ausgeschlossen. Wenn Sie zwischen dem 23. und 27. April geboren sind, könnte es im Laufe des Jahres zu einer Enttäuschung kommen. Sie sollten sich aus Klatsch heraushalten, nicht immer alles für bare Münze nehmen. Neptun steht oft symbolisch für Täuschungsmanöver und undurchsichtige Situationen. Es wäre auch ratsam, dass Sie gesundheitlich jedes unnötige Risiko vermeiden! Achten Sie beispielsweise auf Reisen auf Ihre Ernährung (Wasser könnte unverträglich sein), und vermeiden Sie riskante Aktionen, wenn Sie Sport betreiben! Kritische Perioden im Gefühlsbereich sind speziell die erste Maiwoche, die zweite Julihälfte, die letzte Septemberwoche und die zweite Dezemberwoche.

Alle anderen Stiere der 1. Dekade ruhen sich ab April auf ihren Lorbeeren aus. Nach dem angenehmen Jupitereinfluss wird es ruhiger und Sie können sich kaum beklagen. Vor allem die Zeitspannen, in denen Sie Venus unter ihre Fittiche nimmt, dürften viel versprechend werden, denn Venus gilt in der Tradition als der Planet des Stiers. Deshalb amüsieren Sie sich besonders während folgender Perioden: in der letzten

Januarwoche, zweiten Märzhälfte, zweiten Junihälfte, ersten Augusthälfte, letzten Septemberwoche und zwischen dem 13. und 21. November. Zu Unstimmigkeiten und (kleinen) Reibereien kann es hingegen in der zweiten Julihälfte und zwischen dem 8. und 16. Dezember kommen (Venus ungünstig).

Auch bezüglich Ihrer Gesundheit sind die Einflüsse sehr widersprüchlich. In den ersten Monaten des Jahres (bis Anfang April) sind Sie in Höchstform. Mars und Jupiter wirken positiv und Sie sind sehr vital, robust und energiegeladen. Ihre optimistische Grundeinstellung und Ihr großes Selbstvertrauen stärken Ihre Abwehrkräfte, und im Falle einer Krankheit könnten neue Heilmethoden oder neue Medikamente bestens anschlagen. Weitere günstige Perioden ab April: In der zweiten Junihälfte und der zweiten Septemberhälfte sind Sie ebenfalls in Bestform und Mars stimuliert Sie zu Glanzleistungen (unter anderem ideal, wenn Sie Sport betreiben). Etwas schwieriger werden hingegen die erste Augusthälfte und die letzte Dezemberwoche und es wäre ratsam, jedes unnötige Risiko (z. B. im Straßenverkehr, im Haushalt oder beim Sport) möglichst zu vermeiden ...

Eine Ausnahme bilden jedoch die zwischen dem 24. und 27. April Geborenen, die im Laufe des Jahres Neptun gegen sich haben: Sie sind anfälliger für Viruserkrankungen und sollten vorbeugend etwas dagegen unternehmen (typische Schwachstellen für Stiere sind Hals, Nase und Ohren sowie Kreislauf oder Beine). Auch Probleme mit Nahrungsmitteln (unter anderem auf Reisen) sind nicht ausgeschlossen und es wäre ratsam, dass Sie das Verfallsdatum beachten (auch bei Medikamenten).

Die schwierigsten Perioden in dieser Hinsicht: die letzte Märzwoche, der 13. bis 25. Juli, die erste Augustwoche, die letzte Oktoberwoche und die letzte Dezemberwoche.

Gehen Sie während dieser Phase kein unnötiges Risiko ein und vermeiden Sie leichtsinnige Gesten (z. B. am Steuer oder bei sportlichen Aktivitäten)!

2. Dekade (30. April bis 10. Mai)

Das neue Jahr steht für Sie im Zeichen großer Veränderungen, aber gleichzeitig kündigt sich in den ersten Monaten eine Stabilisierung an, manchmal verbunden mit neuer Verantwortung. Saturn symbolisiert allerdings auch gewisse Einschränkungen und in Extremfällen auch Verluste oder Rückschläge. Je nach Ihrem persönlichen Horoskop kann dieser Einfluss als konsolidierend oder als belastend empfunden werden. Werfen Sie alten Ballast über Bord und legen Sie den Grundstein für langfristige Vorhaben! Sie können die Weichen für Ihre Zukunft stellen und Ihre Position fest verankern. Besonders günstig (z. B. für eine Anerkennung, eine Auszeichnung, größere Vorhaben, Investitionen) sind folgende Perioden: die erste Januarwoche, Mitte Februar, Ende März und die ersten Apriltage. Auf Widerstand stoßen Sie hingegen vorwiegend Ende Januar, Anfang Februar und um den 8./9. Mai.

Die zwischen dem 5. und 8. Mai Geborenen erleben in den kommenden Monaten eine unerwartete und radikale Wende. Uranus konfrontiert Sie mit einer neuen Situation und zwingt Sie dazu, kurzfristig Ihre Planung zu ändern. Vielleicht ein Ortswechsel? Eine Umstellung innerhalb Ihres Unternehmens? Neue Vorgesetzte? Oft kündigt sich dieser Wechsel im ersten Trimester an, wird aber erst in der zweiten Jahreshälfte wirksam. Sie sollten versuchen, sich dieser neuen Lage so gut wie möglich anzupassen (obwohl Sie als typischer Stier nur ungern improvisieren), anstatt gegen den Strom zu schwimmen und an alten Gewohnheiten festzuhalten.

Alle anderen sind ab Mai in einer relativ neutralen Übergangsphase und größere Probleme oder Umwälzungen sollten Ihnen erspart bleiben. Die günstigen Phasen, um neue Projekte zu beginnen, sowie für Reisen, den Abschluss eines Vertrages, für wichtige Besprechungen, Bewerbungen, schriftliche Ansuchen, Examen usw. sind: Juni, Juli, die letzte Augustwoche und der 7. bis 18. Oktober. Mit Verspätungen oder

Missverständnissen müssen Sie hingegen verstärkt in der ersten Maiwoche, der ersten Augusthälfte und im November rechnen.

Auch in Ihrem Gefühlsleben könnte es zu einer überraschenden Umstellung kommen. Eine Krise und der Neubeginn einer Beziehung? Vor allem die erste Märzwoche, die letzten Julitage, die Tage um den 20. August, die erste Oktoberwoche und die Tage um den 20. Dezember könnten eine Überraschung bereithalten.

Für alle Stiere der 2. Dekade könnte es zwischen dem Jahresanfang und Anfang April zu einer Festigung bestehender Bindungen kommen. Saturn zwingt Sie dazu, sich nicht länger mit halbherzigen Lösungen abzufinden und eine Entscheidung zu treffen. Neue Begegnungen stellen sich später oft als solide und dauerhaft heraus und man zeigt Ihnen, wie sehr man Sie schätzt.

Ab Mai sind die Einflüsse etwas ruhiger und in den meisten Fällen sollte es beim Status quo bleiben. Venus, der Planet des Stiers, steht Ihnen vor allem vom 27. Juni bis 5. Juli, in der zweiten Augusthälfte, der ersten Oktoberhälfte und in der letzten Novemberwoche zur Seite. Sie amüsieren sich glänzend, sind ein Herz und eine Seele mit dem Partner und gewinnen neue Sympathien. Nützen Sie diese Perioden und gehen Sie aus (ins Konzert, auf Parties etc.) oder organisieren Sie selbst ein Fest, ein Treffen mit Freunden!

Zu (kleinen) Komplikationen kann es hingegen in der letzten Juliwoche und zwischen dem 16. und 25. Dezember kommen. Ihre Zurückhaltung könnte fälschlich als Gleichgültigkeit ausgelegt werden, oder der Partner fühlt sich missverstanden ...

Ihre Gesundheit ist im Jahr 2000 eher mittelmäßig. Saturn könnte in den ersten Monaten (bis Mitte Mai) eine verstärkte Ausdauer und mehr Widerstandskraft symbolisieren, aber auch auf diesem Gebiet könnte sein Einfluss in einigen Fällen (wenn die Sonne in Ihrem Geburtshoroskop Spannungsaspekte bildet) auch auf verminderte Abwehrkräfte und gewisse Mangelerscheinungen (zu wenig Vitamine, fehlende Spurenelemente etc.) hinweisen ...

Wenn Sie zwischen dem 6. und 9. Mai Geburtstag haben, könnte Uranus eine gesteigerte Nervosität bewirken, auf psychischer Ebene einen verstärkten Drang nach Unabhängigkeit, was Sie leicht in Konflikt mit dem Partner oder der Familie bringen kann. In physischer Hinsicht sollten Sie darauf achten, in heiklen Situationen (z. B. im Straßenverkehr oder bei der Ausübung gefährlicher Sportarten) nicht die Ruhe zu verlieren und sich nicht zu überstürzten Reaktionen hinreißen zu lassen. Vor allem während folgender Perioden sollten Sie auf der Hut sein: in der letzten Januarwoche, um den 6./7. Februar, Mitte und Ende August und Mitte Oktober.

Alle anderen sollten recht gut über die Hürden kommen. In Bestform sind Sie besonders in der zweiten Januarhälfte, in den ersten zwei Juliwochen und in der ersten Oktoberhälfte. Mars stimuliert Sie zu Glanzleistungen und Sie verfügen über erstaunliche Energiereserven. Sehr vorsichtig sollten Sie hingegen im Laufe der ersten Aprilhälfte und der zweiten Augusthälfte sein, denn während dieser Phasen wirkt Mars ungünstig und verleitet Sie zu Exzessen oder riskanten Manövern. So sollten Sie Ihre Kräfte nicht überschätzen und bei sportlichen Aktivitäten nicht an die Grenzen Ihrer Leistungsfähigkeit gehen! Außerdem sollten Sie beim Autofahren oder im Haushalt im Umgang mit elektrischen Geräten auf der Hut sein und ungeschickte oder voreilige Reaktionen vermeiden!

3. Dekade (11. bis 20. Mai)

Im neuen Jahr wirken widersprüchliche Einflüsse und in den meisten Fällen zeichnet sich eine Stabilisierung ab. Sie konzentrieren sich auf das Wesentliche, eliminieren alten Ballast, und dies ist häufig mit einer neuen Verantwortung, manchmal auch mit Belastungen verbunden. Ab Mai stattet Ihnen Saturn einen Besuch ab und signalisiert große Entscheidungen, oft auch das Bedürfnis, Bilanz zu ziehen. Die vor dem 15. Mai Geborenen sind speziell im Mai und im Juni im Stress und müssen Kompromisse eingehen. Allerdings steht Ihnen gleichzeitig Jupiter zur Seite und verspricht erfolgreiche Vorhaben. Sie bauen auf einer soliden Basis auf und es gelingt Ihnen, Ihre Zukunft langfristig abzusichern (Geldanlagen, Versicherungen, neuer Job, Gründung der eigenen Firma usw.). Wenn Sie nach dem 15. Geburtstag haben, können Sie zwischen Mitte Juni und Mitte August ein größeres Projekt beginnen, das in den letzten Wochen des Jahres (ab November) in eine entscheidende Phase eintritt, oder bereits die ersten Resultate bringt. Sie sollten besonders im Juni den Einfluss Jupiters ausnützen, der Entfaltung und Erfolg verspricht.

Auch im privaten Bereich wird die Zeitspanne von Mitte Mai bis Ende Juni viel versprechend und für einige geht ein alter Wunschtraum in Erfüllung. Singles könnten den Traumpartner kennen lernen, bestehende Beziehungen ereichen ein höheres Niveau, und selbst eine Hochzeit, eine Verlobung oder Nachwuchs sind nicht ausgeschlossen. Zwischen Mitte Juli und dem Jahresende schweißt Saturn bestehende Bindungen zusammen (vor allem für nach dem 15. Geborene) und neue Bekanntschaften

und Freundschaften stellen sich als sehr solide und dauerhaft heraus. Die besten Perioden: die letzte Augustwoche und die erste Dezemberwoche. Unstimmigkeiten oder Enttäuschungen sind hingegen speziell in der ersten Augustwoche, vom 11. bis 19. Oktober und in der letzten Dezemberwoche möglich.

Für alle anderen (vor dem 15. Geborenen) zeichnet sich zwischen Anfang Mai und Mitte Juni eine Festigung und Konsolidierung auf dem Gefühlssektor ab. Ihre Gefühle haben Tiefgang und man zeigt Ihnen, wie sehr man Sie schätzt. Die besten Perioden des Jahres werden der 10. bis 18. Februar, die erste Aprilwoche, die zweite Maihälfte, der 5. bis 13. Juli, die letzte Augustwoche und die erste Dezemberwoche. Etwas weniger gut läuft es auf diesem Gebiet vom 5. bis 13. März, in der ersten August- und der letzten Dezemberwoche.

Im Hinblick auf Ihre Gesundheit sollte 2000 ein recht gutes Jahr werden. Saturn gibt Ihnen die Kraft, schlechte Gewohnheiten abzulegen und gute Vorsätze einzuhalten. Rauchen, ungesunde Ernährung, mangelnde Bewegung usw. könnten in einigen Fällen chronische Beschwerden herbeiführen, aber durch neue sportliche Betätigungen (Gymnastik, Yoga, Wandern etc.) können Sie Ihre Abwehrkräfte stärken. Besonders robust und widerstandsfähig sind Sie in den ersten zwei Februarwochen, in der zweiten Julihälfte und zwischen Mitte Oktober und Anfang November. Ziemlich kritisch werden hingegen die ersten Januartage, die erste Maiwoche und die ersten zwei Septemberwochen. Während dieser Perioden sollten Sie jedes unnötige Risiko vermeiden (z. B. im Verkehr, beim Sport oder im Haushalt), denn Sie neigen zu leichtsinnigen Reaktionen, die ins Auge gehen könnten ...

Ihre Sterne von 2001 bis 2005

Ab Sommer 2001 verspricht Jupiter exzellente Perspektiven (beruflich und privat) und Sie können schöne Erfolge verbuchen. Ihre finanzielle Lage bessert sich, Sie gewinnen einflussreiche neue Freunde und einige landen einen schönen Treffer (Beförderung, neuer Job oder Erfolg versprechende Projekte). Nach einer schwierigen Phase von Sommer 2002 bis Sommer 2003, kündigt sich anschließend (bis Sommer 2005!) eine wahre Erfolgssträhne an. Jupiter, Saturn und Uranus (letzterer für April-Stiere) sorgen für einen echten Aufstieg, manchmal sogar einen Karrieresprung, und private Sternstunden, sowie eine äußerst positive Wende für April-Geborene, die völlig überraschend eintritt (Umzug? Ortswechsel? Neuer Job?). Einziger Schatten: Neptun wirkt in den kommenden Jahren weiter störend, vor allem, wenn Sie zwischen dem 27. April und 7. Mai geboren sind. Die Folge sind unklare Situationen, manchmal Enttäuschungen. Oder macht man Ihnen etwas vor? Es wäre jedenfalls ratsam, dass Sie vorsichtig handeln, wenn es um größere Entscheidungen (Geldanlagen, langfristige Verträge usw.) geht, speziell in den ersten Monaten des Jahres 2003. Nach dem 12. Mai geborene Stiere werden bis 2003 mit unerwarteten Veränderungen konfrontiert, die ihnen nicht ins Konzept passen (Wechsel am Arbeitsplatz, Wende im privaten Bereich?). Alle anderen hingegen kommen in den ersten Jahren des neuen Jahrtausends gut voran, ohne größere Umwälzungen oder größere Komplikationen.

Zwillinge

vom 22. Mai bis 21. Juni

Ihr Motto:

„Ich denke"

Typisch Zwilling

Sie, lieber Zwilling, existieren in doppelter Ausführung wie Castor und Pollux, die beiden Brüder des Sternkreises. Wissen Sie selbst, wer Sie sind? Marquis de Sade, ein Vertreter Ihres Zeichens, sagt sehr treffend: „Was bin ich also? Aristokrat oder Demokrat? Sagen Sie es nur bitte, denn ich weiß es selbst nicht." Alfred de Musset, dieser französische Romantiker, schreibt: „Und siehst du nicht, wie ununterbrochener Wandel uns die vergangenen Freuden süß und teuer macht?" Ihr Planet ist Merkur, auch Hermes genannt, mit den geflügelten Schuhen. Dieser sagenhafte Gott der Reisenden, der Händler, der Intellektuellen und der Diebe zeigt, was Ihr Wesen und Ihre Persönlichkeit richtig symbolisiert: Sie sind ein ewiger Jüngling.

Was sagt die Tradition über Sie?

Nach dem männlichen Widder und dem weiblichen Stier ist Ihr Zeichen männlich. Genauer gesagt, ein Zwitterwesen, denn als Heranwachsender sind Sie noch undifferenziert. Außerdem ist Ihr Zeichen veränderlich, denn es erstreckt sich über zwei Jah-

reszeiten, den Frühling und den Sommer, was Ihnen eine außerordentliche Anpassungsfähigkeit verleiht. Ihr Tag ist der Mittwoch, der Tag des Merkur, Ihre Farbe ist das Grau, Ihr Parfum das Maiglöckchen, Ihre Pflanze das Eisenkraut. Was Metalle anbelangt, ordnet Ihnen die Tradition das Quecksilber zu. Ihre Zahl ist die 3.

Zwilling, wer sind Sie?

Ihr Gesicht zeigt den Einfluss Merkurs. Es hat eine dreieckige Form, wobei die Spitze des Dreiecks das Kinn ist. Die Nase ist oft spitz und geistvoll. Was Sie besonders auszeichnet, ist eine außerordentliche Beweglichkeit der Gesichtszüge.

Sie sind locker, entspannt, haben einen jugendlichen Gang, und es ist nicht einfach, Ihr Alter zu bestimmen, sobald Sie die 20 überschritten haben. Vom Temperament her sind Sie sehr aktiv, immer in Bewegung, völlig unabhängig wie Marquis de Sade sagt: „Jede Art von Ketten sind Narrheit, jede Bindung ist ein Attentat auf die körperliche Freiheit, die wir auf dieser Erde genießen können." Sie wissen, Ihren verwirrenden, aber wirksamen Charme einzusetzen. Ja, aktiv, das sind Sie, und primär: Sie reagieren prompt, und Ihr Nervensystem ist ständig in Alarmbereitschaft.

Sie sind außerordentlich aufnahmebereit für Reize der Außenwelt, manchmal sogar so sehr, dass Sie sich nicht konzentrieren können und Ihr Innenleben lähmen. Kämpfen Sie gegen diese Zerstreuung der Kräfte an, denn Ihre Intelligenz ist bemerkenswert, feinsinnig, nuanciert und scharf. Ihre Neugierde ist stets wach, aber im Gegensatz zu Ihrer Merkurschwester Jungfrau interessieren Sie sich für alles nur oberflächlich. Überzeugt davon, dass Sie sehr schnell aus einem Bereich all das herausgezogen haben, was er Ihnen geben konnte, gehen Sie wie die Biene, die von Blume zu Blume fliegt, sehr schnell zu anderen Dingen über. Sie befriedigen sogar oftmals mehrere Neugierden gleichzeitig.

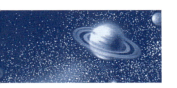

Sie praktizieren, intelligent und ungeniert, eine Vielseitigkeit, wie man sie bei außergewöhnlich begabten Schülern findet. Aber Sie sind fröhlich und geistvoll, necken gerne Ihre Mitmenschen, und bei passender Gelegenheit – wenn Sie witzig sein wollen – sind Sie eine echte Lästerzunge, allerdings in aller Unschuld. In Gesellschaft sind Sie ein Stimmungsmacher und deshalb ein gern gesehener Gast. Ihre Freunde nehmen in Ihrem Leben übrigens einen Ehrenplatz ein.

Sie sind ein echter Salonlöwe, das ist einer Ihrer Trümpfe im Leben. In Gesellschaft leben Sie auf. Sie haben unzählige Freunde, die übrigens mit Ihren verschiedenen Lebensperioden verknüpft sind und schnell durch andere ersetzt werden. Sie verschwinden plötzlich, um eines Tages genauso unerwartet wieder aufzutauchen.

Ihre Intelligenz

Ein weiterer Trumpf ist Ihre Intelligenz, dieses wunderbare Instrument. Ebenso Ihre große Anpassungsfähigkeit. Sie sind ein echtes Chamäleon. Streng genommen, würde man Sie einen Opportunisten nennen. Sie sind geschickt, schlagfertig und ein Rednertalent. Durch Ihre Dualität betrachten Sie das Leben instinktiv als Komödie, wobei Sie gleichzeitig Darsteller und Zuschauer sind. Humor ist Ihre zweite Haut.

Ihre Schwächen sind, wie immer, die Übertreibung Ihrer Qualitäten: Sie werden sich oft vorwerfen, zu intelligent sein zu wollen, zu schlau, wie man sagt. Auch die anderen werden Ihnen sagen, dass Sie zu findig sind, dass Sie die Wahrheit entstellen, dass Sie die anderen täuschen. Andererseits sollten Sie aufgrund Ihrer Aufnahmefähigkeit und Ihres schnellen Verständnisses anderer Sichtweisen – immer ist es entweder Castor oder Pollux in Ihnen, der sich überzeugen lässt – nicht unbedingt für die Meinung des Letzten, der gesprochen hat, eintreten: Seien Sie nicht zu leicht beeinflussbar. Hüten Sie sich als Verstandesmensch davor, ein Seelenkrüppel zu werden.

Wieder ist es der Zwilling Marquis de Sade, der mit Verachtung sagt: „Ich weiß nicht was Herz ist, so nenne ich nur die Schwäche des Geistes." Blaise Pascal, auch ein Zwilling, vergaß für sich nicht, neben die Ordnung des Geistes die der Nächstenliebe, das heißt des Herzens, zu stellen. Ebenso wie Raymond Radiguet, ein französischer Romancier des 20. Jahrhunderts, der als guter Zwilling das Herz dem Verstand gegenüberstellt und deren Gleichartigkeit umschreibt: „Wenn das Herz seine Gründe hat, die der Verstand nicht kennt, dann ist dieser weniger vernünftig als unser Herz!"

Sie und die Liebe

Als Luftzeichen sind Sie ein Geistesmensch – Sie lieben den geistigen Flirt. „Die Liebe, wie sie in unserer Gesellschaft besteht, ist nichts anderes als der Austausch zweier Phantasien und die Berührung zweier Hautoberflächen!" Allein ein Zwilling wie Chamfort, französischer Salonphilosoph des 18. Jahrhunderts, kann dies sagen. Ein anderer, Thomas Mann, unterscheidet: „Es gibt eine geistige Schönheit und eine solche, die zu den Sinnen spricht."

Sie lieben Situationen, die ständiger Bewegung unterworfen sind und eine Art geistigen Seiltanz erfordern. Sie, Herr Zwilling, sind voller Charme und ein guter Redner, für den Schüchternheit ein Fremdwort ist, und der nicht viel von Treue hält. Obwohl Sie es ernst meinen, zumindest im Augenblick eines Versprechens, haben Sie kurz darauf alles vergessen. Sie sind aber selbst derartig von Ihrer Aufrichtigkeit überzeugt, dass man Ihnen kaum böse sein kann. Sie, Frau Zwilling, sprühen vor Charme, und mit Ihrer kindlich-geistreichen Ausstrahlung verdrehen Sie den Männern den Kopf. Wer sind Ihre idealen Opfer?

Für Zwillinge sind Waage und Wassermann die besten Partner, denn diese beiden wissen Sie besser als sonst einer zu schätzen. Die Waage, die wie Sie sentimental ist

und Sinn für Schönheit hat, wird Ihre Schelmereien und Ihre kindliche Verwöhntheit etwas mäßigen. Mit dem phantasievollen und originellen Wassermann werden Sie Komplizen sein: Zwei unter einer Decke – nein, drei! Sind Sie nicht allein schon zwei?

Der Zwilling und die anderen Sternzeichen

Zwilling und Zwilling

Gleich und gleich gesellt sich gern – vor allem ein Zwilling wie Sie, denn Sie sind dauernd auf der Suche nach Ihrem Spiegelbild, Ihrem zweiten Ich. Und wer könnte Sie wohl besser verstehen als ein anderer Zwilling! Am liebsten würden Sie jeden Abend ausgehen, und in diesem Fall ist niemand da, der Sie bremst. Das könnte auf die Dauer bei einem Zwillingspaar ermüdend sein. Doch eines ist sicher: Sie werden sich keine Sekunde langweilen.

Zwilling und Widder

Mit ihm verstehen Sie sich sehr gut, denn Sie lieben beide das Neue, die Bewegung. Während Sie sprechen und erklären, handelt der Widder. Er kann Sie bestens ergänzen. Sie sind immer zu neuen Abenteuern bereit.

Zwilling und Stier

Sie werden ihn manchmal für geizig halten, da er viel sparsamer ist als Sie. Das kann aber auch seine guten Seiten haben. Sie gehen gerne aus, brauchen viel Abwechslung und werden sich wundern, warum er lieber bei seinen Filzpantoffeln bleibt.

Zwilling und Krebs

Sie sind sehr verschieden, können sich jedoch in geistiger Hinsicht gegenseitig teilweise ergänzen, obschon Wasser und Luft sich eigentlich ziemlich fremd bleiben. Sie sind ein Mensch der Gegenwart und verstehen seine Grübeleien über den Schnee von gestern nicht. Deshalb wird er für Sie noch nach Jahren ein geheimnisvolles Wesen sein.

Zwilling und Löwe

Mit diesem Partner sollte eigentlich nichts schief gehen, denn Sie haben vieles gemeinsam. Der stolze Löwe wird gern Ihr Beschützer und Begleiter bei Ihren gesellschaftlichen Unternehmungen sein, auch wenn er ab und zu laut brüllen wird, da er Ihre zahlreichen Eskapaden nicht akzeptieren will.

Zwilling und Jungfrau

Obwohl Sie einen gemeinsamen „Schutzherrn" haben, nämlich Merkur, sind Sie doch sehr verschieden. Die Jungfrau ist ein Verstandesmensch wie Sie, aber trotzdem viel strenger in ihrem Denken. Sie ärgern sich oft über ihre Haarspalterei, und die Jungfrau hält Sie für oberflächlich und labil. Und da Sie beide ziemlich nervös sind, können Sie sich ganz schön auf die Palme bringen. Aber Ihr gemeinsamer Kulturhunger kann Sie wieder zusammenführen.

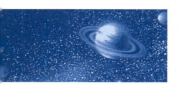

Zwilling und Waage

Nach außen hin sind Sie das ideale Paar. Man wird Sie auf jeder Party finden, denn Sie gehen beide für Ihr Leben gern aus. Oder Sie haben das Haus voller Gäste. Auf alle Fälle werden Sie nur selten allein sein, denn Sie sind zwei echte Salonlöwen, und ohne die anderen können Sie beide überhaupt nicht leben.

Zwilling und Skorpion

Er ist genauso neugierig wie Sie, doch seine Interessen gehen tiefer und er wird Sie oft für oberflächlich halten. Sie können stundenlang diskutieren, werden aber nie auf einen grünen Zweig kommen, denn der Skorpion wird ganz plötzlich ernst werden und keinen Spaß verstehen. Was Sie betrifft, werden Sie seinen Sadomasochismus nicht verstehen.

Zwilling und Schütze

Sie beide können sich in perfekter Weise ergänzen. Der Schütze steht Ihnen im Tierkreis genau gegenüber, und trotz einiger Gegensätze liebt er wie Sie Bewegung und Unabhängigkeit. Außerdem ist er nachsichtig und wird für Ihre Eskapaden fast immer das nötige Verständnis aufbringen, denn wer im Glashaus sitzt ...

Zwilling und Steinbock

Auf den ersten Blick haben Sie mit dem etwas strengen und zurückhaltenden Steinbock nur wenig gemeinsam. Trotzdem, oder gerade deshalb, kann diese Beziehung lange dauern. Der eine übt auf den anderen eine große Faszination aus, und Sie können sich bestens ergänzen. Sie bringen den nötigen Humor mit und der Steinbock den nötigen Ehrgeiz.

Zwilling und Wassermann

Er ist ein Luftzeichen wie Sie, und im täglichen Leben kommen Sie ausgezeichnet miteinander aus. Sie finden sich auf Anhieb sympathisch und sind beide sehr tolerant und auch sehr kontaktfreudig. Genau wegen dieser Übereinstimmung besteht die Gefahr, dass es vielleicht an der nötigen Leidenschaft fehlt. Und das birgt die Gefahr der Langeweile in sich, was für Sie beide unerträglich wäre. Gott sei Dank gibt es noch die anderen …

Zwilling und Fische

Sie sind wirklich grundverschieden und ziehen sich oft sehr stark an, doch ist diese Beziehung meistens nur kurzlebig. Sie ist sehr kompliziert, denn zusammen sind Sie zu viert! Sie wundern sich über die verträumte Art und die verletzliche Sensibilität des Fisches, und nur bei einer sehr großen geistigen Anziehung hält diese Beziehung wirklich lange an (was nur die individuellen Horoskope verraten).

Ihre Gesundheit

Sie ahnen, dass man sein Nervensystem ruiniert, wenn man zu sehr auf Kosten seiner Nerven lebt. Die Astrologie hält also im organischen Bereich einerseits das Nervensystem bei den Zwillingen für anfällig, andererseits den Atmungsapparat, die Lungen und die Bronchien. Nicht zu vergessen Arme, Schultern und Hände, die bei Unfällen besonders gefährdet sind. Vorsicht vor Nervenentzündungen, die bei Ihrem Zeichen sehr häufig sind.

Ihre Berufung

Sagen wir lieber: Ihre Berufungen. Denn Sie üben oft mehrere Berufe gleichzeitig aus. Dies reicht vom Händler, Handelsvertreter über den Journalisten, den Herausgeber, den Dolmetscher, den Schriftsteller oder den Schauspieler bis zum Rechtsgelehrten. Merkur, der Götterbote und Symbol des Mittlers, macht Sie für alle vermittelnden Berufe geeignet, wie etwa Vertreter oder Agent. Noch zu bemerken wäre, dass Sie häufig zwei Einkommensquellen oder ein Doppelschicksal haben: zum Beispiel zwei Ehen.

Berühmte Zwillinge

Marilyn Monroe, Carol Baker, Judy Garland, Lilly Palmer, Douglas Fairbanks, Errol Flynn, Laurence Olivier, Johnny Weissmueller, John Wayne, Günther Strack, Tony Curtis, Brooke Shields, Clint Eastwood, Bob Hope, Theo Lingen, Horst Tappert, Harald Juhnke, John Maynard Keynes, Jacques Cousteau, J.-P. Sartre, Corneille, Françoise Sagan, Harold Robbins, Marquis de Sade, Céline, Garcia Lorca, Conan Doyle, Salinger, Oswald Spengler, Walt Whitman, Paul McCartney, Charles Aznavour, Tom Jones, Josephine Baker, Bob Dylan, Anneliese Rothenberger, Johnny Hallyday, Demis Roussos, Zar Peter der Große, Queen Victoria, John F. Kennedy, Prinz Rainier von Monaco, Richard Strauss, Igor Strawinsky, Robert Schumann, Miles Davis, Steffi Graf, Björn Borg, Jackie Stewart, Eddie Mercks, Che Guevara, Tito, Henry Kissinger.

Ihre Sterne 2000

1. Dekade (21. Mai bis 1. Juni)

Auch im Jahr 2000 gehören Sie zu den Favoriten der Sterne und besonders die zweite Jahreshälfte wird in jeder Hinsicht viel versprechend: Jupiter symbolisiert tolle Aufstiegschancen, schöne Erfolge oder private Sternstunden. Dazu kommt für die zwischen dem 24. und 27. Mai Geborenen der seltene Neptuneinfluss (nur etwa alle 50 Jahre), der neue Wirkungsbereiche, neue Interessen und einen erstaunlichen Instinkt verspricht. Sie handeln intuitiv richtig, sind sehr kreativ und öffnen sich einer höheren Bewusstseinsebene. In einigen Fällen könnten künstlerische Talente zum Ausdruck kommen, oder Sie beschäftigen sich mit humanitären Angelegenheiten, entdecken Ihr Interesse für neue Disziplinen (Meditation, Yoga etc.) beginnen größere Vorhaben, die oft mit einer inneren Bereicherung verbunden sind. Besonders erfolgreich sind Sie vor allem zwischen dem 18. und 24. Januar, Mitte April, in der zweiten Maihälfte, in der letzten Juliwoche und in den ersten zwei Augustwochen (!) sowie zwischen dem 10. und 26. September, Ende November und Anfang Dezember. In diesen genannten Perioden könnte einigen ein wahrer Volltreffer gelingen (z. B. neuer Job, neuer Posten, Gründung der eigenen Firma). Jupiter und Neptun signalisieren speziell Ende Juli und in der ersten Augusthälfte eine Glückssträhne, beruflich

und/oder privat! Für alle anderen Mai-Zwillinge bieten sich im Juli/August schöne Erfolgsmöglichkeiten, die dann im November/Dezember Resultate versprechen. Ein lang ersehnter Wunschtraum könnte in Erfüllung gehen, es geht finanziell aufwärts, größere Vorhaben gelingen und auch privat winkt eine Glücksserie (Heirat, Nachwuchs, schicksalhafte Begegnung usw. nicht ausgeschlossen!). Neben diesen Erfolgsphasen liegen Sie auch in der zweiten Januarhälfte, zwischen dem 13. und 19. April, in der zweiten Maihälfte und im September im Aufwärtstrend. Sie (ver)handeln sehr clever, knüpfen interessante Kontakte, und Verhandlungen, schriftliche Ansuchen (Bewerbungen), Reisen oder Examen verlaufen ganz nach Ihren Vorstellungen.

Auf dem privaten Sektor könnte 2000 eines der besten Jahre seit langem werden. Jupiter verspricht ab Juli unvergessliche Stunden und schicksalhafte Begegnungen, und alle Hoffnungen sind erlaubt. Vor allem die zwischen dem 24. und 27. Geborenen sind im siebten Himmel, denn das ganze Jahr hindurch nimmt Sie Neptun unter seine Fittiche und verstärkt den Jupitereinfluss. Große Ereignisse kündigen sich an: Allein Stehende könnten den idealen Partner kennen lernen (zwischen dem 13. und 21. Juli und in den ersten zwei Dezemberwochen!) und wenn Sie schon gebunden sind, erreicht Ihre Beziehung ein höheres Niveau.

Für alle anderen sind neben den genannten Jupiterperioden folgende Phasen glückverheißend: die erste Januarwoche, die zweite Februarhälfte, die erste Aprilhälfte, die letzte Maiwoche und Anfang Juni, die zweite Julihälfte, die erste Septemberwoche und die erste Dezemberhälfte. Venus verspricht Spaß und Vergnügen, Sie sind charmanter denn je und gewinnen neue Sympathien. Zu kleinen Unstimmigkeiten könnte es hingegen zwischen dem 13. und 21. März und in der letzten Oktoberwoche kommen. Und in den ersten zwei Augustwochen schlagen Sie ganz schön über die Stränge, nach dem Motto: Nach mir die Sintflut! Sie lassen kein Fest aus, flirten ohne Hemmungen und übertreiben gewaltig ...

Im Laufe des neuen Jahres sind Sie auch körperlich gut in Schuss. Neue Hobbys (z. B. Golf) und Interessen für andere Disziplinen, wie Yoga, autogenes Training usw., tragen nicht nur dazu bei, dass Sie sehr ausgeglichen sind und innere Ruhe ausstrahlen, sondern stärken auch Ihre körperlichen Abwehrkräfte und Ihr Immunsystem. Falls Sie krank sind oder an chronischen Beschwerden laborieren, haben Sie exzellente Karten, um erfolgreich neue Heilverfahren oder neue Medikamente einzusetzen. Juli, August, November und Dezember sind in dieser Hinsicht viel versprechende Monate und mancher fühlt sich wie neugeboren. Zwischen dem 12. und 25. Februar, in der ersten Augusthälfte und in den drei ersten Novemberwochen stimuliert Sie zusätzlich Mars – Sie sind in Höchstform, kaum zu halten. Lediglich in der ersten Januarhälfte, in den ersten beiden Maiwochen und in der zweiten Septemberhälfte sollten Sie vorsichtig sein und sich nicht zuviel zutrauen, denn Mars verleitet Sie zu leichtsinnigen Reaktionen (z. B. bei sportlichen Aktivitäten, im Auto oder im Haushalt) und Sie sind anfälliger als sonst für Verletzungen, Verstauchungen etc.

Ihre Jahresbilanz dürfte trotzdem eindeutig positiv ausfallen, denn die harmonischen Aspekte überwiegen bei weitem!

2. Dekade (1. bis 11. Juni)

Das Jahr 2000 steht für Sie im Zeichen großer Umwälzungen und einschneidender Veränderungen, die in den meisten Fällen viel versprechend für Ihre Zukunft sind. Neue Vorhaben entwickeln sich überraschend gut, Sie bekommen von unerwarteter Seite Hilfe, oder unvorhergesehene Ereignisse führen zu einem Neubeginn.

Wenn Sie zur zweiten Hälfte der Dekade gehören (nach dem 5. geboren sind), verspricht Uranus eine unerwartete und radikale Wende (Umstrukturierung, neuer Posten, neue Privilegien?), und die Geburtstage zum Beginn der Dekade (vor dem 4.)

erleben eine grundlegende Umwälzung (Pluto ist in Opposition) und einen tief gehenden Wandlungsprozess, der Sie dazu zwingt, umzudenken. Manchmal können kollektive Entscheidungen große Veränderungen bewirken, die Ihnen gegen den Strich gehen und oft mit Einschränkungen verbunden sind. Besonders September und Oktober werden kritisch in dieser Hinsicht: juristische Probleme, Ärger mit Behörden (Finanzamt?) oder Vorgesetzten könnten Auswirkungen auf Ihre Karriere haben.

Auch Mitte Januar, die Tage um den 12. oder 28. Februar, Ende März, um den 20. Mai, Ende August und um den 12. Dezember sind schwierige Zeiten, und es wäre ratsam, sich der neuen Lage so gut wie möglich anzupassen.

Viel besser läuft es für die vor dem 4. Geborenen Ende Januar, um den 20. April, Mitte August, Mitte September und Anfang Oktober.

Die nach dem 5. Geborenen haben besonders während folgender Perioden alle Trümpfe in der Hand, um neue Wege zu gehen: Ende Januar, vom 18. bis 25. Februar, Mitte August, um den 18./19. September und Mitte Dezember. Alles läuft wie gewünscht und manchmal winkt eine Riesenüberraschung.

Auch auf dem privaten Sektor könnte es in den nächsten Monaten zu großen Umwälzungen kommen. Die nach dem 5. Geborenen erleben eine Bombenüberraschung und können Uranus vielleicht eine außergewöhnliche Begegnung (Liebe auf den ersten Blick?) oder einen viel versprechenden Neubeginn einer bereits bestehenden Beziehung verdanken. Die schönsten Perioden in dieser Hinsicht: Mitte Januar, die erste Märzwoche, Ende Juli, Mitte September, Anfang November und die Tage um den 20./21. Dezember.

75

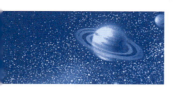

Die vor dem 4. Geborenen müssen mit einer tief greifenden Umwälzung rechnen, die Sie dazu zwingt, Neuland zu betreten. Sie müssen alten Ballast abwerfen und sehen vieles mit ganz neuen Augen. Trotzdem ist diese von Pluto ausgelöste Metamorphose in einigen Fällen nur schwer zu verdauen. Aber dank Ihrer Fähigkeit, sich neuen Situationen relativ schnell anzupassen, sollte auch dieser – manchmal schmerzliche – Wandlungsprozess auf lange Sicht hin positiv für Ihre Zukunft sein. Die günstigsten Phasen werden Ende Februar, Anfang März, Mitte April, um den 21./22. Juli, um den 8./9. September und Mitte Dezember sein.

Ihre physische Verfassung ist im neuen Jahr exzellent und positive Veränderungen im Beruf oder im Gefühlsbereich wirken sich günstig auf Ihren Organismus aus. In Höchstform sind Sie vor allem Ende Februar, in der ersten Märzwoche, in der zweiten Augusthälfte, in der letzten November- und ersten Dezemberwoche, da Mars für wahre Energieschübe sorgt. Vorsichtig sollten Sie hingegen in der zweiten Januarhälfte, der zweiten Maihälfte und den ersten zwei Oktoberwochen sein, da Sie Mars zu leichtsinnigen und überstürzten Gesten verführt (im Auto, im Haushalt usw.), die unangenehme Folgen haben könnten.

Eine Ausnahme bilden die Geburtstage zum Beginn der Dekade (vor dem 4.): Pluto könnte einen tiefgehenden Wandlungs- und Reifeprozess bewirken, der latent praktisch das ganze Jahr hindurch wirksam ist und manchmal dazu führt, dass chronische Beschwerden akut werden. Es wäre deshalb ratsam, dass Sie sich einem gründlichen Check-up unterziehen, um vorbeugend etwas dagegen zu unternehmen. In einigen Fällen bewirkt Pluto eine große Metamorphose, und Sie haben das Bedürfnis, Ihr Aussehen, Ihren „Look", total zu verändern (neue Frisur, neue Kleidung) ...

3. Dekade (11. bis 21. Juni)

Das neue Jahr beginnt unter den besten Voraussetzungen und bis Mitte Februar signalisiert Jupiter Entfaltung, Selbstvertrauen, berufliche Erfolge und privates Glück. Davon abgesehen sind die Einflüsse der langsamen Planeten vorwiegend neutral und 2000 wird in den meisten Fällen ein Jahr, in dem es beim Status quo bleiben dürfte und in dem Ihnen größere Komplikationen erspart bleiben sollten.

Januar und die beiden ersten Februarwochen bedeuten für viele einen echten Aufwärtstrend und Sie können einen großen Fisch an Land ziehen. Größere Projekte, die manchmal auf Juni des letzten Jahres zurückgehen, bringen exzellente Resultate. Eine Beförderung? Ein Gewinn (unter anderem durch Spekulation)? Ein positiver Bescheid (von einer Behörde, Ihrer Bank)? Vielleicht gründen Sie Ihr eigenes Unternehmen? Oder Sie übernehmen einen neuen Job? Kurz: Eine echte Glückssträhne zeichnet sich ab!

Die besten Perioden ab Februar: die zweite Aprilhälfte, die letzte Maiwoche, der 12. bis 22. August, die letzte Septemberwoche und die zweite Dezemberhälfte. Während dieser Phasen steht Ihnen Merkur zur Seite und Sie können wertvolle neue Kontakte knüpfen, zeigen sich schlagfertig und diplomatisch bei Verhandlungen, können vorteilhafte Verträge aushandeln, sind erfolgreich auf Reisen oder bei Examen. Zu Verspätungen oder Missverständnissen kann es hingegen verstärkt in den ersten beiden Aprilwochen und in der ersten Septemberwoche kommen. Termine werden abgesagt, Sie sind zerstreut und vergesslich, es kommt zu Verspätungen (z. B. bei Ihrer Post oder auf Reisen).

Auch auf dem Gefühlssektor beginnt das neue Jahr optimal: Jupiter verspricht bis Mitte Februar wahre Sternstunden. Vielleicht eine schicksalhafte Begegnung? Ein riesiges Familienfest? Eine Hochzeit? Oder ein Baby? In einigen Fällen haben Ereignisse oder Entscheidungen vom vergangenen Juni nun äußerst positive Folgen und ein lang gehegter Wunschtraum geht in Erfüllung!

Ab Mitte Februar wird es etwas ruhiger. Venus sorgt während folgender Perioden für schöne Stunden zu zweit, zauberhafte Nächte und glänzende Laune: in den ersten beiden Märzwochen, der letzten Aprilwoche, der ersten Augustwoche, der zweiten Septemberhälfte und der letzten Dezemberwoche.

Zu Reibereien und Differenzen kann es hingegen in der ersten Aprilwoche, der letzten Augustwoche und der ersten Novemberhälfte kommen. Sie sind sehr zurückhaltend, oder der Partner fühlt sich unverstanden, und es liegt an Ihnen, den ersten Schritt zu machen.

Körperlich sind Sie im neuen Jahr recht gut in Schuss und in den ersten Wochen ist Ihre Verfassung optimal. Ihre optimistische Grundhaltung trägt dazu bei, dass Sie sich rundum bestens fühlen. Nur in den ersten zwei Februarwochen schlagen Sie zu sehr über die Stränge (zu üppige Ernährung?) und dadurch könnten Sie schnell einige Pfunde zulegen. Im Januar hingegen hätten neue Heilmethoden die besten Erfolgschancen, und falls Sie krank sind, sollten Sie diese Konstellation ausnützen. Auch zwischen dem 9. und 23. März, in den ersten zwei Septemberwochen und im Dezember sind Sie energiegeladen und dynamisch. Mars stimuliert Sie und Sie könnten Berge versetzen. Lediglich in der ersten Junihälfte und zwischen dem 18. Oktober und 4. November sollten Sie auf der Hut sein (Mars wirkt negativ) und jedes unnötige Risiko vermeiden (z. B. im Straßenverkehr, auf den Pisten, im Umgang mit gefährlichen Geräten)! Außerdem sollten Sie Ihre Möglichkeiten nicht überschätzen und sich nicht zu viel zutrauen!

Ihre Sterne 2001 bis 2005

Sie gehören auch in den ersten Jahren des neuen Jahrtausends zu den großen Favoriten der Sterne. 2001 und 2002 kommt es zu einer Konsolidierung. Saturn wandert durch Ihr Sternzeichen und symbolisiert die Festigung Ihrer Position, eine neue Verantwortung und, ganz allgemein, eine Stabilisierung der Lage, manchmal verbunden mit einer Anerkennung oder Auszeichnung. Dazu erwartet die Mai-Zwillinge bis Ende 2003 der harmonische Neptuneinfluss, der neue Aufgaben, einen neuen Wirkungsbereich, eine außergewöhnliche Kreativität, in einigen Fällen künstlerische Erfolge bedeuten kann. Zwischen 2003 und 2005 sind dann die in der ersten Juniwoche Geborenen davon betroffen.

Die Zwillinge der 3. Dekade erleben in den Jahren 2001, 2002 und 2003 eine radikale und sehr positive Wende im Leben, häufig einen Neubeginn (beruflich oder privat). Einen Umzug? Ortswechsel? Neuen Posten?

Die Juni-Zwillinge erleben ebenfalls große Umwälzungen in den kommenden Jahren, und je nach Ihrem persönlichen Geburtsdatum befinden Sie sich zwischen 2001 und 2005 in einer Phase tief gehender Veränderungen, und für viele beginnt damit ein neuer Lebensabschnitt.

Etwas schwerer haben es alle Zwillinge zwischen Sommer 2003 und Sommer 2004, da Jupiter in der Jungfrau Komplikationen (mit Behörden, Ihrer Bank, Vorgesetzten usw.) symbolisiert. Aber Jupiter zeigt sich von seiner guten Seite im ersten Halbjahr 2001, zwischen dem Sommer 2002 und dem Sommer 2003 und von September 2004 bis Oktober 2005. Nützen Sie diese viel versprechenden Phasen, um wichtige neue Vorhaben zu beginnen (Gründung des eigenen Unternehmens, Heirat, Nachwuchs).

Bilanz: Die harmonischen Einflüsse der langsamen Planeten sind eindeutig in der Überzahl, und in den ersten fünf Jahren des 3. Jahrtausends können Sie die Weichen für eine bessere Zukunft stellen.

Krebs

vom 22. Juni bis 22. Juli
Ihr Motto:
„Ich fühle"

Typisch Krebs

Im ersten Sternzeichen des Sommers und in seiner ersten Wärme geboren, die zu Lässigkeit und Beschaulichkeit anregt, sind Sie auch gleichzeitig ein Wasserzeichen: Empfindsamkeit ist der Angelpunkt Ihres Seelenlebens. Was sagt J. J. Rousseau? „Nicht der Mensch hat am meisten gelebt, welcher die höchsten Jahre zählt, sondern derjenige, welcher sein Leben am meisten empfunden hat."

Da der Krebs außerdem auch ein feminines und nächtliches Zeichen ist, sind Sie ein Wesen, das zur Passivität neigt, das aufnahmefähig und beeindruckbar ist. Der Krebs stellt den Triumph der Schöpfungskräfte, der Fruchtbarkeit und der Natur dar, er symbolisiert den Begriff der Erblichkeit. Der Planet, der Sie regiert, ist der Mond, Symbol für Kindheit, Schwangerschaft und Mutterschaft. Er ist auch Symbol für Traum, Poesie, Launenhaftigkeit und das Unbewusste. Er stellt die Verbundenheit mit den Ursprüngen, der Vergangenheit, mit Familie, Haus, Grund und Boden dar.

Traditionsgemäß wird Ihnen der Montag, unter den Farben das Weiß und die Iris als Parfum zugeschrieben. Ihre Pflanzen sind Seerose und Kürbis. Sie haben richtig geraten: Ihr Metall ist das Silber mit seinem Mondglanz. Ihre Steine sind keine anderen als der Mondstein, Opal und Perle. Ihre Zahl ist die 2.

Krebs, wer sind Sie?

Die Gestalt betreffend gibt es zwei Krebs-Typen: Den echten Mond-Typ mit Mondgesicht, das heißt rund und voll, mit phlegmatischem oder lymphatischem Temperament, empfindsam und nicht aktiv (sekundär, würde der Charakterologe Le Senne sagen). Er ist ein sesshafter, oft menschenfeindlicher Typ.

Dann den lunarischen, nervösen, langgliedrigen, trockenen Typ, ähnlich wie Jean Cocteau, ein Krebs mit starkem Merkureinfluß.

Obgleich Sie nach außen hin sehr ruhig erscheinen, sind Sie mehr als jeder andere empfindsam, verletzbar, so dass Sie leicht überempfindlich und misstrauisch werden.

Unvermittelt ziehen Sie sich in Ihren Panzer zurück und können aufgrund dieser Tatsache schroff und paradoxerweise sogar gefühllos erscheinen. Seien Sie unkomplizierter, extrovertierter, weniger selbstbezogen (Egozentrik grenzt, wie Sie wissen, an Narzissmus), und Sie werden sehen, wie die Welt Ihnen weniger rau und weniger aggressiv erscheinen wird.

Jean-Jacques Rousseau konnte mit seinem Verfolgungswahn nur Krebs gewesen sein. Sie sind ein sekundärer Typ: Die Ereignisse graben sich in Ihre Psyche ein wie in weiches Wachs, und Sie horten Eindrücke und Erinnerungen. Ihr Gedächtnis ist phänomenal, Sie vergessen einfach nichts. Vielleicht hält man Sie deshalb für nachtragend? Oder weil Sie verschlossen und nachdenklich sind und oft über die Vergangenheit grübeln? Die Vergangenheit, die Kindheit, die Mutter ... Sie sehnen sich nach dem Mutterschoß zurück, nach dessen Wärme und Geborgenheit. Der Krebs Saint-Exupéry drückt wunderbar die Symbolik dieses Tierkreiszeichens aus, wenn er schreibt: „Gesäugt vom Flugzeug selbst, für das ich eine Art Zärtlichkeit des Sohnes, eine Zärtlichkeit des Säuglings empfinde ..."

In gewisser Weise weigern Sie sich, erwachsen zu werden. Hier gibt es bei Ihnen eine mehr oder weniger bewusste Form der Regression, die Sie dazu veranlassen kann, dem Lebenskampf zu entfliehen und sich an Träumen, Utopien und Wundern schadlos zu halten. Treffend ist dazu der Ausspruch des Grafen Zeppelin: „Man muss nur glauben, dann wird es gelingen."

Daher gibt es in Ihrem Charakter einen Aspekt der Launenhaftigkeit, der übrigens auch die Neigung zum Moralisieren in sich birgt. Ideen und Fakten werden mehr daraufhin erwogen, ob sie gut oder schlecht, anständig oder unanständig sind, als daraufhin, ob sie wahr sind oder falsch.

Ihre Intelligenz

Es ist so, dass die Intelligenz des Krebses sehr eng mit seinem emotionalen Leben verbunden ist, dass der Krebs Cocteau zu dem Paradoxon gelangte: „Zuerst finden, dann suchen ..." Anstelle von rationaler Funktion stellt Ihre Intelligenz eine Mischung aus gesundem Menschenverstand und Intuition dar. Sie haben verführerische Qualitäten für den, der die Mauer der Schüchternheit und des Misstrauens zu durchstoßen weiß. In erster Linie sind Sie ein Mensch der Einbildungskraft, ein Übersensibler, was Ihnen auch ermöglicht, den Kummer der anderen tief mitzuempfinden, allerdings unter der Bedingung, dass Sie bereit sind, Ihren Elfenbeinturm zu verlassen. Sie können furchtbar hartnäckig sein.

Wenn Sie nicht zu den verwöhnten und labilen Krebskindern gehören, die ihren Mutterkomplex nicht gelöst haben, können Sie ein wunderbarer Familienvater sein, der sein Heim über alles liebt. Dies in einem solchen Maße, Herr Krebs, dass Ihre haushälterischen Tugenden Sie manchmal dazu bestimmen, die Rolle der Hausfee anstelle Ihrer Frau einzunehmen, besonders, wenn diese etwas Amazonenhaftes hat. Und

Sie können herrlich kochen. Übrigens ist Ihnen das Essen furchtbar wichtig. Was sagt der Krebs Rousseau, wenn er von seinem geistigen Olymp auf die Erde herabsteigt? „Glücklich sein: ein gutes Bankkonto, eine gute Köchin und eine gute Verdauung."

Sie und die Liebe

Auf jeden Fall sind Sie romantisch, sentimental und auf Sinnesempfindungen ausgerichtet. „Gibt es", sagt Paul Valéry, der auch unter einem Wasserzeichen geboren ist, „etwas Tieferes als die Haut?" Diese Worte betreffen Sie besonders. Um sich innerlich wirklich wohl zu fühlen und dies jenseits der Worte, brauchen Sie eine Atmosphäre, die Ihrer Vorstellungskraft freien Lauf lässt. Andere Wasserzeichen wie Fische und Skorpione regen Sie dazu an. Ersterer ist noch stärker intuitiv und sensibel als Sie, der Zweite noch sexueller und komplexer. Mehr noch als die Krebs-Frau, haben Sie, Herr Krebs, die Tendenz, schrecklich eifersüchtig zu sein. Sicherlich haben Sie Spürsinn, Ihnen entgeht nichts, aber es ist auch nicht nötig, dazuzudichten! Verdächtigen Sie andere nicht ununterbrochen! Und dann muss Ihnen wohl gesagt werden, Herr und Frau Krebs, dass Sie zu sadomasochistischen Partnerbeziehungen neigen. Mit dem Stier, der Jungfrau, dem Steinbock oder mit einem anderen Krebs (falls Sie die Kommunikationsschwierigkeiten überwinden) werden Sie aufbauen, was Ihnen gleichermaßen am Herzen liegt: ein echtes Heim, ein Paradies für Kinder. Und Sie werden wie das berühmte Krebs-Paar Clara und Robert Schumann sagen: „Kinder sind ein Segen, von dem man nicht genug haben kann."

Der Krebs und die anderen Sternzeichen

Krebs und Krebs

„... und sie lebten glücklich und zufrieden und hatten viele Kinder", so könnte man ein Paar von zwei Krebsen am besten beschreiben. Ein typisches Beispiel dafür waren Clara und Robert Schumann (sie war Krebs und er Zwilling mit einer starken Krebs-Dominante): Ihre romantische Liebe dauerte ein Leben lang und sie hatten viele Kinder.

Krebs und Widder

Dieser feurige Draufgänger liegt nicht auf der gleichen Wellenlänge wie Sie. Auch wenn Sie anfangs von seiner Vitalität fasziniert sind, werden Sie ihm nicht lange folgen können, da Ihnen der Atem ausgeht. Übrigens wird er Ihren Hang zur Vergangenheit nicht verstehen.

Krebs und Stier

Sie sind wirklich füreinander geschaffen, denn der Stier liebt wie Sie Heim und Herd. Ein glückliches Familienleben geht Ihnen beiden über alles. Und wenn es ab und zu Streit gibt, so werden Sie sich bei einem romantischen Dinner bei Kerzenlicht wieder versöhnen.

Krebs und Zwilling

Im Berufsleben passt er bestens zu Ihnen, und seine schnelle Auffassungsgabe ergänzt ideal Ihr außergewöhnliches Vorstellungsvermögen. Im Gefühlsleben hingegen ist Ihnen der Zwilling oft zu oberflächlich, und Sie werden darunter leiden, dass er Ihnen nicht die nötigen Streicheleinheiten verabreicht.

Krebs und Löwe

Obwohl er ganz anders ist als Sie, können Sie ein erfolgreiches Gespann bilden. Er wird Sie beschützen, denn diese Rolle liebt er über alles, und Sie werden ihn bewundern. Außerdem liebt er wie Sie den Komfort. Problematisch wird es, wenn Sie sich schmollend in Ihren Winkel zurückziehen, denn dafür bringt der stolze Löwe kein Verständnis auf.

Krebs und Jungfrau

Das kann ohne weiteres gut gehen, wenn Ihre Jungfrau nicht zu realistisch und pingelig ist, oder gar materialistisch. Aber oft trügt der Schein und Sie stellen fest, dass Ihr Jungfrau-Partner genauso gefühlvoll ist wie Sie selbst. Dann bilden Sie ein ideales Paar. Besonders im Beruf und in der Freundschaft.

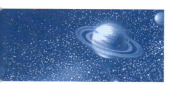

Krebs und Waage

Sie brauchen beide viel Zärtlichkeit und halten noch nach Jahren Händchen. Doch Sie sind besitzergreifend und eifersüchtig, und die Waage geht gern unter Leute. Deshalb kann es zwischen Ihnen oft zu Missverständnissen kommen, die nicht immer schnell geklärt werden, da Sie sich schnell in Ihren Panzer zurückziehen.

Krebs und Skorpion

Zu ihm fühlen Sie sich oft magnetisch hingezogen, doch seine Leidenschaft kann sehr tyrannisch sein. Vielleicht spielen Sie eine Zeit lang mit, wenn er nicht zu weit geht. Ansonsten verkriechen Sie sich in Ihr Gehäuse.

Krebs und Schütze

Sie sind sehr verschieden, denn so sehr Sie Ihre Ruhe und Ihre Sicherheit brauchen, so sehr liebt der Schütze das Abenteuer. Sie sind meistens häuslich und er ist ein Zugvogel. Was Sie beide gemeinsam haben, ist Ihr Bedürfnis nach gesellschaftlicher Anerkennung. Wenn Sie also den nötigen guten Willen haben, kann es zwischen Ihnen klappen.

Krebs und Steinbock

Der Steinbock ist Ihr Gegenpol im Tierkreis. Deshalb sind Ihre Beziehungen nie lauwarm: entweder kämpfen Sie oder ergänzen sich wunderbar. Er schätzt an Ihnen Ihre tiefe Sensibilität und Ihre Häuslichkeit, kann aber Ihre schwankenden Launen einfach nicht ausstehen. Mit ihm gibt es kein Mittelmaß: Entweder Sie lieben ihn leidenschaftlich oder Sie hassen ihn zutiefst.

Krebs und Wassermann

Hier treffen zwei Träumer aufeinander, doch den beweglichen Wassermann werden Sie nur schwer verstehen und vor allem nicht festhalten können. Sie werden ihm Vorwürfe machen und nichts wird er mehr hassen als das. Glücklicherweise ist er wohl das toleranteste Zeichen des Tierkreises. Aber Achtung! Auch das Unabhängigste!

Krebs und Fische

Mit ihm können Sie eine große Liebe erleben, denn er ist wie Sie ein sehr sensibler Träumer. Allerdings herrscht über Ihre Gefühle selten völlige Klarheit, denn Sie sind beide sehr introvertiert und gehen nur selten aus sich heraus. Stumm wie der Fisch und verschlossen wie der Krebs können Sie trotz Ihrer Seelenverwandtschaft an Ihrem Glück vorbeigehen ...

Ihre Gesundheit

Zurückgehend auf das Mittelalter wird Ihnen der Magen und die Brust zugeordnet. Versuchen Sie, obgleich Sie eine große Vorliebe für das Essen haben, nicht zu viel, zu wahllos oder in Unruhe zu essen. Ihr Magen wird sich sonst rächen! Vergessen Sie ebenfalls nicht, dass Sie ein Schläfer sind. Sie brauchen den Schlaf mehr als andere. Vielleicht ist es aber lediglich ein subtiles Mittel, der Realität zu entkommen?

Ihre Berufung

Poesie reizt Sie besonders; als eine andere Form der Flucht lockt Sie die Erforschung ferner Länder. Sie sind oft Künstler, vor allem die Malerei reizt Sie. Sie haben ein Gefühl dafür, was der Öffentlichkeit gefällt. Aufgrund Ihrer Intuition stehen Sie mit ihr in einer osmotischen Beziehung.

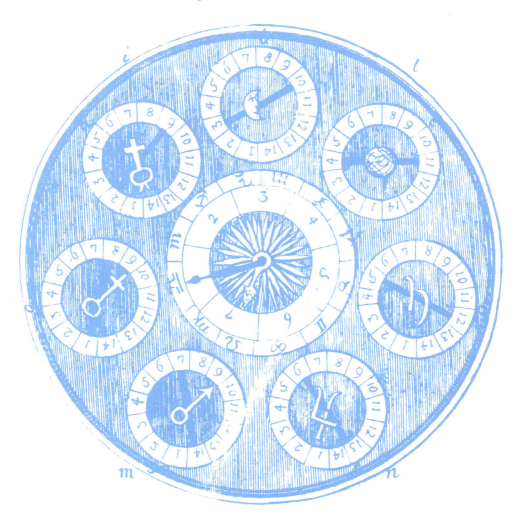

Sie geben gute Diplomaten ab, denn Sie wissen sich einer professionellen Höflichkeit und einer mehr oder weniger natürlichen Gutmütigkeit zu bedienen. Da Sie in die Vergangenheit verliebt sind, entwickeln Sie eine Leidenschaft für Geschichte. Antikem zugetan, könnten Sie Archivar oder Konservator werden. Nicht zu vergessen die Berufe, die mit Ernährung und Flüssigkeit verknüpft sind: Gastronomie und Brauereiwesen.

Da Sie die Verantwortung oft scheuen, begnügen Sie sich mit untergeordneten Posten, die es Ihnen erlauben, weiter zu träumen und sich ständig unzufrieden zu fühlen und nach anderen Dingen zu sehnen.

Ihr Schicksal

Ihr Schicksal ist verschieden, je nachdem ob Sie ein ruhiger und sesshafter Krebs sind, oder der andere Krebs-Typ, der dauernd unterwegs ist. Im ersten Fall werden Sie oft schon sehr früh im Leben Wurzeln schlagen, manchmal sehr jung heiraten, und im zweiten Fall werden Sie sich nie festlegen, nirgends lange verweilen.

Berühmte Krebse

Rembrandt, Modigliani, Marc Chagall, Hermann Hesse, Jean Cocteau, George Orwell, La Fontaine, George Sand, Marcel Proust, Hans Fallada, Ernest Hemingway, Pirandello, Erich Maria Remarque, Franz Kafka, Gottfried Wilhelm Leibniz, Graf Hermann von Kayserling, Calvin, Jean-Jacques Rousseau, Gustav Mahler, Claude Debussy, Heinrich VIII., Mazarin, Edward Heath, Walter Scheel, Herbert Wehner, Georges Pompidou, Niarchos, John Rockefeller.

Ihre Sterne 2000

1. Dekade (22. Juni bis 1. Juli)

Das neue Jahr beginnt unter den besten Aspekten und zwischen Mitte Februar und Anfang April beschert Ihnen Jupiter eine echte Glückssträhne. Sie können sich bestens entfalten, haben eine gute Nase für Erfolg versprechende Projekte und einige treffen voll ins Schwarze. Vielleicht eine Beförderung? Ein neuer Posten? Ein Geldgewinn? Besonders im März (ver)handeln Sie sehr klug und beweisen viel Spürsinn, schaffen sich exzellente neue Beziehungen und gewinnen neue Privilegien. Außerdem ist die Zeit sehr günstig für den Abschluss eines Vertrages, Kontakte zum Ausland oder Examen ... Ab April wird es etwas ruhiger und Sie ruhen sich auf Ihren Lorbeeren aus. Günstig für wichtige Besprechungen, schriftliche Arbeiten oder eine Reise werden folgende Perioden: die zweite Aprilhälfte, die erste Maiwoche, die letzte Augustwoche, die erste und letzte Oktoberwoche, die drei ersten Novemberwochen und die letzte Dezemberwoche. Sie kommen mit Ihren Argumenten gut an, sind überzeugenc und beweisen Schlagfertigkeit und Verhandlungsgeschick.

Mit einigen Verspätungen oder Missverständnissen müssen Sie hingegen verstärkt in der ersten Januarwoche, zwischen dem 13. und 19. April und in der zweiten und letzten Septemberwoche rechnen (Merkur ist negativ). Sie sind zerstreut und handeln manchmal überstürzt, Termine werden verschoben und Sie lassen sich leicht beeinflussen.

Da aber die günstigen Aspekte bei weitem überwiegen, sollte Ihre berufliche Bilanz gegen Jahresende eindeutig positiv ausfallen.

Auch in Ihrem Gefühlsleben kündigen sich im Laufe des ersten Trimesters (von Mitte Februar bis Anfang April) einige Höhepunkte an. Jupiter verspricht unvergessliche Begegnungen, ein Wiedersehen mit alten Freunden sowie manchmal Heirat und Nachwuchs. Singles könnten den Traumpartner kennenlernen, bestehende Bindungen sind harmonischer denn je und Sie sind im siebten Himmel. Ab Mitte April wird es etwas ruhiger, aber auch der Rest des Jahres sollte vorwiegend nach Ihren Vorstellungen verlaufen. Besonders angenehm werden die erste Maiwoche, die zweite Junihälfte, die zwei ersten Augustwochen und die letzte Septemberwoche. Venus verwöhnt Sie nach Strich und Faden und niemand kann Ihrem Charme und Ihrer sinnlichen Ausstrahlung widerstehen. Dies sind außerdem ideale Perioden, um auszugehen (ins Konzert, Ausstellungen, auf Partys etc.), um auf Shopping-Tour zu gehen, oder um selbst ein Fest zu organisieren.

Während kurzer Perioden hingegen wirkt Venus ungünstig und Sie haben vielleicht das Bedürfnis, sich in Ihre Schale zurückzuziehen. Oder es kommt zu (kleinen) Meinungsverschiedenheiten mit dem Partner (oder Freunden)? Speziell in der letzten Januarwoche, zwischen dem 6. und 14. April, in der ersten Septemberwoche und zwischen dem 13. und 21. November sollten Sie mehr Verständnis zeigen, anstatt zu schmollen.

Das Jahr 2000 sollte auch gesundheitlich ein gutes Jahr werden und besonders in den ersten beiden Januarwochen sind Sie in Höchstform. Mars stimuliert Sie und spornt Sie zu Bestleistungen an (unter anderem ideal, falls Sie Sport betreiben). Ab Mitte Februar verspricht Jupiter seelische Ausgeglichenheit und physische Harmonie und bis Anfang April fühlen Sie sich bestens. Allerdings könnte Sie Mars zwischen dem 12. und 25. Februar zu Exzessen verleiten und übertriebene Naschhaftigkeit oder zu üppige Ernährung könnten dazu führen, dass Sie schnell einige Pfunde zulegen, oder Ihre Leber zu sehr belasten. In der letzten März- und der ersten Aprilwoche hingegen sind Sie in Superform, in der Lage Berge zu versetzen und fähig zu rekordverdächtigen Leistungen (wenn Sie Sport betreiben).

Im Falle einer Krankheit oder bei chronischen Problemen wäre die Konstellation Mars-Jupiter optimal, um neue Heilmethoden oder neue Medikamente einzusetzen.

Weitere Perioden, in denen Sie physisch in Bestform sind: in der zweiten Junihälfte, der zweiten Septemberhälfte und der letzten Dezemberwoche verspricht Mars zusätzliche Energiereserven. Nur in den ersten drei Novemberwochen stehen Sie unter Druck und neigen dazu, Ihre Möglichkeiten zu überschätzen. Vermeiden Sie riskante und waghalsige Aktionen, speziell im Straßenverkehr, im Umgang mit gefährlichen Geräten, im Haushalt usw.

Ihre endgültige Jahresbilanz sollte aber auch auf dem Sektor Gesundheit eindeutig positiv ausfallen.

2. Dekade (1. bis 12. Juli)

Das Jahr 2000 sollte ein „fetter" Jahrgang werden und steht ganz im Zeichen einer allgemeinen Konsolidierung. Sie können Ihre Position nicht nur festigen, sondern weiter ausbauen, und Sie haben die Gelegenheit, die Weichen für die Zukunft zu stellen.

Saturn ist von Jahresbeginn bis Anfang Mai wirksam und Sie haben in diesem Zeitraum exzellente Karten, um den Grundstein für größere Vorhaben zu legen. Sie sind konstruktiv, beweisen Stehvermögen und Weitblick, und in einigen Fällen kündigt sich eine verdiente Anerkennung oder eine Auszeichnung an. Vielleicht stehen auch eine Beförderung, eine neue Veranwortung, größere Investitionen, langfristige Geldanlagen etc. bevor. Sie haben alles gut unter Kontrolle und gehen Schritt für Schritt vor, handeln methodisch, lassen aber nicht locker. Dazu kommt von Anfang April bis Mitte Mai der günstige Jupitereinfluss, der eine echte Glückssträhne verspricht. Nach präzisen Vorbereitungen können Sie sich bestens entfalten, haben eine gute Nase für Erfolg versprechende Projekte und einigen gelingt ein Volltreffer: gewinnbringende Spekulationen, Erfolg mit neuen Produkten, Unterstützung einflussreicher Personen usw. Gleichzeitig haben Sie alle Trümpfe in der Hand, um ein Vorhaben über die Bühne zu bringen, das Ihnen schon lange am Herzen liegt (z. B. Gründung der eigenen Firma, neuer Job, neuer Posten, Aufstieg in der Firmenhierarchie). Oder Sie verwirklichen sich im Frühjahr 2000 einen alten Wunschtraum und bauen Ihr Traumhaus, beginnen ein künstlerisches Projekt oder Sie finden den idealen Partner für ein berufliches Vorhaben ... Merken Sie sich speziell die erste Aprilwoche und die ersten zwei Maiwochen vor, da gleichzeitig Merkur, Jupiter und Saturn auf Ihrer Seite sind! Ab Mitte Mai wird es etwas ruhiger und Sie schalten ganz zurück. Im Juni und im Juli wandert Merkur durch Ihre Dekade und Sie sind nicht nur schlagfertig und redegewandt, sondern agieren außerdem sehr diplomatisch. Dadurch können Sie Ihren Vorsprung der letzten Wochen weiter halten und Verhandlungen, schriftliche Ansuchen,

Bewerbungen, der Abschluss eines Vertrages usw. verlaufen denkbar günstig. Auch Reisen, Studien oder Examen stehen unter einem guten Stern. Der harmonische Merkureinfluss ist später noch Ende August, zwischen dem 7. und 26. Oktober und vom 20. bis 26. November wirksam.

Lediglich zwischen dem 14. und 21. September könnte man Ihnen Steine in den Weg legen und es kommt zu Verzögerungen oder Termine werden verschoben etc. Sie sollten auf der Hut sein, wenn Sie auf Reisen sind oder wenn Sie Verträge unterzeichnen, da Sie zerstreut sind und deshalb Fehler machen könnten.

Ihre endgültige Jahresbilanz sollte durchweg positiv ausfallen und Sie werden rückblickend feststellen, dass Sie einen großen Schritt weitergekommen sind in Ihrer Karriere.

Auch auf dem Gefühlssektor kommt es in den kommenden Monaten zu einer Festigung Ihrer Beziehungen. Oder Sie schließen neue Freundschaften, die sich als sehr solide und dauerhaft herausstellen. Allein Stehenden könnte eine Begegnung widerfahren, die eine wichtige Rolle für Ihre Zukunft spielt, und vor allem im April und in den ersten zwei Maiwochen erleben Sie eine Sternstunde (Hochzeit, Verlobung oder ein Baby sind nicht ausgeschlossen!).

Venus verwöhnt Sie außerdem in den zehn letzten Märztagen, zwischen dem 9. und 17. Mai, Ende Juni und Anfang Juli, zwischen dem 14. und 23. August und zwischen dem 2. und 11. Oktober. Sie sind glänzender Laune, charmant und verführerisch, und niemand kann Ihrer Ausstrahlung widerstehen.

Zu Unstimmigkeiten mit dem Partner oder Freunden könnte es hingegen zwischen dem 8. und 16. September und in der letzten Novemberwoche kommen, und es liegt an Ihnen, mehr Verständnis für die Probleme des Partners zu zeigen.

Auch auf gesundheitlichem Gebiet sollte das Jahr 2000 viel versprechend werden, und besonders in den ersten Monaten (bis Mitte Mai) sind Sie sehr widerstandsfähig und robust. Saturn verstärkt Ihre Abwehrmechanismen und Ihr Immunsystem und verleiht Ihnen zusätzliche Energiereserven. Dazu kommt im April und in der ersten Maihälfte der harmonische Jupitereinfluss und Sie sind mit sich und der Umwelt im Einklang. Neue Interessen oder neue Hobbys können zusätzlich dazu beitragen, dass Sie innerlich sehr ausgeglichen sind und sich physisch besser fühlen (z. B. durch regelmäßige sportliche Aktivitäten, neue Disziplinen wie Meditation, autogenes Training oder fernöstliche Sportarten). Dazu kommt, dass Sie im Falle einer (chronischen) Krankheit alle Chancen auf Ihrer Seite haben, um mit neuen oder alternativen Heilverfahren oder mit neuen Heilmitteln Erfolg zu haben. Besonders gut in Schuss sind Sie in der zweiten Januarhälfte, im April, in den ersten beiden Maiwochen und in der ersten Oktoberhälfte. Etwas hektisch und nervös sind Sie hingegen Ende Februar, in der ersten Märzwoche, in den zehn letzten Novembertagen und in der ersten Dezemberwoche, da Mars ungünstig wirkt und Sie zu voreiligen und leichtsinnigen Reaktionen verleitet.

Ihre Jahresbilanz dürfte aber auch auf diesem Gebiet eindeutig positiv ausfallen.

3. Dekade (12. bis 22. Juli)

Sie gehören im neuen Jahr zu den großen Gewinnern und haben alle Trümpfe in der Hand, Ihre berufliche und private Situation zu konsolidieren. Außerdem verspricht Jupiter von Mitte Mai bis Ende Juni interessante Jobperspektiven und eine echte Glücksserie, beruflich und privat. Nur in den ersten Wochen des Jahres zeigt sich der Glücksplanet Jupiter von seiner Schattenseite, und besonders die nach dem 17. Juli Geborenen müssen mit einer Reihe von Komplikationen rechnen: Ärger mit Vorgesetzten, mit Behörden, juristische Probleme oder finanzielle Fehlentscheidungen

machen Ihnen Kopfzerbrechen, und in einigen Fällen geht dies auf Juni oder November des letzten Jahres zurück. Vor allem zwischen dem 10. und 20. Januar könnte sich die Lage zuspitzen, und Sie müssen Verluste oder Rückschläge verbuchen. Ab Anfang April bessert sich die Lage vorübergehend, und nach einer weiteren Krise in der zweiten Aprilhälfte wendet sich das Blatt Mitte Mai und Sie liegen im Aufwärtstrend. Bis Ende Juni verspricht Jupiter echte Erfolgschancen und einige treffen voll ins Schwarze. Sie können sich bestens entfalten, verwirklichen Projekte, an denen Ihnen sehr viel liegt und haben das Glück auf Ihrer Seite. Finanziell geht es bergauf, eine neue Partnerschaft ist viel versprechend für Ihre Karriere, man betraut Sie mit neuen Aufgaben, einem neuen Posten. Gleichzeitig symbolisiert Saturn von Mai bis zum Jahresende größeren Einfluss, Aufstieg in der Hierarchie, eine Beförderung, einen neuen Wirkungsbereich und manchmal eine Anerkennung oder eine Auszeichnung. Sie können langfristig die Weichen stellen und Ihre Zukunft absichern (unter anderem exzellent für Investitionen). Die besten Perioden für wichtige Verhandlungen, schriftliche Arbeiten (Ansuchen, Bewerbungen etc.), Reisen sowie Ihre Weiterbildung oder Examen: der 5. bis 13. April, die zweite Maihälfte, Juni, die erste Augustwoche, die ersten drei Septemberwochen, die zweite Novemberhälfte und Anfang Dezember.

Zu Verspätungen oder Missverständnissen kann es hingegen zwischen dem 10. und 20. Januar, in der letzten Aprilwoche und der letzten Septemberwoche kommen. Merkur wirkt störend, Sie sind zerstreut und vergesslich und dadurch könnten Ihnen Fehler unterlaufen.

Ihr Gefühlsleben ist in den ersten Wochen des Jahres (bis Mitte Februar) ziemlich hektisch, und vor allem die nach dem 17. Juli Geborenen haben einen schweren Stand, müssen sich zu einer schwierigen Entscheidung durchringen (zwischen dem 10. und 18. Februar!). Nach einer relativ neutralen Phase verziehen sich die Gewitterwolken Anfang April, und Jupiter beschert Ihnen von Mitte Mai bis Ende Juni unvergessliche Momente und zauberhafte Stunden zu zweit. Singles könnten den Traumpartner ken-

nen lernen, bestehende Beziehungen sind harmonischer denn je (Hochzeit, Verlobung, Nachwuchs usw. nicht ausgeschlossen!).

Saturn steht Ihnen ebenfalls ab Mai zur Seite und signalisiert bis zum Jahresende Gefühle mit Tiefgang, solide Freundschaften und dauerhafte Partnerschaften. Man beweist Ihnen, wie sehr man Sie schätzt, und Ihre tiefe Zuneigung wird erwidert. Während bestimmter Perioden werden Sie auch von Venus verwöhnt und schweben wie auf Wolken dahin: in der zweiten Maihälfte, im Juni, vom 5. bis 13. Juli, in der letzten Augustwoche, vom 11. bis 19. Oktober und in der ersten Dezemberwoche. Sie sind ein Herz und eine Seele mit dem Partner, gewinnen neue Sympathien und zeigen sich von Ihrer besten Seite.

Etwas weniger gesellig sind Sie hingegen zwischen dem 10. und 18. Februar, in der letzten Aprilwoche und zwischen dem 16. und 24. September. Sie ziehen sich ein wenig zurück, sind weniger gesellig als sonst und schmollen.

Im Januar schlagen Sie ganz schön über die Stränge und lassen sich zu riskanten Manövern verleiten (Jupiter ist negativ). Auch zwischen dem 9. und 23. März sollten Sie vorsichtig handeln und jedes unnötige gesundheitliche Risiko vermeiden (unter anderem beim Sport, im Haushalt, im Straßenverkehr)! Dies gilt auch zwischen dem 6. und 23. Dezember.

Gut in Schuss sind Sie hingegen in der zweiten Aprilhälfte, im Mai, im Juni, in der zweiten Julihälfte und zwischen dem 18. Oktober und 4. November. Mars stimuliert Sie und verleiht Ihnen zusätzliche Energieschübe. Außerdem wirken Saturn (von Mai bis zum Jahresende) und Jupiter (von Mitte Mai bis Ende Juni) günstig, und Sie sind äusserst widerstandsfähig und gleichzeitig sehr optimistisch eingestellt. Ihre Abwehrkräfte funktionieren bestens und Ihre seelische Ausgeglichenheit trägt zusätzlich dazu bei, dass Sie sich rundum wohl fühlen …

Ihre Sterne 2001 bis 2005

Bis zum Ende des Jahres 2003 sollten Ihnen größere Umwälzungen und Probleme erspart bleiben. Zwischen dem Sommer 2001 und Sommer 2002 wandert Jupiter durch Ihr Zeichen und dies bedeutet in den meisten Fällen eine Erfolgssträhne. Sie haben gute Karten, um größere Projekte zu verwirklichen und können sich finanziell verbessern. Neue Partnerschaften (beruflich und privat) sind viel versprechend und so mancher Krebs trifft große Entscheidungen für die Zukunft (Heirat oder Nachwuchs sind nicht ausgeschlossen!).

Von Juni 2003 bis Juli 2005 stattet Ihnen Saturn einen Besuch ab und symbolisiert eine allgemeine Stabilisierung. Da Jupiter von August 2003 bis September 2004 günstig wirkt, könnte diese Phase viel versprechend für Ihre Karriere und Ihr Privatleben sowie Ihre Gesundheit werden. Zwischen September 2004 und Oktober 2005 hingegen wirkt Jupiter negativ und verstärkt dadurch auch den Saturneinfluss. Die Folge sind Komplikationen mit Behörden (Finanzamt?), juristische oder finanzielle Probleme, Ärger mit Vorgesetzten usw. Aber ab Oktober 2005 geht es wieder bergauf ...

Noch eine gute Nachricht zum Schluss: Die Juni-Krebse können ab Anfang 2004 (bis Ende 2005) mit einer unerwarteten und äußerst positiven Wende rechnen: Uranus verspricht eine Riesenüberraschung (einen Umzug? einen neuen Job? Liebe auf den ersten Blick?) und alle Hoffnungen sind erlaubt.

Löwe

vom 23. Juli bis 23. August

Ihr Motto:

„Ich will"

Typisch Löwe

Die Sonne, Herrscherin unseres Sonnensystems und auch die Ihrige, symbolisiert bestens die Eigenschaften Ihres Tierkreiszeichens. Sie ist das Symbol für Ausstrahlung, Autorität und Licht, das Symbol der gebändigten Macht. Als das fixe Zeichen des Hochsommers setzt der Löwe, in Übereinstimmung mit Reife und Vollendung, eine feurige Kraft frei. Er ist ein Feuerzeichen durch ein hoch entwickeltes Selbstbewusstsein voller Lebenskraft. Der Löwe Bernhard Shaw sagt: „Der intellektuelle Mut gehört zu meinem Beruf. Aber wenn man mit Kugeln zu schießen beginnt, verlange ich das Recht, mich unter dem Bett zu verstecken. Sollen sich die Leute erschießen lassen, die ihr Leben als wertlos ansehen." Selbstbewusstsein, sagte ich ...

Sie werden gewiss schwerlich dazu in der Lage sein, Ihre Individualität zu vergessen, sich über sie hinwegzusetzen. Es geht für Sie darum, auf den höchsten Stand dieser Vollkommenheit zu gelangen, wofür Sie schon sehr früh die Intuition und das Bedürfnis entwickelt haben.

Traditionsgemäß wird Ihnen der Sonntag (Tag der Sonne) zugeschrieben. Ihre Farben sind Goldgelb und Orange, Ihr Parfum die Sonnenblume. Ihre Pflanzen sind die Palme und die Geranie und natürlich auch die Sonnenblume.

Ehre, wem Ehre gebührt: Unter den Metallen ist Ihnen das Gold beschieden, und als Edelstein werden der leuchtende Rubin und der Bernstein zu Ihrem Zeichen in Beziehung gesetzt.

Sicher haben Sie es schon erraten, Ihre Zahl kann nur die 1 sein.

Löwe, wer sind Sie?

Physisch unterscheidet man zwei Löwe-Typen: Den herkulischen, realistischen, materialistischen, eher massiven „horizontalen" Typus, der nach irdischer Macht strebt (z. B. Alexandre Dumas, Napoleon, Mussolini) und den apollonischen, langgliedrigen, eher introvertierten Löwen, mit aristokratischer Haltung, den Idealisten, der auf der Suche nach ästhetischer und geistiger Vollkommenheit ist (z. B. Petrarca, Debussy). Auf jeden Fall sind Sie, Herr und Frau Löwe, eine stolze Erscheinung mit athletischem Körper und einer schönen Haltung. Sie haben ein leidenschaftliches Temperament. Sie sind gefühlsbetont und tatkräftig, „Das Schlimmste an allen Dingen", sagt Napoleon, „ist die Unentschlossenheit" – der Ausspruch eines typischen Löwen. Was Sie charakterisiert, ist Ihre außergewöhnliche Energie, die Sie im Sinne Ihres persönlichen Ehrgeizes einsetzen. Sie setzen alles daran, um Ihre Pläne zu verwirklichen, sind zielstrebig und haben einen starken Machthunger. („Ich befehle oder schweige", sagt der Löwe Napoleon.) Darüber hinaus legen Sie großen Wert auf Ehrungen und Ehren aller Art, sind fast süchtig nach Prestige, lieben schöne Gesten und eine würdevolle Haltung. Sie sind außerdem in der Lage, sich völlig mit Ihrem Beruf und Ihrer Aufgabe zu identifizieren; diese Aufgabe saugt Ihre Persönlichkeit gleichsam auf, bis Sie völlig mit Ihr verschmelzen. Es wird dann schwierig, Ihre wahre und echte Persönlichkeit von dem zu unterscheiden, was Sie der Öffentlichkeit preisgeben. C. G. Jung, Löwe und Schüler Sigmund Freuds, hat diese Gefahr genau

erkannt. Er nennt diese soziale Maske „Persona". „Der Staat bin ich", spricht der Sonnenkönig Ludwig XIV. (eine Jungfrau mit Solar-Dominante).

Obwohl es Vergnügen bereitet, für die Umwelt die Rolle einer anderen Persönlichkeit zu spielen, ist es besonders wichtig, dass Sie sich dessen bewusst bleiben, dass wenigstens Sie wissen, was Wahres daran ist. Sonst ist dem Größenwahn und der Überschätzung des Ichs, die mit der von Ihnen angestrebten geistigen Klarheit unvereinbar ist, Tür und Tor geöffnet. Was auch immer sei und in aller Unbefangenheit schneiden Sie sich gern den „Löwenanteil" ab. Nach Ihrer Meinung steht er Ihnen als göttliches Recht zu (darüber braucht auch gar nicht diskutiert zu werden). Was sind Sie für ein Egozentriker!

Weil Sie aber gleichzeitig auch ein echter Gentleman sind, großzügig und großmütig, sogar großtuerisch, sind Sie unfähig zur Engherzigkeit, also sind Sie zur Hälfte entschuldigt! Sie sind sehr empfindlich, was Ihren Ruf und Ihr Prestige angeht. Im 17. Jahrhundert nannte man das den Ruhm. Aber Sie laufen aufgrund Ihres Stolzes Gefahr, zu großen Wert auf das Urteil anderer zu legen. Immer wieder die Persona. Sie haben Sinn für das Schöne, für das Großartige, finden Geschmack an außergewöhnlichen und raffinierten Dingen.

Ihre Intelligenz

Man muss es sagen: Sie sind sehr intelligent. Eine Bemerkung des französischen Wissenschaftlers H. Poincarés beweist es: „Alles in Zweifel ziehen oder alles glauben; dies sind zwei gleichermaßen bequeme Lösungen, weil man in beiden Fällen nicht nachzudenken braucht."

Mit Ihrer Intelligenz können Sie eine Situation mit einem Blick einschätzen und da, wo sich ein anderer im Detail verlieren würde, sprechen Sie auf Anhieb ein zusam-

menfassendes Urteil aus. Ein zusammenfassender Überblick also, der aber dennoch dem Erlebten und den Gefühlen verbunden bleibt und Ihnen die Begabung verleiht, große Zusammenhänge zu verstehen und sich vorzustellen. Sie haben darüber hinaus eine erfinderische Begabung, weil Sie von der Zukunft fasziniert sind. Wie Sie sehen, besitzen Sie vielerlei Fähigkeiten. Sie sind davon im Übrigen mehr als irgend jemand sonst überzeugt! Starke Persönlichkeit, Ehrlichkeit (auf Ihre Kraft vertrauend greifen Sie immer frontal an), leidenschaftliches Streben, Edelmut, zusammenfassende Intelligenz, Ästhetik, Führungsqualitäten …

Aber was sind Ihre Schwächen? Sie sind ebenso maßlos wie Ihre Fähigkeiten. An erster Stelle die Selbstüberschätzung, dann die Arroganz, krankhafter Ehrgeiz, Neigung zum Dramatisieren, Eitelkeit. Wie Alexandre Dumas anlässlich eines Essens sagt: „Meiner Treu, wäre ich nicht dort gewesen, hätte ich mich sehr gelangweilt." Sodann Ihre Weigerung, sich in die Lage anderer Menschen zu versetzen, weil Sie Ihre eigene viel faszinierender finden.

Mangel an Nächstenliebe, trotz Ihrer Geselligkeit. Versuchen Sie daher, sich von Ihrem Narzissmus zu lösen und überdies einen Sinn für Humor zu entwickeln, den Sie im allgemeinen lieber auf Ihre Umwelt als auf sich selbst beziehen … Dies wäre ja die Todsünde der Majestätsbeleidigung! … Humor könnte Sie lehren, sich nicht zu ernst zu nehmen.

Sie und die Liebe

Wenn Sie sich verlieben, sind Sie Feuer und Flamme. Aber Sie sind dabei ein wenig überrascht, denn es wird nötig sein, sich selbst zu vergessen! Wenn Sie dieses Ziel erreichen und es Ihnen gelingt, diese Verletzung Ihres „Ichs" nicht als Demütigung zu empfinden, dann lieben Sie ohne Vorbehalt, Einschränkung und Berechnung. Völlig

aufrichtig und voller Begeisterung, irgendwie sogar treuherzig, opfern Sie Ihrem geliebten Objekt Ihren Hochmut. Ein ehrendes Geschenk, das aber manchmal den anderen erstaunt oder in Verlegenheit bringt, da er nicht auf eine derartige Andacht vorbereitet ist ... Außer wenn er auch als Feuerzeichen geboren wurde und genau wie Sie Feuer fängt. Das wäre der Fall beim Schützen, der mit Ihnen (und mit Begeisterung) auf Erfolgsjagd geht, von welcher Art diese immer auch sein mag, sei es auf materieller, gesellschaftlicher oder geistiger Ebene. Dies wäre auch der Fall beim Widder, mit dem das Gespann noch aufregender ist. (Wer von beiden hat die Hosen an? Das wäre die Frage, die zuerst beantwortet werden müsste, wenn nicht die Teller fliegen sollen!)

Oder aber Sie zementieren mit der sentimentalen Waage Ihre Partnerschaft dank Ihrer gemeinsamen Vorliebe für das gesellschaftliche Leben (Sie lieben es beide, auszugehen, zu empfangen, in der Gesellschaft zu glänzen) und auch durch Ihre gemeinsame Liebe zum Schönen. Auch der Wassermann wird für Sie durch seine Menschenfreundlichkeit, seinen Anti-Konformismus und durch seine Phantasie eine wertvolle Ergänzung darstellen. Vermeiden Sie aber in jedem Fall, Ihre Frau als kostbaren Schmuck zu betrachten, die dem Auge angenehm ist und Ihrer löwenhaften Eitelkeit schmeichelt.

Der Löwe und die anderen Sternzeichen

Löwe und Löwe

Sie wollen bewundert werden, aber Ihr Partner natürlich auch, denn schließlich ist er ein Löwe wie Sie. Es kann aber gut gehen (auch wenn es von Zeit zu Zeit ein riesiges Gebrüll in der Wüste gibt), wenn jeder dem anderen einen Schritt entgegengeht. Aber Sie müssten beide eine Bank besitzen – für das tägliche Kleingeld.

Löwe und Widder

Sie verstehen sich meist auf Anhieb, denn der Widder ist ein Feuerzeichen wie Sie. Aber Sie sind weitsichtiger als er und es ist nicht sicher, dass er sich Ihnen unterordnen wird. Wenn ja, dann steht Ihrem Glück nichts mehr im Wege ... Aber kaufen Sie Plastikgeschirr!

Löwe und Stier

Wenn Sie seine einfache Art akzeptieren, seine unkomplizierte Lebensfreude, und ihm mit Ihrem Höhenflug nicht auf die Nerven gehen, dann können Sie sich mit der Zeit zusammenraufen. Vergessen Sie aber nicht, dass seine – wenn auch seltenen – Wutausbrüche mit den Ihren durchaus mithalten können.

Löwe und Zwilling

Mit ihm kann es klappen, denn Sie ergänzen sich gegenseitig. Der Zwilling lässt sich gern beschützen und Sie können von seiner Finesse profitieren. Vielleicht bringt er Ihnen sogar bei, über sich selbst zu lachen!

Löwe und Krebs

Der Krebs möchte sich sicher fühlen und schaut gern zu seinem Partner auf. Wer könnte diese Ansprüche besser erfüllen als Sie, lieber Löwe. Aber brüllen Sie ihn nicht zu laut an, sonst wird er sich sofort in seinen Panzer zurückziehen.

Löwe und Jungfrau

Manchmal schafft es eine zurückhaltende Jungfrau, einen hochmütigen Löwen zu zähmen. Aber Sie sind so verschieden bis auf den gemeinsamen Hang zum Perfektionismus.

Löwe und Waage

Zu Hause trifft man Sie beide fast nie an, denn Sie sind pausenlos unterwegs. Im Restaurant, auf Bällen, Partys und Festen. Und nach Ihnen beiden wird sich jedermann umdrehen, denn Sie sind immer elegant gekleidet, Ihre Waage mit besonderer Raffinesse und Sie auffallend, oft dem letzten Schrei folgend.

Löwe und Skorpion

Hier prallen zwei starke Persönlichkeiten aufeinander. Auch wenn Sie nicht gut miteinander auskommen, schätzen Sie sich sehr – wie tapfere Krieger!

Löwe und Schütze

Erfolg und Prestige ist Ihr Leitmotiv. Wenn der eine „Mein Gott" sagt, glaubt der andere, man hat ihn gerufen.

Löwe und Steinbock

Sie sind beide so ehrgeizig, dass Sie dauernd vergessen, dass es noch etwas anderes gibt als Karriere. Aber wehe, wenn der Steinbock erfolgreicher ist als Sie!

Löwe und Wassermann

Sie können ein perfektes Paar bilden: Sie sind egozentrisch und der Wassermann ist selbstlos. Sie ergärzen sich wunderbar und schätzen beide die Gesellschaft. Aber Vorsicht, wenn die Liebe zu Ende ist!

Löwe und Fische

Der Fisch soll nicht übertreiben mit seiner Geschichte, dass er ach so schwach ist. Denn Sie könnten das ausnützen. Aber meistens beschützen Sie väterlich den sensiblen Fisch, der Ihnen oft entgleitet.

Ihre Gesundheit

Sie haben eine ausgezeichnete Konstitution, die stärkste überhaupt unter den Tierkreiszeichen. Ihr Planet ist die Sonne, das Symbol des Lebens an sich. Ihre einzigen Schwachstellen – falls Sie nicht beizeiten kürzer treten (und Sie haben die Tendenz, sich zu überschätzen) – sind Herz und Kreislauf, Wirbelsäule und Augen. Warten Sie nicht damit, Ihre Gesundheit zu schonen, bis Sie vom ersten Infarkt niedergeworfen werden. Die Beine sind durch Symmetrie-Effekt mit dem Wassermann (das Zeichen, das dem Ihren im Tierkreis gegenübersteht) ebenfalls gefährdete Bereiche.

Ihre Berufung

Ihre Berufung muss, Sie fühlen es unweigerlich, Unabhängigkeit, Überlegenheit, Verantwortlichkeit und Führungsgewalt beinhalten. Sie ertragen keine untergeordneten Posten, oder wenn doch, so müssen Sie sich frei fühlen in Ihrer kleinen Welt. Berufe, die Verantwortung und Organisationstalent voraussetzen, ziehen Sie an: das Bankwesen, Tätigkeiten als leitende Angestellte, öffentliche Ämter. Durch Ihren Erfindergeist lieben Sie es, außergewöhnliche Projekte in Angriff zu nehmen. Sie können auch ein genialer Erfinder sein. Da Sie gern die erste Geige spielen, eignen sich Theater und Botschafterposten sowie alle Berufe, in denen sich Ihr latenter Exhibitionis-

mus Ausdruck verschaffen kann. Ihr Sinn für Ästhetik und Raffinesse kann Sie auch zur Innenarchitektur oder zum Handel mit Luxusgütern, in die Mode- oder Schmuckbranche führen.

Ihr Schicksal

Da Sie ehrgeizig und energisch sind, kommt es selten vor, dass Sie ein angestrebtes Ziel nicht erreichen. Mittelmäßigkeit ist Ihnen mehr als allen anderen unerträglich. „Wir sind gegen das bescheidene Leben", bestätigt Mussolini. Hüten Sie sich aber vor Ihrer Lust auf Spiele und Spekulationen, die Ihnen manchmal übel mitspielen können ...

Stecken Sie, getrieben von übermäßigem Ehrgeiz, Ihre Ziele nicht zu hoch. Das könnte Ihnen durch ihre Unerreichbarkeit den Atem nehmen, Sie entmutigen und im Extremfall zynisch und hart machen. Denken Sie daran, wenn Sie übermenschliche Gipfel anpeilen, dass auch die Sonne nach Überschreitung des Zenits am Horizont untergeht.

Berühmte Löwen

Napoleon I., Ludwig XIV., Simón Bolívar, Mussolini, Fidel Castro, Salvador Allende, Menachem Begin, Aga Khan, Gustav Heinemann, Karl Liebknecht, Mata Hari, Aldous Huxley, Neil Armstrong, Omar Kayyam, C. G. Jung, Alfred Krupp, Henry Ford, Rockefeller, David, Rubens, Henry Moore, Coco Chanel, Yves St. Laurent, Jackie Onassis-Kennedy, Petrarca, Herman Melville, Alfred Hitchcock, Louis de Funès, Arnold Schwarzenegger, Robert Mitchum, Robert de Niro, Robert Redford, Dustin Hoffman, Mick Jagger, Mark Knopfler, Madonna, Kate Bush, Mikis Theodorakis.

Ihre Sterne 2000

1. Dekade (22. Juli bis 2. August)

Das erste Trimester dürfte recht hektisch werden, aber ab April bessert sich die Lage und die allgemeine Tendenz ist eher steigend. Die zweite Jahreshälfte wird wesentlich besser und vor allem die Monate Juli und August werden viel versprechend, in jeder Beziehung.

Eine Ausnahme: Wenn Sie zwischen dem 25. und 28. Juli geboren sind, funkt Ihnen Neptun im Laufe des Jahres dazwischen und bewirkt unklare Situationen, Täuschungsmanöver und Enttäuschungen. Man versucht, Sie über den Tisch zu ziehen, Sie werden in Intrigen und Klatsch verwickelt und machen sich Illusionen. Besonders auf der Hut sollten Sie in den Tagen um den 20. Januar, Anfang März, Anfang Mai, um den 8./9. August, Anfang Oktober und in den ersten Novembertagen sein, da man Sie in eine Falle locken könnte.

Die gesamte Dekade hat vor allem zwischen Mitte Februar und Anfang April einen schweren Stand. Jupiter nervt Sie mit einer Reihe von Komplikationen (Ärger mit

Behörden oder Ämtern, juristische Fragen, überzogenes Budget usw.) und Sie lassen sich zu leichtsinnigen Entscheidungen verleiten, versprechen mehr, als Sie später auch einhalten können. Speziell die letzte Märzwoche und die ersten Apriltage könnten kritisch werden. Ab Anfang April (um den 4.) geht es bergauf und zwischen dem 13. und 19. haben Sie recht gute Karten, um neue Kontakte anzuknüpfen, um eine Reise zu unternehmen etc. Auch Verhandlungen, Examen oder der Abschluss eines Vertrages laufen ganz nach Wunsch.

Nach einer kurzen Phase mit Verspätungen (z. B. in Ihrer Korrespondenz oder auf Reisen) in der ersten Maiwoche haben Sie ab Mitte Mai die Lage wieder gut unter Kontrolle und speziell in der zweiten Maihälfte steigen Ihre Aktien.

Anfang Juli beginnt eine wahre Erfolgsserie: Jupiter verspricht im Juli und im August tolle Jobperspektiven und einigen gelingt ein Meisterstück: Ein Geldgewinn? Eine Beförderung? Ein neuer Posten? Oder ein neuer Job? Was Sie auch beginnen, sollte exzellente Resultate bringen und Ihre Vorhaben (die Gründung der eigenen Firma, ein neues Produkt etc.) versprechen im November/Dezember hervorragende Ergebnisse. Besonders günstig sind folgende Perioden: der 7. bis 12. August, 7. bis 14. September, die letzte Septemberwoche, die letzte Novemberwoche und die Tage zwischen dem 3. und 10. Dezember. Planen Sie wichtige Besprechungen und Entscheidungen sowie eventuelle Reisen möglichst während dieser Phasen ein!

Etwas schwieriger werden hingegen die erste und letzte Oktoberwoche und die drei ersten Novemberwochen (Verzögerungen, Missverständnisse).

Auch auf dem Gefühlssektor sind die ersten Monate ziemlich mittelmäßig, während die zweite Jahreshälfte wesentlich angenehmer verlaufen sollte. Jupiter drängt Sie (zwischen Mitte Februar und Anfang April) zu schwierigen Entscheidungen und besonders in der letzten Märzwoche und Anfang April (bis zum 4.) könnte es zu hitzigen Diskussionen kommen, die manchmal in einen handfesten Streit ausarten könnten.

Ab dem 6. April verziehen sich die Gewitterwolken und bis zum 19. amüsieren Sie sich glänzend, sind charmant und verführerisch. Auch in der letzten Maiwoche verwöhnt Sie Venus und Sie sind der strahlende Mittelpunkt des Geschehens.

Juli und August werden echte „Wonnemonate" und Sie sind im siebten Himmel. Jupiter beschert unvergessliche Stunden, zauberhafte Abende (zwischen dem 13. und 21. Juli!), leidenschaftliche Nächte (in den ersten zwei Augustwochen) und für einige geht ein alter Wunschtraum in Erfüllung (Heirat oder Nachwuchs nicht ausgeschlossen!). Vielleicht kommt es zu aufregenden Begegnungen? Oder zu einer Riesenüberraschung? Sie sind einfach unwiderstehlich, und Singles finden schnell Anschluss ... Neue Bekanntschaften oder größere Entscheidungen könnten im November und Dezember Folgen haben, denn in den letzten Wochen des Jahres kehrt Jupiter an die gleiche Stelle im Tierkreis zurück und verspricht eine äußerst positive Jahresbilanz.

Einzige Ausnahme: Die zwischen dem 25. und 29. Juli Geborenen könnten im neuen Jahr eine Enttäuschung erleben. Neptun hemmt Ihre Entfaltung und Sie haben nicht den richtigen Durchblick, lassen sich etwas vormachen, sind vielleicht zu leichtgläubig ... Vor allem in der zweiten Februarhälfte, Anfang und Ende März könnte sich eine kritische Situation zuspitzen und Sie werden mit der harten Wirklichkeit konfrontiert. Etwas besser werden Sie dann mit der Situation Ende Juli, Anfang August und Anfang Dezember fertig, wenn Sie Ihrem Instinkt folgen.

Bis Anfang April sollten Sie auf der Hut sein und jedes unnötige gesundheitliche Risiko vermeiden. Sie agieren leichtfertig und lassen sich auf riskante Manöver ein (unter anderem beim Sport oder im Strassenverkehr). Ab Mai geht es bergauf und speziell in den Monaten Juli, August, November und Dezember sind Sie in Bestform, physisch fit und vital, und seelisch ausgeglichen. Vor allem zwischen dem 3. und 18. Mai, in den ersten beiden Augustwochen und den ersten drei Novemberwochen sind Sie voller Tatkraft und in der Lage, Berge zu versetzen (Mars ist positiv). Sehr

vorsichtig sollten Sie hingegen in der letzten Märzwoche, Anfang April und in der letzten Dezemberwoche sein, da Sie Mars zu voreiligen Gesten verleitet. Vor allem die Löwen, die zwischen dem 25. und 28. Juli Geburtstag haben, sollten auf der Hut sein, vor allem auf Reisen, bezüglich Ihrer Ernährung (Verfallsdatum!) oder bei der Einnahme von Medikamenten, da neben Mars auch Neptun störend wirkt ... Sie sind anfälliger als sonst (u.a. für Infektionen, Entzündungen, Viren) und Ihre Abwehrkräfte sind geschwächt. Vielleicht sollten Sie vorbeugend Vitamine oder Spurenelemente zu sich nehmen oder sich einem gründlichen Check-up unterziehen.

2. Dekade (2. bis 12. August)

Das Jahr 2000 wird sicherlich kein leichtes Jahr und besonders in der ersten Jahreshälfte stoßen Sie auf eine Reihe von Hindernissen, müssen Kompromisse eingehen und werden mit einer großen Wende konfrontiert. Ab Juni bessert sich die Lage wieder und Ihre Aktien steigen.

Saturn signalisiert bis Mitte Mai gewisse Einschränkungen oder Verluste und zwingt Sie dazu, alten Ballast abzuwerfen. Sie fühlen sich in Ihrem Aktionsradius eingeschränkt und Ihre Geduld wird auf eine harte Probe gestellt. Vor allem Mitte April und in den ersten beiden Maiwochen sitzen Sie in einer Sackgasse.

Wesentlich besser kommen im neuen Jahr die Geburtstage zum Beginn der Dekade über die Runden: Wenn Sie vor dem 5. August das Licht der Welt erblickt haben, sorgt Pluto für eine tief gehende und äußerst positive Umstellung. Vielleicht ein neuer Job? Oder ein neuer Wirkungsbereich? Sie schaffen sich eine exzellente Ausgangsposition und gehen erfolgreich völlig neue Wege. Eine echte Glückssträhne winkt im September und Oktober, da neben Pluto auch Jupiter günstig wirkt. Sie können einen Volltreffer landen und für einige geht ein lang gehegter Wunschtraum in Erfüllung. Ihre

114

finanzielle Lage bessert sich zusehends, einflussreiche Personen setzen sich für Sie ein, ein juristisches Problem findet eine zufrieden stellende Lösung und Ihnen gelingt einfach alles! Was Sie jetzt beginnen, verspricht Anfang des nächsten Jahres exzellente Resultate.

Viel schwerer haben es die nach dem 7. Geborenen: Uranus symbolisiert eine radikale Wende, die Ihre Planung durcheinanderbringt. Vielleicht ein Umzug? Veränderungen innerhalb Ihrer Firma? Ein Ortswechsel? Besonders kritisch werden April und Mai: Vermeiden Sie überstürzte Entscheidungen und gehen Sie Schritt für Schritt an Ihre Probleme heran. Besonders die um den 10./11. August Geborenen sollten im Mai auf der Hut sein und jedes Risiko vermeiden!

Auch auf dem privaten Sektor zeichnet sich in den ersten Monaten des neuen Jahres eine kritische Phase ab und Sie müssen Zugeständnisse machen. Vielleicht will sich der Partner nicht länger mit halbherzigen Lösungen zufrieden geben und drängt auf eine Entscheidung? Besonders im April/Mai könnte sich die Krise zuspitzen ...

Wenn Sie zum Ende der Dekade geboren sind (nach dem 7.), kündigt sich eine unerwartete Veränderung an und Sie fühlen sich vor den Kopf gestoßen. Speziell im April und im Mai sollten Sie die Nerven nicht verlieren und eine Entscheidung treffen, die Ihnen später leid tun könnte.

Ein exzellenter Jahrgang zeichnet sich ab, wenn Sie zum Beginn der Dekade geboren sind (vor dem 5.): Eine grundlegende Umwälzung sollte ganz in Ihrem Sinne sein. Pluto signalisiert einen viel versprechenden Neubeginn und Singles könnten den idealen Partner kennen lernen. Vielleicht erreicht auch eine bestehende Bindung ein höheres Niveau? Umso mehr, als Jupiter im September und Oktober eine wahre Sternstunde verspricht. Liebe auf den ersten Blick? Heirat? Ein Baby? Alle Hoffnungen sind erlaubt!

Für den Rest der Dekade sollte die zweite Jahreshälfte vorwiegend angenehm verlaufen. Besonders vom 2. bis 10. Juni, vom 21. bis 29. Juli, zwischen dem 8. und 16. September und vom 27.Oktober bis 4. November verwöhnt Sie Venus und Sie amüsieren sich glänzend, sind charmant und verführerisch. Zu Unstimmigkeiten mit dem Partner kann es hingegen vorwiegend Ende Februar, Anfang März, zwischen dem 9. und 17. Mai (!), vom 2. bis 11. Oktober und zwischen dem 16. und 25. Dezember kommen.

Ihre Gesundheit ist in den ersten Monaten eher mittelmäßig, Sie sind weniger vital und Ihre Widerstandskraft lässt zu wünschen übrig. Saturn könnte gewisse Mangelerscheinungen bewirken und bis Mitte Mai sind Sie ziemlich lustlos. Vor allem die nach dem 7. August Geborenen könnten ihre Kräfte überschätzen und neigen außerdem zu riskanten Reaktionen (Vorsicht am Steuer oder im Umgang mit gefährlichen Geräten!). Speziell Mitte April und Ende August könnte eine leichtsinnige Geste ins Auge gehen ...

Ab Mitte Mai bessert sich die Lage für alle und Ihre Verfassung ist exzellent. In der zweiten Maihälfte und zwischen dem 20. November und 6. Dezember verleiht Ihnen Mars zusätzliche Energiereserven und Sie sind in Bestform.

Wenn Sie vor dem 5. August geboren sind, ist Ihre physische und psychische Verfassung praktisch das ganze Jahr hindurch exzellent. Pluto verspricht erstaunliche Energieschübe und ein außergewöhnliches Regenerierungsvermögen. Gleichzeitig kommt es zu einem positiven Wandlungs- und Reifeprozess, der sich günstig auf Ihren Metabolismus auswirkt. Im September und Oktober sorgt außerdem Jupiter für ein gesteigertes Wohlbefinden und, im Falle einer Krankheit, für eine rasche Genesung. Neue Heilverfahren oder neue Medikamente schlagen bestens an und so mancher Löwe fühlt sich wie neugeboren ...

3. Dekade (12. bis 23. August)

Das Jahr 2000 beginnt viel versprechend: Jupiter signalisiert grosse Erfolgschancen, deren Wurzeln auf den Juni letzten Jahres zurückgehen könnten. Größere Projekte (z. B. Investitionen, neue Produkte, berufliche Partnerschaften) warten mit exzellenten Resultaten auf und bis Mitte Februar können Sie mit einer echten Glücksserie rechnen.

Nach einer kurzen neutralen Phase sind aber ab Mai schwierige Aspekte wirksam. Von Mitte Mai bis Ende Juni nervt Sie Jupiter mit Komplikationen (unter anderem liegen viele im Clinch mit Behörden, Ämtern, Banken oder Vorgesetzten) und gleichzeitig symbolisiert Saturn vom Mai bis zum Jahresende Einschränkungen, Rückschläge oder Verluste. Besonders im Mai und im Juni sollten Sie auf der Hut sein und wichtige Entscheidungen gut überdenken. Hören Sie auf den Rat einer erfahrenen Person, speziell bei finanziellen Transaktionen! In der zweiten Jahreshälfte könnte Saturn symbolisch stehen für Stress, zusätzliche Verantwortung sowie Kompromisse und Restriktionen. Glücklicherweise steht Ihnen während bestimmter Perioden Merkur zur Seite und Sie kommen dank Ihrer Schlagfertigkeit und Ihrer guten Kontakte relativ glimpflich davon, speziell zwischen dem 12. und 22. August, in der letzten Septemberwoche und zwischen dem 11. und 23. Dezember. Sie handeln recht clever, sind redegewandt und diplomatisch und sollten deshalb einige Hürden überwinden. Sehr hektisch werden hingegen folgende Perioden: der 9. bis 14. Mai und der 26. November bis 3. Dezember. Achten Sie auch auf unwichtig erscheinende Details, lesen Sie Verträge oder Abmachungen genau durch und vermeiden Sie voreilige Zusagen oder überstürzte Entscheidungen.

Auch auf dem Gefühlssektor stecken Sie ab Mai in einer Krise, und vor allem in der Periode von Mitte Mai bis Ende Juni sorgen Jupiter und Saturn für harte Auseinandersetzungen und heftige Debatten, was manchmal sogar zu einem Bruch führen könnte.

Ab Juli lässt Sie Jupiter in Ruhe, aber Saturn wirkt weiterhin hemmend. Sie müssen Bilanz ziehen oder Zugeständnisse machen, und speziell in der ersten Augustwoche, Mitte Oktober und in den letzten Dezembertagen könnte sich die Krise zuspitzen und Sie landen in einer Sackgasse.

Das Jahr fängt hingegen optimal an: Jupiter verwöhnt Sie bis Mitte Februar und der Himmel hängt voller Geigen. Sie sind der strahlende Mittelpunkt bei gesellschaftlichen Anlässen, verstehen sich blendend mit dem Partner (oder Freunden) und erobern die Herzen im Flug. Für einige geht speziell zwischen dem 16. und 24. Januar ein lang ersehnter Traum in Erfüllung. Liebe auf den ersten Blick? Heirat? Ein Baby? Ein unvergessliches Treffen (Familie oder alte Freunde)? Alle Hoffnungen sind erlaubt und Sie schweben auf rosa Wolken dahin.

Obwohl die Sterne ab April weniger gut stehen, sorgt Venus in der letzten Aprilwoche, vom 10. bis 18. Juni, zwischen dem 16. und 24. September und in der ersten Novemberhälfte für nette Überraschungen, schöne Stunden zu zweit und glänzende Laune ...

Gesundheitlich sieht es Anfang des Jahres gut für Sie aus. Bis Ende März sind Sie in Superform, körperlich voll fit und innerlich sehr ausgeglichen. Ab Mitte April funkt Ihnen Mars dazwischen (vom 19. April bis 3. Mai), von Mitte Mai bis Ende Juni Jupiter, und von Mai bis zum Jahresende Saturn. Sie lassen sich zu Exzessen verleiten (Mai/Juni), übertreiben gewaltig und überschätzen Ihre Kräfte, und in der zweiten Jahreshälfte sind Sie anfällig für chronische Beschwerden, lassen sich zu riskanten Reaktionen verleiten und sind weniger widerstandsfähig als sonst. Lediglich in den ersten zwei Juniwochen und zwischen dem 6. und 23. Dezember wirkt Mars günstig und stimuliert Sie, verleiht Ihnen zusätzliche Energien.

Ihre Sterne 2001 bis 2005

Das Jahr 2001 wird ein gutes Jahr: Bis Juli verspricht Jupiter exzellente Job-perspektiven und privates Glück, und ab dem Frühling steht Ihnen Saturn zur Seite (bis Mitte 2003!) und symbolisiert eine Stabilisierung, Fortschritte und eine Festigung im Gefühlsleben (solide Freundschaften, dauerhafte Bindungen).

Dazu kommt vom Sommer 2002 bis zum Sommer 2003 wieder ein positiver Jupiter, der einen Aufwärtstrend und glückliche Ereignisse bedeutet. Auch zwischen September 2004 und Oktober 2005 steht der Glücksplanet Jupiter auf Ihrer Seite und Sie befinden sich auf Erfolgskurs.

Wenn Sie zwischen dem 3. und 14. August geboren sind, bringt Pluto in den kommenden fünf Jahren eine viel versprechende und grundlegende Wandlung, in vielen Fällen einen radikalen Neubeginn, der äußerst positiv ist: Eine neue Karriere? Einen neuen Posten? Oder einen neuen Partner?.

Etwas schwerer haben es die Löwen zum Ende des Zeichens: Wenn Sie nach dem 13. August Geburtstag haben, kann es zu einer unerwarteten Wende kommen, die Ihnen nicht ins Konzept passt (z. B. eine berufliche oder private Trennung, Umstrukturierung in Ihrer Firma). Uranus zwingt Sie überraschend, völlig neue Wege zu gehen.

Auch die zwischen dem 28. Juli und 8. August Geborenen müssen während bestimmter Phasen in den nächsten Jahren auf der Hut sein, da Neptun unklare Situationen symbolisiert: Sie sind manchmal zu leichtgläubig, lassen sich etwas vormachen und könnten daraufhin später eine herbe Enttäuschung erleben. Je nach Ihrem Geburtsdatum sind Sie während bestimmter Perioden davon betroffen. Die Löwen vom 28./29./30. Juli in 2001, die zwischen dem 29. Juli und 3. August Geborenen im Jahr 2002, die Löwen vom 1. bis 4. August im Jahr 2003, die zwischen dem 3. und 6. Geborenen in 2004, und die zwischen dem 5. und 8. August Geborenen in 2005 ...

Alle anderen hingegen sind voll auf Erfolgskurs in 2001, vom August 2002 bis zum September 2003 und vom September 2004 bis zum August 2005.

Jungfrau

vom 24. August
bis 23. September
Ihr Motto:
„Ich analysiere" oder „Ich prüfe"

Typisch Jungfrau

Nichts ist schöner als das Wahre, das Wahre allein ist liebenswert; liebt deshalb die Vernunft, auf dass all Eure Werke aus ihr allein schöpfen, aus ihrem Glanz und ihrem Wert."

Wunderschöner Ausspruch einer Jungfrau, so vollkommen, entnommen aus „Die poetische Kunst" des französischen Dichters Boileau, einer dieser befehlenden und kritischen Jungfrauen der französischen Literatur, die ihr Schlüsselwort verwendet: Vernunft. „Es geschieht nichts Unvernünftiges", sagt die Jungfrau J. W. von Goethe, „das nicht Verstand oder Zufall wieder in die Richte brächten, nichts Vernünftiges, das Unverstand und Zufall nicht missleiten könnten. Vernunft sagte ich."

Nach dem Einbringen, dem Sortieren, dem Auslesen der Trauben, die die Saison der Weinlese charakterisieren, kommt man schließlich zur Bilanz und Analyse. Man führt Buch, man unterscheidet umso mehr, als man ein Erdzeichen ist: skeptisch, realistisch, man läßt sich kein X für ein U vormachen. „Von allen Menschen traue dir am wenigsten", sagt Wilhelm Raabe. Und man wird vom Denker Merkur geleitet, der alles mit Verstand analysiert, dem Gott der Händler und der Diebe, bei dem die Vernunft stets über dem Herzen steht – zumindest wünscht er das, und welch ein Schrecken, wenn das Gegenteil eintritt!

Als der Demeter – der Göttin des Ackerbaus, der nährenden Mutter der Menschheit – zufallendes Tierkreiszeichen ist die Jungfrau in der Tat eine geweihte Berufung. Sie ist geschaffen, um zu geben, sich zu vergessen und zu dienen. Von zwei Jahreszeiten betroffen, ist Ihr Zeichen ein veränderliches Sternzeichen, was es im Wesentlichen anpassungsfähig und scharfsinnig macht.

Die Tradition teilt Ihnen den Mittwoch zu. Ihre Farben sind Grau und Weiß, Ihr Parfum ist die Hyazinthe. Ihre Pflanzen sind Maiglöckchen und Akazie. Ihnen wird unter den Metallen das Platin und unter den Steinen der Jaspis zugeschrieben. Bezüglich der Zahlen ist Ihnen die 6 und die 20 beigegeben.

Jungfrau, wer sind Sie?

Sie haben eine gewölbte, runde Stirn, die Stirn des Denkers. Ihr Blick ist eher kühl und beobachtend, die Gesichtsfarbe oft blass. Ihre Konstitution ist nicht die robusteste. Sie sind feinfühlig, aber nur mäßig vital. Aber Ihre Sinneswahrnehmungen sind fein und differenziert: Sie sind ein Sensitiver.

Sie sind auch schüchtern, zurückhaltend und sittsam. Sie hassen es, sich in den Vordergrund zu spielen und haben in höchstem Maße ein Gefühl für das Lächerliche.

Auch Achtbarkeit und Sitten haben in Ihren Augen eine große Bedeutung. Sie sind formalistisch, und weil Sie ein Höchstmaß an Sinn fürs Detail entwickelt haben und auch Beobachtungsgabe besitzen, werden Sie leicht durch das schockiert, was Sie Ungeniertheit und Nachlässigkeit nennen – für die anderen oft nichts anderes als eine Form, weniger sittenstreng zu sein.

Ja, Sie sind empfindlich und äußerst gewissenhaft – man kann sogar sagen, dass Sie Haarspalterei betreiben, was leicht Ärger in Ihrer Umgebung hervorrufen kann.

123

Wissen Sie, liebe Jungfrau, dass Sie der Vernunftmensch des Tierkreises sind? Die Jungfrau Anton Bruckner sagt äußerst vernünftig und realistisch: „Bald nennen sie mich Narr, bald Meister. Sie sollen schreien, so viel sie wollen. Wenn das, was ich schreibe, gut ist, wird es bleiben, wenn nicht, wird es zugrunde gehen."

Sie vertrauen kaum etwas anderem als der Vernunft und hegen dementsprechend großes Misstrauen in Bezug auf Ihr Herz. So sehr Sie sich auf rationaler Ebene wohl fühlen, sind Sie auf emotionaler Ebene unsicher und in Gefahr. In gewisser Weise klammern Sie sich an das Rationale, um nicht Ihr Gleichgewicht zu verlieren.

Sie haben von Grund auf Angst zu lieben. Die Vernunft ist Ihr Unterschlupf, eine Art Ersatz für Ihre verborgene affektive Unsicherheit. Sorgen Sie dafür, dass sich daraus kein Minderwertigkeitskomplex entwickelt. So rief Ludwig XVI. bekümmert: „Welches Unglück, mit 20 Jahren König zu sein." Ein Minderwertigkeitskomplex bei Ihnen ist, alles in allem, ziemlich paradox, wenn man bedenkt, dass Sie selbst im Grunde sehr genau wissen, was Sie wert sind. Denn Ihre Qualitäten liegen vor allem in Ihren intellektuellen Fähigkeiten, die durchaus gediegen sind. Sie sind einerseits Beobachter, können aber andererseits sehr gut Ihre Kenntnisse und Ihre Beobachtungen integrieren. Merkurisch wie beim Zwilling, ist Ihre Intelligenz vielleicht weniger hervorstechend, jedoch kritischer, positiver und genauer. Sie haben analytischen Geist im Gegensatz zum Löwen, der Ihnen vorangeht und eine im Wesentlichen zusammenfassende, überblickende Intelligenz besitzt. Sie sind zu groben wissenschaftlichen Abstraktionen fähig, können formulieren, definieren, einer Idee auf den Grund gehen. Sie haben Sinn für Dialektik, was aus Ihnen einen gefürchteten Gesprächspartner macht. Sie haben in der Tat sich widersprechende und sich ergänzende Qualitäten. Sie sind der typische Intellektuelle mit allumfassender Neugier (man denke an Goethe). Aber der Sinn für das Praktische und der Pragmatismus fehlen Ihnen keinesfalls.

„In Staatsangelegenheiten muss man aus allem Vorteil ziehen, und was nützlich sein kann, darf niemals verachtet werden." So spricht Richelieu, eine typische Jungfrau.

Sie haben vor allem und in hohem Maße Geschäftssinn, auf den Sie Ihre Sparsamkeit und Ihre Logik scharfsinnig anzuwenden wissen.

Sie lieben gewissenhafte Arbeit. Sie sind sogar Perfektionist, pedantisch genau. „Man schafft niemals etwas Außergewöhnliches, Schönes und Großes, wenn man nicht öfter und besser als die anderen darüber nachdenkt", sagte Ludwig XIV., eine Jungfrau mit starkem Löweeinfluss. Und Tolstoi schreibt seinerseits: „Unser Leben ist nicht, wie es nach den Forderungen des Gewissens sein sollte." Ein typischer Ausspruch, der den Perfektionismus der Jungfrau umreißt.

Sie und die Liebe

Wenn Sie sich verlieben, denkt man unweigerlich an Gilgamesch, der sich Istar oder Astarte (andere Namen für Venus) verweigerte. Das ist das Zurückweichen vor dem Unbekannten. Sie lehnen in Ihrer ganzen Art den Instinkt ab. Ihr ganzer Instinkt besteht aus Ihrem Misstrauen in Bezug auf die Leidenschaft, die das Gleichgewicht zerstört, das Sie sich geschaffen haben. Außerdem missbilligen Sie die gefühlsmäßigen Aufwallungen, die Verwirrung der Sinne und die suspekten Rauschzustände. Denn Sie hassen es, eine Situation nicht zu kontrollieren.

Sie verstehen sich daher am besten mit anderen Erdzeichen, wenn diese es vermeiden, Sie zu erschrecken oder Sie durch bestimmte unpassende Darbietungen zu schockieren. Der nicht weniger weise Steinbock und der ruhige Stier werden Ihre Zurückhaltung zu zähmen verstehen. Die Fische – ganz das Gegenteil Ihrer Persönlichkeit, träumerisch, konfus und sanft, wo Sie doch genau und prägnant bzw. prosaisch sind – können den subtilen Reiz der Ergänzung für Sie haben. Zählen Sie

jedoch nicht gerade auf sie, um an die Fälligkeit Ihrer nächsten Steuererklärung erinnert zu werden. Aber dafür brauchen Sie ohnehin niemanden. Denn Sie vereinen in perfekter Weise Organisation und Vorausblick. Und mit der Zeit werden Sie einen ausgezeichneten, höflichen, dienstbaren Partner abgeben, der sich nicht weigern wird, sich die Hände schmutzig zu machen – jedoch nur, wenn Sie in der Lage sind, Ihren kritischen Geist etwas zu mäßigen, der leicht kategorisch wird und Ihrer Umgebung auf die Nerven gehen kann.

Auch Sie, Madame Jungfrau, sollten als perfektes Heimchen am Herd gewisse menschliche Unzulänglichkeiten zulassen und damit beginnen, selbst weniger perfekt zu sein. So wird das Leben für Sie viel leichter und bringt den anderen ein kleines Stückchen Sorglosigkeit und eine Prise Verrücktheit ...

Die Jungfrau und die anderen Sternzeichen

Jungfrau und Jungfrau

Vielleicht ist diese Beziehung zu ernst, zu ruhig. Es fehlt ein wenig an Pfeffer und Phantasie. Zu Ihnen passt besser ein dynamischer, weniger realistischer Partner. Eins ist sicher: Bei Ihnen zu Hause muss man schon im Treppenhaus die Schuhe ausziehen!

Jungfrau und Widder

Sie können beide voneinander profitieren: der Widder ist ein kühner Draufgänger, und Sie handeln überlegt und zurückhaltend. Deshalb können Sie gemeinsam ein Unternehmen leiten – unter der Voraussetzung, dass Sie als sparsame Jungfrau den Kassenschlüssel verwahren ...

Jungfrau und Stier

Ein wirklich solides Paar. Sie schätzen sich gegenseitig, lieben das einfache Leben und die freie Natur. Vom Stier und dessen sinnlicher Lebensfreude sollten Sie sich eine Scheibe abschneiden. Da Sie beide treu sind, kann Ihre Beziehung wirklich lange dauern. Aber verfolgen Sie Ihren esslustigen Genießer nicht mit Ihrem Tick für spartanische Diätkost!

Jungfrau und Zwillinge

Sie sind beide Merkur-Menschen, das heißt, Sie handeln nach dem Verstand. Das kann sehr günstig für eine berufliche Partnerschaft sein. Auch in der Liebe haben Sie sich eine ganze Menge zu erzählen. Und wenn Sie Ihren Zwilling nicht zu oberflächlich finden, können Sie gemeinsam glücklich werden.

Jungfrau und Krebs

Mit ihm teilen Sie die Liebe zu Tradition, Heim und Familie, und Ihr Pflichtbewusstsein gibt dem Krebs Sicherheit. Sie können sich in perfekter Weise ergänzen.

Jungfrau und Löwe

Sie beide können gut miteinander auskommen, denn er wird gern bewundert und befiehlt gern. Ihnen wiederum liegt es, eine untergeordnete Rolle zu spielen. Allerdings können Sie nur schwer seine Ruhmsucht verstehen. Doch das soll kein Hindernis sein, denn Sie sind ja weise!

Jungfrau und Waage

Wenn Sie nicht zu realistisch sind, dann können Sie mit der eleganten und raffinierten Waage gut zurechtkommen. Sie lieben beide Ruhe und Harmonie. Allerdings darf keine Langeweile aufkommen in Ihrer Beziehung. Andererseits hat die Waage einen stark entwickelten Gerechtigkeitssinn und weiß Ihre Qualitäten, wie Ehrlichkeit und Loyalität, zu schätzen.

Jungfrau und Skorpion

Wenn es ein Zeichen gibt, das die brave Jungfrau vom rechten Weg abbringen kann, dann ist es der Skorpion. Und fast jede Jungfrau hat für dieses Zeichen eine schwache Stelle. Außerdem haben Sie einiges gemeinsam: eine kritische Intelligenz und eine tiefe Gründlichkeit. Beruflich und privat kann dieses Paar ideal sein ... vorausgesetzt, dass der Skorpion seinen Stachel etwas im Zaum hält!

Jungfrau und Schütze

Das philosophische Streben des Schützen beeindruckt Sie sehr, jedoch können Sie nicht verstehen, wieso er dauernd auf der Suche nach neuen Abenteuern ist. Denn nichts hassen Sie mehr als plötzliche Veränderungen.

Jungfrau und Steinbock

Zwei Erdzeichen versprechen viel Sinn fürs Praktische und Organisationstalent. Sie sind sich sehr ähnlich, haben ein starkes Pflichtbewusstsein und könnten gemeinsam perfekt ein Unternehmen leiten. Auch im Privatleben werden Sie wahrscheinlich zu viel über Ihren Beruf sprechen. Aber wenn Sie das glücklich macht ...

Jungfrau und Wassermann

Diese Mischung kann explosiv sein: auf der einen Seite die Tradition der Jungfrau, auf der anderen die Revolution des Wassermannes. Er ist exzentrisch und erfinderisch und kann Sie, die brave Jungfrau, ganz schön durcheinanderbringen. Er ist aber auch tolerant, und diese Freundschaft kann lange dauern. Aber Sie verstehen einfach nicht, warum Ihr Partner die anderen braucht wie das tägliche Brot.

Jungfrau und Fische

Diese beiden Zeichen stehen sich im Tierkreis genau gegenüber und auf den ersten Blick scheint es unmöglich, diese starken Gegensätze zu überwinden. Tatsächlich können diese beiden Zeichen sehr voneinander profitieren und sich bestens ergänzen. Gestehen Sie sich ein, dass Ihnen etwas Phantasie und Träumerei gut tun würden ... Aber zählen Sie nicht auf Ihren zerstreuten Fisch, wenn es um Ihre Steuererklärung geht!

Ihre Gesundheit

Sie hat für Sie, Jungfrau, einen besonderen Stellenwert. Bei den geringsten Anzeichen sind Sie schon besorgt. Bei Ihnen sind Nervensystem und Verdauungstrakt die wunden Punkte, und Sie sind für Nahrungsmittelvergiftungen anfällig. Sie sollten Ihre Wut – Sie sind selten ein extrovertierter Typ – und Ihren Ärger nicht immer hinunterschlucken. Diese Hemmungen haben negative Auswirkungen auf die Verdauung. Im vitalen Bereich haben Sie unabweisbare Bedürfnisse, die jedoch sehr schnell zu befriedigen sind.

Ihre Berufung

Ganz besonders sind Sie für den Unterricht geeignet: Sie können anderen Ihr Wissen wunderbar vermitteln. Außerdem eignen Sie sich für alles, was mit Zahlen und Ziffern zu tun hat.

Exakte Wissenschaften wie Mathematik, Astronomie, Physik, Biologie, Chemie, Mechanik, Pharmazie, Ernährungswesen ziehen Sie gleichermaßen an. Außerdem mehr oder weniger untergeordnete Büroberufe wie Buchhaltung und Statistik, in denen Ihre Begabung für Klassifikation, Menschenführung und Organisation zum Ausdruck kommen. Im Allgemeinen liegen Ihnen auch Positionen, in denen Sie aus dem Hintergrund beratend tätig sind, denn Verantwortung übernehmen Sie nur ungern. Ihre volle Leistungsfähigkeit erbringen Sie im Dienste für andere oder im Rahmen einer Gesellschaft, und Sie integrieren sich bestens in eine Mannschaft (Teamgeist).

Ihr Schicksal

Weil Sie ängstlich sind und sich gerne unterschätzen, geben Sie sich oft mit einer Anstellung unter Ihrem Wert zufrieden. Da Sie aber nicht sehr ehrgeizig sind, scheint Sie das wenig zu stören. Wie Candide folgen Sie gemächlich Ihrem Weg, und Ihre sanfte Lebensphilosophie lautet nach Voltaire: „Das ist alles gut und schön, aber wir haben unseren Garten zu bestellen." Denken Sie daran, dass Sie glücklicher sein können, wenn Sie nicht Realismus mit Pessimismus verwechseln. So wie die Jungfrau Wilhelm Raabe: „Die ewige Illusion ist, dass das Leben noch vor einem liegt. Das Leben liegt immer hinter einem."

Berühmte Jungfrauen

Colbert, Goethe, Diderot, Iwan der Schreckliche, Cesare Borgia, Friedrich Hegel, John Locke, Miguel de Unamuno, Leo Tolstoi, H. G. Wells, de la Rochefoucauld, M. Maeterlinck, Antonin Dvořāk, Hermann Löns, D. H. Lawrence, Agatha Christie, Stephen King, Anton Bruckner, Leonard Bernstein, Hans Albers, Sean Connery, Maurice Chevalier, Peter Sellers, Elisabeth I., Richelieu, Ludwig XIV., Lyndon B. Johnson, Franz-Josef Strauß, Raquel Welch, Ingrid Bergmann, Greta Garbo, Sophia Loren, Lauren Bacall, Romy Schneider, Franz Beckenbauer, Reinhold Messner, Michael Jackson, Freddy Mercury, Otis Redding, B. B. King, Leonard Cohen.

Ihre Sterne 2000

1. Dekade (23. August bis 2. September)

In den ersten Monaten sind Sie auf Erfolgskurs, kommen zügig voran und besonders von Mitte Februar bis Anfang April verspricht Jupiter eine echte Glücksserie. Nach einem hektischen Monat Mai und einem Erfolg versprechenden Juni, ziehen ab Juli Gewitterwolken auf: Juli und August könnten ziemlich kritisch werden, da Jupiter eine Reihe von Hindernissen und Rückschlägen symbolisiert, die im November und im Dezember Konsequenzen haben könnten. Ärger mit Vorgesetzten, Probleme mit Ihrer Bank oder mit einer Behörde (Finanzamt?) und auch finanzielle Einbußen sind nicht ausgeschlossen. Vor allem die letzte Augustwoche, die letzte Novemberwoche und die zehn ersten Dezembertage sind schwierige Phasen, und es wäre ratsam, voreilige und unüberlegte Entscheidungen zu vermeiden. Hören Sie auf den Rat eines Experten oder eines guten Freundes und lassen Sie sich größere Anschaffungen, wichtige Abmachungen und Verträge gut durch den Kopf gehen, um spätere Verluste zu vermeiden!

Nützen Sie die günstige Konstellation in der ersten Jahreshälfte, um größere Projekte zu beginnen (z. B. eine berufliche Partnerschaft, neue Produkte, die Gründung der eigenen Firma.). Auch Bewerbungen, Ansuchen (um Gehaltserhöhung?) oder Reisen sind besonders Erfolg versprechend in der zweiten Februarhälfte, im März und in der ersten Aprilwoche. Auch in der ersten und letzten Juniwoche, zwischen dem 23.Oktober und 20. November und in der letzten Dezemberwoche agieren Sie sehr geschickt (Merkur ist positiv) und kommen recht gut über die Hürden.

Auch auf dem Gefühlssektor wird die erste Jahreshälfte exzellent, während ab Juli Gewitterwolken aufziehen. Besonders Juli und August, sowie November und Dezember werden für viele Jungfrauen kritisch und Sie stehen vor einer schwierigen Entscheidung. Möglicherweise spitzt sich die Lage im Sommer zu, und nach einer relativ neutralen Phase bis Ende Oktober kommt es in den letzten Wochen des Jahres zu Ereignissen, die Ihnen nicht ins Konzept passen. Vor allem die ersten beiden Augustwochen bereiten Ihnen Kopfzerbrechen und es wird schwierig sein, eine Lösung zu finden, die für alle Seiten befriedigend ist. In einigen Fällen könnte es in den ersten zehn Dezembertagen zu hitzigen Auseinandersetzungen kommen, aber glücklicherweise bieten sich vielleicht in der letzten Woche des Jahres die Chancen für eine Versöhnung.

Nützen Sie deshalb die äußerst günstigen Einflüsse in den ersten Monaten des Jahres, um wichtige Entscheidungen zu treffen. Zwischen Mitte Februar und Ende April verwöhnt Sie Jupiter und Sie machen aufregende Eroberungen, verstehen sich blendend mit Ihrem Partner, und für einige Jungfrauen geht ein lang gehegter Wunschtraum in Erfüllung (Heirat, Verlobung, oder ein Baby sind nicht ausgeschlossen).

Die schönsten Perioden des Jahres werden: die letzte Januarwoche, der 13. bis 21. März, die erste Maiwoche, die zweite Junihälfte und die letzte Septemberwoche. Venus symbolisiert während dieser Phasen Spaß und Vergnügen, unvergessliche

Stunden mit Freunden und zauberhafte Momente zu zweit. Diese Zeit ist außerdem exzellent für Shopping (Mode, Unterhaltung), für eine Schönheitskur oder für ein Fest und gesellschaftliche Anlässe. Kurz: Sie amüsieren sich und sind glänzender Laune. Zu Unstimmigkeiten mit dem Partner (oder mit Freunden) kann es hingegen verstärkt in der ersten Januarwoche, der letzten Maiwoche, den ersten beiden Augustwochen (!) und zwischen dem 19. und 27. Oktober kommen. Oder haben Sie das Bedürfnis, sich ein wenig aus dem Trubel zurückzuziehen?

Das Jahr beginnt ziemlich hektisch und in den ersten beiden Januarwochen lassen Sie sich gehen oder zu leichtsinnigen Aktionen verleiten. Sie sollten sich physisch mehr schonen und unter anderem bei sportlichen Aktivitäten (Ski?) oder im Straßenverkehr vorsichtiger sein. Dies gilt übrigens auch für die ersten zwei Maiwochen und die zweite Septemberhälfte.

Von Mitte Februar bis Mitte April sind Sie hingegen in Superform. Jupiter signalisiert Optimismus und Lebensfreude und Ende März und Anfang April verleiht Ihnen Mars zusätzliche Energien und spornt Sie zu Höchstleistungen an (unter anderem ideal, wenn Sie Sport betreiben).

Falls Sie krank sind oder unter chronischen Beschwerden leiden, wären die Chancen bestens, dass neue Heilmethoden oder neue Medikamente gut anschlagen (speziell Anfang April).

Ab Juli funkt Ihnen Jupiter dazwischen und vor allem im Juli und August sowie im November und Dezember schlagen Sie ganz schön über die Stränge (zu viel Alkohol, zu viele Zigaretten, zu üppige Kost?) und dies könnte sich vielleicht auf Ihre Leber niederschlagen oder Sie nehmen in kurzer Zeit mehrere Pfunde zu. Es wäre jedenfalls ratsam, dass Sie sich in den genannten Perioden mehr zurückhalten, denn als typische Jungfrau wissen Sie eigentlich sehr gut, was für Ihren Körper schädlich ist!

Das Jahr endet übrigens günstig, denn in der letzten Dezemberwoche sind Sie in Bestform, kaum zu halten ...

2. Dekade (2. bis 12. September)

Das Jahr 2000 steht für Sie im Zeichen einer Konsolidierung, einer Festigung Ihrer Position, und im Frühling (von Anfang April bis Mitte Mai) verspricht Jupiter eine echte Glückssträhne: Sie können sich optimal entfalten, haben Erfolg mit neuen Projekten (z. B. einer beruflichen Partnerschaft, der Gründung einer eigenen Firma, einem neuen Posten, dem Aufstieg in der Firmenhierarchie) und einigen gelingt ein Volltreffer. Vielleicht steht ein Geldgewinn an (auch im Spiel!), eine Beförderung? Oder eine Auszeichnung? Kurz: Ihre Perspektiven sind exzellent!

Von Mitte Mai bis Ende August wird es etwas ruhiger und Sie ruhen sich auf Ihren Lorbeeren aus. September und Oktober werden schwierige Monate für die ganz am Anfang Geborenen (vor dem 4. September), da Jupiter für eine Reihe von Komplikationen sorgt. Probleme mit einem Vorgesetzten? Mit einer Behörde? Oder Ärger mit Ihrer Bank? Verspätung bei erwarteten Zahlungen? Während diesen beiden Monaten sollten Sie unter anderem juristische Schritte vermeiden und vorsichtig handeln, wenn Sie wichtige Entscheidungen treffen (Finger weg von Spekulationen!). Auch größere Anschaffungen sollten Sie sich gut überlegen und nichts überstürzen! November und Dezember werden wieder sehr ruhig, zwei äußerst neutrale Monate.

Die besten Phasen im Laufe des Jahres für die gesamte Dekade (für berufliche Kontakte, Besprechungen, Reisen, Ansuchen usw.) werden: die ersten zwei Januarwochen, April (!), die erste Maihälfte (!), Juni und Juli, Oktober und November. In den vier letztgenannten Monaten steht Ihnen Merkur, der Planet Ihres Sternzeichens, zur Seite, und Sie verhandeln sehr geschickt, treffen kluge Entscheidungen und sind sehr schlagfertig.

Zu Missverständnissen und Verspätungen kann es hingegen vorwiegend während der folgenden Perioden kommen: vom 11. bis 29. Februar, Ende März, zwischen dem 19. und 24. Mai und in der ersten Dezemberhälfte.

Wenn Sie zum Anfang der Dekade geboren sind (vor dem 4. September), zeichnet sich im Laufe des Jahres eine tief gehende Veränderung ab, die Ihnen nicht ins Konzept passt. Pluto bewirkt diese radikale Umwälzung, die oft von äußeren Umständen abhängt: Veränderungen innerhalb Ihrer Firma, auch politische Einflüsse, neue Gesetze usw., die zu einer großen Wende in Ihrem Leben führen.

Beruflich werden vor allem Mitte und Ende Februar, die Tage um den 20. Mai, Ende August, Anfang September und die Tage um den 11. Dezember kritisch.

Auch auf dem Gefühlssektor könnten die vor dem 4. September Geborenen eine einschneidende Umstellung erleben, eine Krise oder einen Bruch. Pluto symbolisiert Zerstörung und Wiedergeburt und oft bedeutet sein Einfluss, dass wir alten Ballast abwerfen müssen, um dann etwas ganz Neues zu beginnen. Vielleicht eine neue Beziehung? Oder eine Trennung? Besonders September und Oktober werden kritische Monate, da neben Pluto auch Jupiter ungünstig wirkt, und dies könnte Sie zu Entscheidungen verleiten, die Ihnen später leid tun könnten. Speziell die Tage um den 27./28. Oktober könnten explosiv werden und für einige könnte dies eine radikale Wende bedeuten.

136

Der Rest der Dekade erlebt eine Stabilisierung im Gefühlsleben: In den ersten Monaten des Jahres (bis Mitte Mai) schweißt Saturn Ihre Beziehung zusammen und Sie können langfristig die Weichen stellen. Ihre Gefühle haben Tiefgang, und neue Begegnungen stellen sich in der Folge als sehr solide heraus.

April und Mai werden Traummonate und Jupiter verspricht eine wahre Sternstunde. Singles könnten den Traumpartner kennen lernen, bereits Gebundene treffen große Entscheidungen (Hochzeit oder Nachwuchs nicht ausgeschlossen). Ein unvergesslicher Frühling kündigt sich an!

Die schönsten Perioden des Jahres, in deren Verlauf Venus glänzende Laune, Harmonie und aufregende Eroberungen verspricht: vom 1. bis 10. Februar, die erste Maihälfte, vom 27. Juni bis 5. Juli, die zweite Augusthälfte, vom 2. bis 11. Oktober und die letzte Novemberwoche.

Kleine Reibereien, Diskussionen mit dem Partner und eine gewisse Flaute im Gefühlsbereich wäre in folgenden Phasen möglich: zwischen dem 8. und 16. Januar, in der letzte Märzwoche, vom 2. bis 10. Juni und vom 27. Oktober bis 4. November.

Das Jahr endet mit harmonischen Einflüssen und Ihre endgültige Bilanz sollte eindeutig positiv ausfallen.

Gesundheitlich sieht es in der ersten Jahreshälfte besonders gut für Sie aus, Sie sind sehr widerstandsfähig und robust (Saturn ist positiv bis Mai), und zwischen Anfang April und Mitte Mai symbolisiert Jupiter Lebensfreude und innere Ausgeglichenheit. Sie hätten zum Beispiel exzellente Karten, um schlechte Gewohnheiten abzulegen (z. B. ungesunde Ernährung, Rauchen, zu viel Alkohol) und um gute Vorsätze einzuhalten. Oder Sie beginnen neue Hobbys (wie Golf, Judo oder andere Sportarten), die Ihnen nicht nur Spaß machen und Ihren Freundeskreis vergrößern, sondern die sich

auch sehr positiv auf Ihren Organismus und Ihr Immunsystem auswirken. Ab Juni wird es etwas ruhiger und die kosmischen Einflüsse sind ziemlich neutral.

Nur in der zweiten Januarhälfte, in der zweiten Maihälfte und in den ersten zwei Oktoberwochen sollten Sie etwas vorsichtiger sein und sich physisch mehr schonen. Denn Mars verleitet Sie zu leichtsinnigen und waghalsigen Aktionen, die ins Auge gehen könnten (Vorsicht auf den Straßen, im Haushalt, im Umgang mit gefährlichen Gegenständen).

Eine Ausnahme machen die Geburtstage zum Beginn der Dekade (vor dem 4. September geboren): Pluto bewirkt einen tief gehenden Wandlungsprozess, der auch Ihren Metabolismus betreffen könnte. Gewisse Schwachstellen in Ihrem Organismus, die bisher nur latent spürbar waren, könnten in den kommenden Monaten akut werden, und speziell September und Oktober werden kritisch, wenn gleichzeitig auch Jupiter dissonant steht. Es wäre deshalb ratsam, dass Sie sich einem gründlichen Check-up unterziehen, um eventuell vorbeugend Ihre Abwehrkräfte zu stärken.

Neben September und Oktober (vor allem die erste Oktoberwoche!) sind außerdem Mitte Januar, und die Tage um den 20. Mai schwierig, wenn Mars ebenfalls negative Aspekte bildet, sowie Anfang März, die ersten Junitage, Anfang September und die ersten Dezembertage (Sonne ist negativ).

Nützen Sie hingegen die relativ günstigen Momente, um etwas für Ihr Immunsystem zu tun: Anfang Januar, die erste Aprilwoche, Anfang Mai, die ersten Julitage und die erste Novemberwoche.

3. Dekade (12. bis 23. September)

Ein exzellentes Jahr! Ab Mai verspricht Saturn Erfolg bei langfristigen Vorhaben und Sie können Ihre Position festigen. Sie beweisen viel Ausdauer und Weitblick und eliminieren alles Überflüssige aus Ihrem Leben. Beruflich zeichnet sich eine Anerkennung oder eine Auszeichnung ab und privat kommt es ebenfalls zu einer Festigung Ihrer Beziehungen oder zu neuen Begegnungen, die sich als sehr dauerhaft herausstellen.

Zwischen Mitte Mai und Ende Juni verspricht Jupiter hervorragende Jobperspektiven und auch privat eine Glückssträhne. Allein Stehenden könnte eine schicksalhafte Begegnung widerfahren, bestehende Beziehungen entwickeln sich bestens und in einigen Fällen kommt es zu einem Happy End (Heirat nicht ausgeschlossen!). In Ihrer Karriere kommen Sie ebenfalls einen großen Schritt weiter und einigen gelingt ein Meisterstück (eine Beförderung, ein neuer Job, neue Privilegien, ein Gewinn durch Spekulationen?).

Sie können wirklich zufrieden sein, denn neben diesen positiven Einflüssen von Saturn (Mai bis Dezember) und Jupiter (Mai/Juni) wirkt kein einziger der anderen langsamen Planeten ungünstig, und deshalb sollte das Jahr 2000 eines der besten seit langem werden.

Die besten Perioden für berufliche Verhandlungen, eventuelle Reisen, Examen, schriftliche Arbeiten, Bewerbungen sowie den Abschluss eines Vertrages oder Ihre berufliche Weiterbildung werden: der 10. bis 20. Januar, 9. bis 20. Mai, 12. bis 22. Juli, die zweite Novemberhälfte und die ersten Dezembertage. Etwas schwieriger (Verzögerungen, verschobene Termine, Kontaktprobleme, Missverständnisse etc.) werden der 5. bis 13. April, die letzte Maiwoche und die Tage vom 11. bis 23. Dezember. Sie sind zerstreut, in Ihren Kontakten ist Sand im Getriebe oder Sie werden falsch ver-

standen. Aber dank Ihrer Schlagfertigkeit und Ihrer Einsatzfreude sollten Sie trotzdem gut über die Runden kommen, und die Jahresbilanz sollte eindeutig positiv, manchmal sogar optimal ausfallen.

Auch gesundheitlich sind Sie in ausgezeichneter Verfassung und Ihre Kondition lässt kaum zu wünschen übrig. Ihr Stehvermögen ist erstaunlich und besonders ab Ende Mai sind Sie erstaunlich widerstandsfähig und Ihre Abwehrkräfte funktionieren bestens. Falls Sie an (chronischen) Krankheiten laborieren, wären die Chancen optimal, um neue Heilverfahren oder neue Medikamente einzusetzen (speziell Ende April und Anfang Mai).

Die besten Phasen des Jahres sind: die zweite Aprilhälfte, die erste Maiwoche, die zweite Julihälfte und die Tage vom 18. Oktober bis 4. November, da auch Mars günstig wirkt und Ihnen zusätzliche Energieschübe verleiht.

Vorsichtig sollten Sie hingegen in den ersten zwei Februarwochen und in der ersten Junihälfte sein (Hände weg von gefährlichen Gegenständen, Vorsicht am Steuer oder im Haushalt) und auf waghalsige Abenteuer oder leichtsinnige Gesten lieber verzichten!

Ihre Bilanz: Alles super!

Ihre Sterne 2001 bis 2005

Nach den vorwiegend positiven Einflüssen im Jahr 2000 wird 2001 ein relativ schwieriges Jahr. Bis Juli bringt Jupiter Komplikationen (mit Behörden, Vorgesetzten oder Ihrer Bank?), und fast das ganze Jahr hindurch symbolisiert Saturn gewisse Einschränkungen und Hindernisse. Zwischen dem Sommer 2001 und Sommer 2002 verspricht Jupiter hingegen eine Erfolgsserie und Sie gehören zu den Favoriten der Sterne. Während Saturn noch bis Juni 2003 bremsend wirkt, beginnt ab Sommer 2003 eine äußerst günstige Phase, da Saturn einen harmonischen Aspekt bildet (bis Mitte 2005!) und Jupiter gleichzeitig zwischen August 2003 und September 2004 in Ihr Sternzeichen zurückkehrt (er tut dies alle 12 Jahre). Dies symbolisiert in den meisten Fällen eine starke Entfaltung, Erfolg und eine gehörige Portion Glück! Saturn wiederum signalisiert eine Konsolidierung, Erfolge auf lange Sicht, manchmal eine Auszeichnung oder eine Anerkennung.

Bilanz: Ab Sommer 2003 haben Sie alle Trümpfe in der Hand, um größere Vorhaben zu verwirklichen, die Ihnen seit langem am Herzen liegen.

Die Ausnahme: Nur Pluto bringt schwierige Veränderungen in Ihrem Leben. Von 2001 bis zum Ende 2003 sind lediglich die zwischen dem 4. und 9. September Geborenen davon betroffen, 2004 die zwischen dem 10. und 15. Geborenen, und 2005 sind nur die zwischen dem 13. und 17. September Geborenen betroffen. Dies bedeutet in den meisten Fällen große Umwälzungen, die nicht leicht für Sie sind: einschneidende Veränderungen am Arbeitsplatz, neue Vorgesetzte, neue Regeln usw. Sie haben kaum die Möglichkeit, daran etwas zu ändern, da es sich häufig um kollektive Einflüsse handelt, auf die Sie persönlich nicht einwirken können.

Dazu kommt ab Anfang 2004 der störende Uranus, der nur den Jungfrauen vom Beginn des Zeichens (die im August oder in den ersten drei Septembertagen geboren sind) radikale Veränderungen bringt, die Ihre Planung zunichte machen ... Beruflich oder privat kommt es zu unerwarteten Ereignissen, die oft einen Neubeginn bedeuten, eine grundlegende Wende.

Waage

*vom 24. September
bis 23. Oktober
Ihr Motto:
„Ich wäge" oder „Ich zögere"*

Typisch Waage

Ihr Zeichen ist ein Abbild der Musik Verdis: Schönheit, Heiterkeit und Ausgeglichenheit sind seine Schlüsselwörter.

Ist es, weil unter seiner Herrschaft in einer scheinbar zögernden kosmischen Ruhe die Tage und Nächte in ein Gleichgewicht gebracht werden, dass auch Ihr ganzes Wesen zu diesem Gleichgewicht, zu dieser tiefgründigen Harmonie, zu diesem Maß aller Dinge neigt? Das Sinnbild Ihres Sternzeichens symbolisiert durch seine beiden Waagschalen das Gleichgewicht der Kräfte, die gleichzeitig Verbindung und Gegenüberstellung von Gegensätzlichem sind.

Die Waage ist ein Luftzeichen, das heißt, Neigung zum Geistigen und zur Befreiung von der Materie. Ihr Planet ist die Venus, zwar eine weniger sinnliche als die des Stiers (der Stier ist ihr Nacht- und die Waage ihr Tagesdomizil), aber geistvoller und übersinnlicher, die Aphrodite der idealen Liebe, des Schönen und Gerechten, die beschützende Aphrodite der Künste. „Hier ist alles nur Ordnung und Schönheit, Luxus, Ruhe und Genuss."

Traditionsgemäß wird der Waage der Freitag zugeordnet, die Farben Blau, Grün und Pastellrosa. Ihr Parfum ist die Rose, die gleichzeitig auch Ihre Pflanze ist, ebenso die Lilie. Ihr Metall ist das Kupfer, Ihr Edelstein kein geringerer als der Diamant. Die Tradition ordnet Ihnen die Zahlen 7, 15 und 16 zu.

Waage, wer sind Sie?

Physisch gesehen verleiht Ihnen Venus, Ihr Planet, ein angenehmes Äußeres und ein wohl proportioniertes Gesicht. Ihre Haut ist eher feucht und sehr empfindlich. Oft sind Waage-Frauen auffallend hübsch und gepflegt. Sie haben ein gemischtes, sanguinisch-nervöses Temperament (Sie sind ein Doppelzeichen und man findet bei Ihnen immer wieder diese Ambivalenz). Sie gehören entweder dem sentimental-extrovertierten Typus an, bei dem die gesellige, wohlwollende, optimistische Venus aus Ihnen ein charmantes Wesen mit zahlreichen gesellschaftlichen und freundschaftlichen Kontakten macht ... Oder Sie gehören zum sentimental-introvertierten Typus, dem Saturn Bescheidenheit und Zurückhaltung auferlegt, mit weniger Freundschaften, die dafür aber umso tiefer gehen. Dies führt ebenfalls dazu, dass Sie unter der Maske unfehlbarer Höflichkeit (ähnlich wie bei den weisen Chinesen) Gefühle verbergen, die weniger oberflächlich sind.

In beiden Fällen sind Sie sensibel und empfindlich. Der französische Autor, die Waage Alain-Fournier, schreibt: „Das Glück ist eine furchtbare Sache."

Sie haben einen ausgeprägten Sinn für Gerechtigkeit und sind in gewisser Hinsicht geborene Schiedsrichter, wenn man bedenkt, dass Sie die außerordentliche Fähigkeit besitzen, beide Seiten einer Geschichte zu hören. Allerdings fällt es Ihnen gleichzeitig sehr schwer, eine Entscheidung zu treffen, sich für die eine oder andere Seite zu entschließen. Der Venuseinfluss gibt Ihnen einen ausgeprägten Sinn für Ästhetik.

Die Waage Oscar Wilde drückt diese Vorherrschaft des Schönen ganz klar aus: „Über Schönheit kann man nicht diskutieren; sie ist göttliches Recht. Wer immer sie besitzt, wird zum Prinzen." Sie wollen gefallen und sind sehr liebebedürftig. Das macht Ihnen kaum Schwierigkeiten, da Sie äußerst charmant sind und Sympathie ausstrahlen. Sie sind schrecklich sentimental, haben eine sehr hohe Vorstellung von der Liebe und sind überzeugt, dass sich unsere Existenz hauptsächlich um die Liebe dreht.

„Die Liebe wie ein Taumel, wie ein Opfer und wie das letzte Wort alles Seins", sagt Alain-Fournier. Sie lieben die Kunst (Theater, Musik, Malerei). Sie schätzen sie, auch wenn Sie nicht selbst künstlerisch tätig sind oder sie als Hobby betreiben aus reinem Vergnügen. Aber Sie sind oft künstlerisch talentiert und selbst schöpferisch tätig. Sie hassen die Einsamkeit und sind ein ausgesprochener Salonlöwe. Der Dialog mit Ihrer Umwelt ist für Sie von größter Bedeutung. Da Sie Taktgefühl haben und sich diplomatisch und versöhnlich zeigen, sind Sie in Gesellschaft sehr gefragt, auch wegen Ihrer Umgänglichkeit und Ihres Wohlwollens, das bei Ihnen ganz natürlich ist.

Nichts hassen Sie mehr als lautstarke Diskussionen und Aufsehen. Sie empfinden die Abwesenheit von Harmonie als eine Form von Aggression und leiden darunter. Sie wollen dann so schnell wie möglich wieder den Frieden herstellen und sind zu Kompromissen bereit, die Sie mit einer gewissen Leichtfertigkeit akzeptieren. Daher werden Sie oft von leidenschaftlichen, aber starrsinnigen Gesprächspartnern, wie Skorpionen oder Steinböcken, die Ihre Friedfertigkeit um jeden Preis nicht verstehen, für opportunistisch und oberflächlich gehalten.

Ihre Intelligenz

Sie ist subtil. Vergessen wir nicht, dass Sie ein Luftzeichen sind. Treffend ist der Ausspruch der Waage Heidegger, der schreibt: „Alles sinnende Denken ist ein Dichten, alle Dichtungen aber ein Denken." Ihre Intelligenz will frei sein von jeglicher Leidenschaft, will in gewisser Weise alles Menschliche eliminieren. Wie die Waage Oscar Wilde sagt: „Eine Sache ist nicht unbedingt wahr, weil ein Mensch für sie stirbt." Oder wiederum Heidegger: „Das Wesen der Wahrheit ist die Freiheit." Sie haben Sinn für Dialektik und können wunderbar mit Widersprüchen umgehen, sie miteinander versöhnen und überwinden. Es ist kein Zufall, dass eine ganze Reihe von Philosophen unter Ihrem Tierkreiszeichen geboren wurden: Ihr Geist hat ständig die Tendenz, Beziehungen herzustellen, Assoziationen zu knüpfen, voneinander abweichende Meinungen abzuwägen und sie durch Gegenüberstellung zu verbinden. Der sowjetische Gelehrte Pawlow, ebenfalls eine Waage, beschreibt, wie man es nicht besser könnte, in seiner Reflextheorie die assoziative Intelligenz des Zeichens. Ihre Qualitäten sind also zahlreich: Geselligkeit, Menschenfreundlichkeit, Ausgeglichenheit, Toleranz, sehr offene Intelligenz und Raffinesse.

Als Ihre Schwachstellen könnte man eine gewisse Willensschwäche, einen Hang zum Luxus, zur Bequemlichkeit und ganz allgemein zu den guten Dingen des Lebens anführen, die Sie bis zum Exzess betreiben können. „Nach einem guten Essen", schreibt Oscar Wilde mit Humor, „könnte man jedem vergeben, selbst den eigenen Verwandten!" Ein gewisser Mangel an Ernsthaftigkeit sowie Opportunismus, Lauheit und Zögern, Unbeständigkeit, manchmal eine überspannte Geziertheit, eine leichte Tendenz zum Dandyismus und zur Dekadenz zählen ebenfalls zu Ihren Fehlern – wenn dies welche sind. „Es ist albern", sagt Oscar Wilde, „Menschen in gut und schlecht einzuteilen; Menschen sind entweder langweilig oder charmant."

Sie und die Liebe

Sie sind für die Liebe geschaffen wie der Fisch für das Wasser. Allein durch die Liebe blühen Sie auf, und sie ist der Kern Ihres Lebens. Und zwar in so hohem Maße, dass sich Ihr gesamtes Schicksal an Ihren sentimentalen Beziehungen, an Ihren Bindungen oder Scheidungen orientiert. Was übrigens Scheidungen angeht, so kann man sagen, dass dieser Bruch für Sie mehr als für sonst jemanden mit einer Naturkatastrophe gleichzusetzen ist. Dann scheint der Boden unter Ihren Füßen nachzugeben, denn die Ehe ist der Dreh- und Angelpunkt Ihres Lebens. Sie sind unheilbar sentimental. Um glücklich zu sein, Herr und Frau Waage, muss Ihr Partner Ihre heikle Gefühlswelt verstehen und auch Ihr Streben nach der idealen Liebe schätzen können. Sie werden sich zweifellos am besten mit dem Wassermann verstehen, der wie Sie ein Geistesmensch und ein Idealist ist. Mit dem schelmischen und geistvollen Zwilling, ebenfalls ein Luftzeichen, werden Sie in Harmonie leben, denn für Sie beide wird der Kontakt zur Umwelt an der Tagesordnung sein. Wenn man bedenkt, dass Sie beide Doppelzeichen sind, kann man sich vorstellen, dass es diesem „Quartett" nie langweilig wird.

Der Widder, der Ihnen im Tierkeis gegenübersteht wird Ihnen, wenn Sie eine weibliche Waage sind, seine ganze übermännliche Dynamik bieten und die Odaliske, die Sie sind, glücklich machen.

Die Waage und die anderen Sternzeichen

Waage und Waage

Natürlich sind Sie sich ähnlich, aber das betrifft eben leider auch Ihre schlechten Eigenschaften. Ansonsten wären Sie ein ideales Paar. Aber Vollkommenheit kann

manchmal fast langweilig werden. Und vor lauter Harmonie können Sie auch nicht an Scheidung denken ... Ausweglos!

Waage und Widder

Er kommt jeden Tag aus dem Krieg zurück und Sie sind die zarte Soldatenbraut. Sie und Ihr Planet Venus und der Widder mit seinem Schutzherrn Mars sind die Verkörperung von Weibchen und Männchen, die totale Ergänzung.

Waage und Stier

Wenn Ihr Partner Hunger hat, dann haben Sie Appetit, wenn er trinkt, dann nippen Sie. Aber gemeinsam genießen Sie das Gute und das Schöne, jeder auf seine Art.

Waage und Zwilling

Eine ideale Verbindung zwischen diesen beiden Luftzeichen. Sie sind so geistig, dass Sie sich auch am Telefon lieben könnten. Und jeder wird dem anderen das letzte Wort überlassen.

Waage und Krebs

Sie würde ihn auf dem kalten Marmorboden lieben, wenn es nur ein wirklich schöner Marmor ist! Für ihn dagegen ist auch das schönste Bett nicht weich genug. Schade ...

Waage und Löwe

Zu Hause trifft man Sie beide fast nie an, denn Sie sind pausenlos unterwegs. Im Restaurant, auf Bällen, Partys und Festen. Und nach Ihnen beiden wird sich jedermann umdrehen, denn Sie sind immer elegant gekleidet – Sie mit besonderer Raffinesse und Ihr Löwe auffallend, oft dem letzten Schrei folgend.

Waage und Jungfrau

Eine ruhige Vollkommenheit. Nach 40 Jahren glücklichen Zusammenlebens wird dann die Jungfrau Bilanz ziehen und fragen: „War es nun aufregend oder nicht?"

Waage und Skorpion

Die sexuelle und die romantische Liebe. Ob Sie sich überzeugen lassen, dass ein Jahr auch aus 365 Nächten besteht? Aber Sie hassen Auseinandersetzungen und Streit und werden sich redlich bemühen.

Waage und Schütze

Es war so schön. Nur beim zweiten Mal war er schon nicht mehr da – und die Waage übrigens auch nicht!

Waage und Steinbock

In der Wirklichkeit sieht er auch das Böse, und Sie sehen es nicht. Und wenn er für seine strenge Wahrheit kämpft, werden Sie dies als einen Energieverlust betrachten und nicht verstehen.

Waage und Wassermann

Das Haus der Geselligkeit. Es ist ein Wunder, wenn in der Hochzeitsnacht nicht seine Freunde das Bett mitbelegen.

Waage und Fische

Der Fisch braucht eine Stunde, um Ihnen zu sagen, dass man ausgehen könnte. Sie brauchen dann zwei Stunden, um sich zu entscheiden, was Sie anziehen sollen.

Ihre Gesundheit

Ihre Konstitution ist nach der astrologischen Tradition robust. Aber wie jedes Zeichen haben auch Sie schwache Punkte, die geschont werden müssen. Es sind an erster Stelle die Nieren und die Harnwege sowie die Nebennieren, die Lenden und bei der Frau die Eierstöcke. Nierensteine und Hexenschuss können Ihnen zu schaffen machen. Durch die Einwirkung des Widders, der Ihnen im Tierkreis gegenübersteht, können in diese Liste noch Kopf, Augen, Hirn und Hirnhaut einbezogen werden (Vielleicht neigen Sie zu Schlaflosigkeit und Kopfschmerzen).

Wenn Sie nicht zu sehr Ihrer natürlichen Neigung zum Essen frönen, werden Sie Ihre empfindlichste Stelle, nämlich die Nieren, zu schonen wissen.

Ihre Berufung

Ihre Berufung liegt vor allem auf künstlerischem Gebiet. Ihnen liegen Berufe, die in irgendeiner Beziehung zur Kunst stehen, wie Kino, Theater, Musik, Malerei und Tanz. Oder aber mit Schönheit zu tun haben, wie Innenarchitektur, Haarkunst (Friseurhandwerk), Parfümerie, Mode (Mannequin, Modellschneider) und Kosmetik. Man findet unter Ihnen auch eine ganze Reihe von Philosophen, Mathematikern und Wissenschaftlern, da Ihre intellektuellen Fähigkeiten oft sehr entwickelt sind. Ebenso Rechtsanwälte und juristische Berufe (vergessen wir nicht, dass die Waage das Symbol der Gerechtigkeit ist).

Ihr Schicksal

Venus sollte Ihnen an und für sich Ihr Leben ziemlich leicht machen und zwar in dem Sinne, dass sie Ihnen Gelegenheiten bietet, die Sie nur noch ergreifen müssen. Das Glück spielt bei Ihnen häufiger eine Rolle als der Verdienst und zeigt sich oft in Verbindung mit Liebe und Ehe. Versäumen Sie nicht Ihr Rendezvous, wenn Ihnen das Glück winkt, denn Nachlässigkeit oder mangelnder Wille könnten dazu führen, dass Sie daran vorbeigehen.

Berühmte Waagen

Mahatma Gandhi, Franz von Assisi, Henri Bergson, Friedrich Nietzsche, Martin Heidegger, Friedrich Engels, Richard Cromwell, Louis-Philippe, Eisenhower, Hindenburg, Juan Peron, Pierre Trudeau, Ben Gurion, Papst Paul VI., Heinrich von Kleist, William Faulkner, T. S. Eliot, Truman Capote, Oskar Wilde, Günter Grass, Arthur Rimbaud, Arthur Miller, Gershwin, Verdi, John Lennon, Udo Jürgens, Bruce Springsteen, Ray Charles, Julio Iglesias, Bryan Ferry, Jerry Lee Lewis, Sting, Peter Tosh, Chris de Burgh, Cliff Richard, Ruggiero Raimondi, Montgomery Clift, Marcello Mastroianni, Roger Moore, Yves Montand, Heinrich George, Brigitte Bardot, Rita Hayworth, Jean Harlow, Liselotte Pulver, Anita Ekberg, Kaiserin Farah, Daliah Lavi, Cathérine Deneuve.

Ihre Sterne 2000

1. Dekade (23. September bis 3. Oktober)

Sie gehören auch im Jahr 2000 zu den großen Favoriten der Sterne und speziell ab Juli kündigt sich eine echte Glückssträhne an. Jupiter verwöhnt Sie mit tollen Erfolgschancen und einigen gelingt ein wahres Meisterstück.

Dazu kommt für die zwischen dem 25. und 29. Geborenen der harmonische Neptun (sehr selten, nur etwa alle 26 Jahre), der eine gesteigerte Kreativität, Interesse für neue Wissensgebiete und eine Erweiterung Ihres Bewusstseins bewirkt. Oder beginnen Sie vielleicht eine künstlerische Tätigkeit oder lernen den idealen Partner kennen?

Das neue Jahr beginnt mit kleinen Missverständnissen und in der ersten Januarwoche sind Sie ziemlich zerstreut. Ab Mitte Januar läuft es besser, Sie knüpfen interessante neue Kontakte an, beginnen erfolgreiche Projekte und finden Anklang mit Ihren Ideen. Nach einer neutralen Phase bis Mitte April, kommt es zwischen dem 13. und 19. April und in der ersten Juniwoche wieder zu einigen Verspätungen (z. B. bei Ihrer Post oder auf Reisen). Im Mai hingegen kommen Sie gut voran, sind dyna-

misch und tatkräftig (in den ersten beiden Wochen) und beruflich erfolgreich nach dem 14. Wichtige Verhandlungen, Bewerbungen, den Abschluss eines Vertrages sowie eine Reise sollten Sie möglichst zwischen dem 14. und 19. einplanen.

Ab Anfang Juli nimmt Sie Jupiter unter seine Fittiche und bis Ende August haben Sie alle Trümpfe in der Hand, um einen Volltreffer zu landen. Gewinn bringende Investitionen, ein positiver Bescheid (von Ihrer Bank, von einer Behörde, eine Nachzahlung), eine Beförderung oder ein neuer Posten? Was auch immer Sie beginnen, verspricht im November und Dezember exzellente Resultate, denn in der zweiten Jahreshälfte winkt eine echte Erfolgssträhne. Besonders günstig für neue Vorhaben (unter anderem neue berufliche Partnerschaften oder die Gründung der eigenen Firma) werden die letzte Juliwoche, die Tage vom 7. bis 12. August, die letzte Novemberwoche und die Tage vom 3. bis 10. Dezember. Nur in der letzten Dezemberwoche ist ein wenig Sand im Getriebe und Sie handeln voreilig ...

Wenn Sie zwischen dem 25. und 29. Geburtstag haben, bieten sich ebenfalls gute Aufstiegschancen und Ihr Wirkungsbereich erweitert sich. Sie handeln instinktiv richtig und beweisen manchmal fast einen sechsten Sinn, haben eine feine Spürnase für gute Geschäfte und Gewinn bringende Projekte. Besonders Erfolg versprechend sind folgende Perioden: der 20. bis 24. Januar, Mitte April, der 17. bis 26. Mai, die letzte Juli-woche (!), der 8./9. August und der 10./11. September, die letzte Novemberwoche und die erste Dezemberwoche. Während dieser genannten Tage haben Sie alle Chancen auf Ihrer Seite und können einen schönen Erfolg verbuchen.

Das neue Jahr steht außerdem im Zeichen der Liebe und neuer Freundschaften. Vor allem im Juli/August und im November/Dezember geht für einige ein lang ersehnter Wunschtraum in Erfüllung und in einigen Fällen sind Heirat, Nachwuchs oder eine schicksalhafte Begegnung nicht ausgeschlossen. Sie gewinnen außerdem die Sympathien neuer Freunde und neue gesellschaftliche Privilegien.

Die schönsten Perioden des Jahres sind: die erste Januarwoche, die zweite Februarhälfte, die letzte Maiwoche, die Tage vom 13. bis 21. Juli (!), die erste Septemberwoche, die zweite Oktoberhälfte und die zweite Dezemberwoche (!). Venus verspricht aufregende Begegnungen, unvergessliche Feste und Sie sind der strahlende Mittelpunkt.

Besonders die zwischen dem 25. und 29. September Geborenen sind im siebten Himmel. Neptun symbolisiert schicksalhafte Begegnungen für Singles, und bestehende Beziehungen erreichen ein höheres Niveau, oft verbunden mit einer großen inneren Bereicherung.

Sie sind in den kommenden Monaten in gesundheitlicher Hinsicht wirklich zu beneiden, da praktisch das ganze Jahr hindurch nur positive Einflüsse wirksam sind. Mars beflügelt Ihre Energien in den ersten beiden Maiwochen, in der ersten Augusthälfte und auch im November sind Sie in Bestform. Dazu kommt ab Juli der harmonische Jupiter, der Ihre Vitalität verstärkt und Ihnen ein unerschütterliches Selbstvertrauen und eine optimistische Grundhaltung verleiht. Im Falle einer Krankheit oder chronischer Beschwerden bestehen außerdem gute Chancen, dass neue Heilmethoden oder neue Medikamente besonders gut anschlagen.

Nützen Sie vor allem folgende Perioden: die erste Augusthälfte und die ersten drei Novemberwochen.

Wenn Sie zwischen dem 25. und 29. Geburtstag haben, trägt Ihre seelische Ausgeglichenheit dazu bei, dass Sie sich besser denn je fühlen. Außerdem entdecken Sie Ihr Interesse für neue Disziplinen (z. B. fernöstliche Sportarten, wie Tai Chi oder Yoga, tibetanische Gymnastik) und dies stärkt ebenfalls Ihre Abwehrkräfte. Die Bilanz: Ein exzellentes Jahr zeichnet sich ab und Sie fühlen sich oft wie neugeboren ...

2. Dekade (3. bis 13. Oktober)

Ein Superjahr! Auch die Waagen der 2. Dekade sind zu beneiden, denn 2000 wird für viele eines der besten Jahre seit langem, das ganz im Zeichen großer positiver Veränderungen steht. Die beiden „langsamen" Planeten Pluto und Uranus wirken das ganze Jahr hindurch günstig und signalisieren eine radikale und Erfolg versprechende Wende in Ihrem Leben.

Die Geburtstage zum Beginn der Dekade (vor dem 6. Oktober) ändern sich grundlegend, oft bedingt durch kollektive Ereignisse oder äußere Umstände (z. B. einen Umzug der Firma oder eine neue Hierarchie), und in einigen Fällen beginnt ein völlig neuer Abschnitt in Ihrer Karriere oder im privaten Bereich.

Wenn Sie hingegen zum Ende der Dekade geboren sind (nach dem 8. Oktober), symbolisiert Uranus eine radikale Umstellung, die ebenfalls sehr positiv für Sie ist, beruflich und/oder privat. Unerwartete Ereignisse führen dazu, dass Sie völlig neue Wege gehen (ein neuer Job, ein neuer Posten oder ein Neubeginn im privaten Bereich?).

Für die gesamte Dekade beginnt das Jahr ein wenig hektisch und bis zum 12. Januar sind Missverständnisse, Verzögerungen (in Ihrer Post, verschobene Termine usw.) an der Tagesordnung. In der letzten Januarwoche und in den ersten Februartagen (bis zum 9.) wendet sich das Blatt, und Sie haben die Lage wieder gut unter Kontrolle. Wichtige Verhandlungen, eine Reise oder schritliche Arbeiten (z. B. Ansuchen oder Bewerbungen) sollten Sie möglichst in der letzten Februarwoche einplanen. Weitere günstige Phasen für berufliche Kontakte oder den Abschluss eines Vertrages sind: der 19. bis 24. April, 19. bis 24. Mai, die erste Augusthälfte, der 14. bis 21. September und die zwei ersten Dezemberwochen.

Mit (kleinen) Komplikationen, Verspätungen oder Missverständnissen müssen Sie hingegen vorwiegend vom 6. Juni bis Ende Juli rechnen. Sie sind zerstreut und han-

deln manchmal voreilig (speziell in den ersten zwei Juliwochen), und Probleme auf Reisen sind ebenfalls möglich.

Auf dem Gefühlssektor zeichnen sich im Laufe des Jahres ebenfalls große Umwälzungen ab, die aber ganz in Ihrem Sinne sind. Die vor dem 5.Oktober Geborenen werfen überflüssigen Ballast ab und einige erleben eine echte Sternstunde. Eine bereits bestehende Bindung erreicht ein höheres Niveau, und Singles könnten den idealen Partner kennen lernen. Dazu kommt außerdem im September und im Oktober der harmonische Einfluss von Jupiter und alle Hoffnungen sind erlaubt (Heirat oder ein Baby?). Besonders interessant werden folgende Perioden: die Tage um den 9. Januar, Ende Februar, Mitte April, Anfang Juni, die Tage um den 21. Juli, September und Oktober (!) und Mitte Dezember. Neben Pluto (und Jupiter im September/Oktober) steht Ihnen auch Venus zur Seite und Sie sind im siebten Himmel. Während dieser genannten Perioden könnte ein lang ersehnter Wunschtraum in Erfüllung gehen!

Auch die nach dem 7. Geborenen erleben eine radikale Wende, eine Riesenüberraschung. Uranus bringt oft einen Glück versprechenden Neubeginn (Liebe auf den ersten Blick oder ein unerwartetes Wiedersehen?). Besonders aufregend werden folgende Perioden: die Tage um den 12. Januar, Anfang März, Ende Juli, Mitte September, Anfang November und die Tage um den 23. Dezember. Venus und Uranus versprechen eine tolle Überraschung und Sie schweben wie auf Wolken dahin.

Für die gesamte Dekade wirkt Venus während der folgenden Perioden harmonisch und beschert Ihnen glänzende Laune, Spaß und Vergnügen: vom 8. bis 16. Januar, 26. Februar bis 5. März, 2. bis 10. Juni, 21. bis 29. Juli, 8. bis 16. September, 27. Oktober bis 4. November und 16. bis 25. Dezember.

Zu (kleinen) Unstimmigkeiten könnte es hingegen zwischen dem 1. und 10. Februar, vom 27. Juni bis 5. Juli und in der letzten Novemberwoche kommen. Sie sind weniger gesellig, ziehen sich ein wenig aus dem Trubel zurück und der Partner (oder Sie

selbst?) haben das Gefühl, das fünfte Rad am Wagen zu sein. Aber mit Ihrem sprich-wörtlichen Charme und mit der Unterstützung von Pluto, Uranus und Jupiter bügeln Sie eventuelle Minikrisen geschickt aus und Ihre Jahresbilanz sollte exzellent aus-fallen!

Gesundheitlich sind Sie praktisch das ganze Jahr hindurch in Hochform und vor allem die vor dem 6. und nach dem 8. Oktober Geborenen erleben einen äußerst positiven Wandlungsprozess, der sich auch auf Ihren Metabolismus auswirken könnte und Ihr Immunsystem verstärkt. Speziell die Geburtstage zum Beginn der Dekade (vor dem 6. Oktober) haben die Möglichkeit, sich vollkommen zu regenerieren. Im September und im Oktober sind die Chancen optimal, um neue Heilverfahren oder neue Medika-mente erfolgreich einzusetzen, falls Sie an chronischen Beschwerden leiden. Viel-leicht tragen auch neue Hobbys (Tennis, Tanz, Golf usw.) und neue Disziplinen (wie Yoga oder fernöstliche Gymnastik) dazu bei, dass Sie sich besser denn je fühlen.

Die besten Perioden für die gesamte Dekade sind: die zweite Maihälfte, die zweite Augusthälfte, September, Oktober und die Phase vom 20. November bis 6. Dezem-ber. Denn Mars spornt Sie zu Glanzleistungen an und verleiht Ihnen zusätzliche Ener-gieschübe.

Lediglich Ende Februar, in der ersten Märzwoche und in den ersten beiden Juliwochen sollten Sie etwas vorsichtiger sein und jedes unnötige Risiko vermeiden (unter ande-rem auf den Strassen, im Haushalt oder im Umgang mit gefährlichen Gegenständen).

3. Dekade (13. bis 23. Oktober)

In den ersten Wochen des Jahres (bis Mitte Februar) steht Jupiter in Opposition zu Ihrer Dekade und dies bedeutet in den meisten Fällen finanzielle Komplikationen, Ärger mit einer Behörde (Finanzamt?) oder mit Vorgesetzten. Sie handeln leichtsinnig

und oft könnten Entscheidungen vom vergangenen Juni jetzt Konsequenzen haben, und Sie werden zur Kasse gebeten.

Besonders die Periode zwischen dem 10. und 20. Januar könnte kritisch werden und Sie sollten wichtige Entscheidungen (z. B. größere Anschaffungen, Investitionen) möglichst mit Ihrem Partner besprechen!

Anschließend bessert sich die Lage ein wenig und der Rest des Jahres dürfte relativ ruhig verlaufen: In den meisten Fällen dürfte es beim Status quo bleiben und größere Probleme sollten Ihnen erspart sein.

Ihre besten Perioden sind: die letzte Maiwoche, die Tage vom 12. bis 22. August, die letzte Septemberwoche und die Woche vom 16. bis 23. Dezember. Merkur steht Ihnen zur Seite, und Sie sind schlagfertig und kontaktfreudig, beginnen Erfolg versprechende neue Projekte (unter anderem schriftliche Arbeiten, Reisen, Verträge) und finden Anklang mit Ihren Ideen.

Zu Verzögerungen oder Missverständnissen kann es hingegen verstärkt in der Woche vom 12. bis 18. Januar, in der letzten Aprilwoche und in der ersten Augustwoche kommen. Sie können sich nur schwer konzentrieren und aufgrund Ihrer Zerstreutheit könnten Ihnen ärgerliche Fehler unterlaufen.

Auch im privaten Bereich geht es zu Beginn des Jahres drunter und drüber. Sie feiern die Feste wie sie fallen, ganz nach dem Motto: nach mir die Sintflut. Zwischen dem 16. und 24. Januar sind Sie ausgelassen und mit Ihrem Charme wickeln Sie alle um den Finger. Bis Mitte Februar stehen einige vor einer schwierigen Wahl und in den Tagen vom 10. bis 18. Februar könnte es zu hitzigen Auseinandersetzungen kommen.

Anfang März verziehen sich die Wolken wieder und vom 5. bis 13. sind Sie der strahlende Mittelpunkt des Geschehens. Man liegt Ihnen zu Füßen, Sie finden schnell Anschluss und amüsieren sich glänzend. In der letzten Aprilwoche könnte es wieder zu

Unstimmigkeiten kommen. Vielleicht flirten Sie zu ungehemmt und Ihr Partner bekommt dies in die falsche Kehle? Oder Sie gehen auf Shopping-Tour und Ihre Kreditkarte sitzt mehr als locker? Auch zwischen dem 5. und 13. Juli hängt bei einigen der Haussegen schief, und in der ersten Dezemberwoche schmollt Venus ebenfalls und Sie fühlen sich wie das fünfte Rad am Wagen ...

Sehr angenehm werden hingegen folgende Perioden: Zwischen dem 10. und 18. Juni, in der ersten Augustwoche, zwischen dem 16. und 24. September, vom 4. bis 13. November und in der letzten Dezemberwoche sind Sie verführerischer und charmanter denn je und niemand kann Ihnen widerstehen. Sie verbringen unvergessliche Momente zu zweit und schöne Stunden im Kreise Ihrer Freunde. Gehen Sie aus (ins Konzert, ins Theater, auf ein Fest) oder organisieren Sie selbst ein Fest!

In den ersten drei Monaten schlagen Sie ganz schön über die Stränge und Jupiter (bis Mitte Februar) und Mars (im März) verleiten Sie zu leichtsinnigen Reaktionen (z. B. am Steuer, auf den Skipisten, im Haushalt), die ins Auge gehen könnten. Vielleicht trauen Sie sich körperlich auch zu viel zu und Ihr Organismus rebelliert dagegen?

Ab April sollte es etwas besser laufen und speziell in den ersten zwei Juniwochen, in der ersten Septemberhälfte und zwischen dem 6. und 23. Dezember stimuliert Sie Mars zu Höchstleistungen und verleiht Ihnen zusätzliche Energien.

Vorsichtig sollten Sie hingegen auch in der zweiten Julihälfte sein und voreilige (Überhol?)Manöver tunlichst vermeiden! Sie sind nervös und leicht reizbar, und Ihre Abwehrmechanismen funktionieren weniger gut als sonst. Vielleicht sind Sie auch anfälliger für Entzündungen oder Verletzungen (Zerrungen, Verstauchungen etc.) und sollten besonders auf der Hut sein, wenn Sie Sport betreiben! In den ersten drei Dezemberwochen steht Ihnen Mars wieder zur Seite und Sie tanken neue Kräfte, sind voller Energie und Lebensfreude. Ihre Jahresbilanz sollte vorwiegend positiv ausfallen und Sie können sich kaum beklagen ...

Ihre Sterne 2001 bis 2005

Sie gehören in den ersten Jahren des neuen Jahrtausends zu den großen Favoriten der Sterne und äußerst positive Umwälzungen und Veränderungen kündigen sich an.

Die Oktober-Waagen können Pluto eine große Wende im Leben verdanken: Alte Strukturen werden zerstört und ein viel versprechender Neubeginn zeichnet sich ab. Da Pluto einen langen Umlaufzyklus hat (mit 248 Jahren ist er der langsamste Planet unseres Sonnensystems), sind bis Ende 2003 die Geburtstage der 2. Dekade davon betroffen, und 2004 und 2005 die zwischen dem 13. und 18. Oktober Geborenen.

Neptun verspricht eine gesteigerte Kreativität, künstlerische Erfolge oder neue Interessen (z. B. für humanitäre Einrichtungen, Religion oder Grenzwissenschaften) und neue Wirkungsbereiche. Vielleicht begegnen Sie auch dem idealen Partner, erreichen in einer bestehenden Beziehung ein höheres Niveau? Wenn Sie zwischen dem 27. September und 4. Oktober geboren sind, spüren Sie diesen Einfluss von Anfang 2001 bis Ende 2002, die zwischen dem 4. und 8. Oktober Geborenen in den Jahren 2003 und 2004, und die zwischen dem 6. und 10. Geborenen im Jahr 2005.

Die Geburtstage der 3. Dekade können von 2001 bis Ende 2003 mit dem harmonischen Einfluss von Uranus rechnen, der eine radikale und positive Veränderung bringt. Völlig unerwartet bieten sich tolle Erfolgschancen an und in einigen Fällen bedeutet dies einen echten Karrieresprung (oft bedingt durch unerwartete Ereignisse, wie beispielsweise einen Wechsel am Arbeitsplatz, einen Ortswechsel oder

eine plötzliche Beförderung). Auch in Ihrem Gefühlsleben kann es zu einer überraschenden Wende kommen: Liebe auf den ersten Blick? Ein überraschendes Wiedersehen? Oder ebenfalls ein Neubeginn in einer bereits bestehenden Beziehung?

Dazu kommt (für alle Waagen) ein günstiger Saturneinfluss, der vom Frühling 2001 bis Sommer 2003 eine allgemeine Stabilisierung verspricht. Sie können Ihre Position nicht nur festigen, sondern weiter ausbauen, und man betraut Sie mit interessanten neuen Aufgaben. Nur zwischen Juni 2003 und Juli 2005 wirkt Saturn störend und symbolisiert Hindernisse, Restriktionen oder Komplikationen, und Sie sind in Ihrem Aktionsradius etwas eingeschränkt.

Jupiter wiederum sorgt für eine Glückssträhne in der ersten Jahreshälfte 2001 und zwischen August 2002 und August 2003. Von September 2004 bis Oktober 2005 kehrt dieser Glücksplanet nach 12 Jahren wieder in Ihr Sternzeichen zurück und verspricht Entfaltung und Erfolg. Während all dieser Perioden haben Sie alle Trümpfe in der Hand, um ein großes Vorhaben zu verwirklichen, das Ihnen seit langem am Herzen liegt. Vielleicht gründen Sie Ihr eigenes Unternehmen? Oder Sie beginnen eine Erfolg versprechende berufliche Partnerschaft? Vielleicht bietet sich auch ein neuer Posten, ein neuer Job an? Auch im privaten Bereich sind alle Hoffnungen erlaubt (Heirat, Verlobung oder Nachwuchs sind nicht ausgeschlossen).

Nur zwischen Juli 2001 und August 2002 wirkt Jupiter störend und Komplikationen mit Behörden, Ihrer Bank oder Ihrem Chef sind zu erwarten. Aber die außergewöhnlich günstige Konstellation von August 2002 bis Juni 2003 (alle fünf langsamen Planeten wirken gleichzeitig günstig!) sollte eine echte Erfolgssträhne bedeuten und Sie können Ihren Vorsprung weiter ausbauen.

Bilanz: Die positiven Einflüsse sind in den fünf kommenden Jahren bei weitem in der Überzahl und Ihre Jobperspektiven sind exzellent, oft verbunden mit unvergesslichen Ereignissen auf dem privaten Sektor!

Skorpion

vom 24. Oktober
bis 22. November
Ihr Motto:
„Ich begehre"

Typisch Skorpion

Im jährlichen Zyklus folgt Ihr Tierkreiszeichen auf das Fallen der Blätter, das die Waage begleitet, die den Zustand kosmischen Gleichgewichts darstellt. Es leitet die Jahreszeit der Auflösung ein. Der Zersetzungs- und Verwitterungsprozess und ein tief gehender Wechsel beginnen. Die Natur scheint sich im Hinblick auf eine spätere Wiedergeburt in sich selbst zurückzuziehen. Der unvermeidliche Tod vor der unvermeidlichen Wiederauferstehung des Frühlings. Pluto ist Ihr Planet, auch Hades genannt, der Gott der Unterwelt, der im astrologischen Symbolismus den Zwiespalt zwischen Gut und Böse darstellt. Er bewirkt, dass Sie, Skorpion, zum Besten und auch zum Schlechtesten fähig sind. Er gibt Ihnen eine außergewöhnliche Menge an Energie, die Sie unbedingt anwenden müssen, da Sie ansonsten durch den Druck der inneren Spannungen explodieren oder eher implodieren müssten. Pluto bedeutet: primitive Instinkte, das kollektive Unbewusste. Jung sagt: „Der zivilisierte Mensch schleppt den Schwanz eines Dinosauriers hinter sich her." Pluto bedeutet auch: tief gehende Umwandlungen, unendliche Möglichkeiten der Wiedergeburt, der Regeneration und der Weiterentwicklung. Pluto – das bedeutet Sex und Tod: diese beiden Achsen, um die sich Ihre Psyche dreht.

Zum Tod schreibt der Skorpion Selma Lagerlöf: „Wohin geht der Weg, wenn Freiheit die Seele errang, wird durch die Nacht des Todes zum Lichte sie dringen? Kein Geist sagt dem anderen, wie dort es wird sein, denn über die Schwelle des Todes geht jeder allein."

Sie sind ein Wasserzeichen. Das bedeutet, dass Ihre Reaktionen emotional sind. Sie sind ein fixiertes Zeichen, d. h. Sie zeigen Beständigkeit in Ihrer Art zu leben, zu denken, zu fühlen. Traditionsgemäß ist Ihr Tag der Dienstag, Tag des Mars (der bis zur Entdeckung von Pluto im Jahre 1930 Ihr Planet war). Ihre Farben sind Rot und Schwarz, Ihr Parfum ist das Heidekraut und Ihre Pflanze die Distel. Das Metall, das Ihnen zugeordnet wird, ist das Eisen; Karneol und Topas sind Ihre Steine; Ihre Zahlen sind die 8 und die 10.

Skorpion, wer sind Sie?

Körperlich sind Sie eines der markantesten Zeichen des Tierkreises. Man erkennt Sie zuerst an Ihren Augen, die intensiv beziehungsweise magnetisch, im Allgemeinen dunkel, eher rund und tief liegend sind und manchmal eng beieinander stehen. Das Gesicht ist quadratisch oder rechteckig, mit stark betonten Kiefern und vorstehenden Wangenknochen. Der Oberkörper ist oft besser entwickelt als die Beine, Ihr Rumpf ist ausgeprägt. Sie, Frau Skorpion, haben oft geheimnisvolle Gesichtszüge und stellen den typischen Vamp des Tierkreises dar. Sie gleichen dem Feuer, das unter der Asche schwelt. Sie haben ein leicht reizbares, leidenschaftliches Temperament mit heftigen instinktiven Trieben. Sie sind gierig in jeder Beziehung: auf dem Gebiet des Instinktes sowie auf dem der Seele und auf dem des Geistes. Sie haben den Teufel im Leib, aber das zeigt sich nicht immer, denn Sie sind außerordentlich verschlossen, fast heuchlerisch. Sie sind von Stolz oder Scham gequält, oder von beiden gleichzeitig, und auch von Ihrer Geheimnistuerei. Sie lieben das Geheimnis und haben das

Bedürfnis, selbst die nichts sagendsten Dinge zu verbergen, was Ihre Umgebung oft verwirrt.

Sie sind aufgewühlt. Der Skorpion Paul Valéry schreibt: „Wind kommt auf, versuchen wir zu leben." Sie sind ehrgeizig, aggressiv, kämpferisch und mutig. „Kühnheit, Kühnheit und noch einmal Kühnheit!" sagt der Skorpion Danton, eine wichtige Persönlichkeit der französischen Revolution. Hitzköpfig, wie Sie sind, lieben Sie den Kampf als solchen ... „Der Kampf um die Gipfel genügt, eines Menschen Herz auszufüllen", sagt ein anderer Skorpion, Albert Camus.

Ein Hindernis ist für Sie eine Herausforderung: Wenn es aber keine Möglichkeit gibt, sich zu verteidigen (was Sie heftig tun), so zögern Sie nicht, zum Angriff überzugehen. Kritisch, oft unverschämt und systematisch verneinend (Luzifer ist der Neinsager), stellen Sie ständig Gott und die Welt in Frage. Aus der Sicht des Skorpions Friedrich Schiller sieht die Welt so aus: „In der ganzen Geschichte der Menschen ist kein Kapitel unterrichtender für Herz und Geist als die Annalen ihrer Verirrungen." Sie sind ein Mensch der Tat, des Handelns, der Aktion – sogar was das geistige Leben betrifft: Der Skorpion Rama-Krishna sagt: „Durchschnittsmenschen reden stundenlang über Religion, handeln aber nicht eine Sekunde lang dementsprechend. Der Kluge spricht wenig, sein ganzes Leben aber ist eine in die Tat umgesetzte Religion."

Sie blühen regelrecht auf, wenn Sie in Aktion sind. Man hat Sie besser zum Freund als zum Feind. Sie sind entschieden parteiisch und heftigen Sympathien und Antipathien ausgesetzt. Sie mögen etwas oder Sie mögen es nicht. Sie sind nicht für halbe Sachen. Das Wort der Bibel: „Weil du aber lau bist, werde ich dich ausspeien" passt genau auf Sie. Aber Sie verstehen es auf wunderbare Weise, Ihre Freunde zu verteidigen. Trotzdem: Hüten Sie sich vor Fanatismus, blinder und grundloser Auflehnung oder systematischer Rebellion! Sie können von ausgeklügelter Grausamkeit und ohne jedes Mitgefühl sein, wenn Sie ein dissonantes Horoskop haben. Sie sollten auf

alle Fälle mit Ihrer Umgebung weniger tyrannisch sein und nicht versuchen, alle anderen um sich herum zu beherrschen, auch wenn Sie das völlig normal finden!

Ihre Intelligenz

Alles Unbekannte und Okkulte, kurz alles Verborgene, fasziniert Sie. Sie lieben es, zu entdecken und auszugraben, wo Sie etwas Geheimnisvolles gespürt, gewittert haben. Ihr Geist ist schnell, scharfsinnig, fähig zu blitzschnellen Antworten und Entgegnungen. Wenn Sie sich auf irgendeinem Gebiet eine Meinung gebildet haben, ist es sehr schwer, Sie davon abzubringen. Und selbst wenn man Sie wunderbarerweise von etwas anderem überzeugen kann – schließlich sind Sie intelligent – werden Sie die Rolle des Advocatus Diaboli spielen, gegen jede Vernunft. Aber Sie werden es niemals zugeben. Sie haben verblüffende vorgefasste Meinungen, die Sie Ihrem, meist fassungslosen Gesprächspartner an den Kopf werfen. Den Gnadenstoß versetzen Sie ihm mit summarischen und definitiven Behauptungen, die keinen Widerspruch dulden.

Sie und die Liebe

Wie schon gesagt: Das Liebesleben hat bei Ihnen Vorrang. Sie haben auf diesem Gebiet größere Bedürfnisse als ein normal Sterblicher. Unnötig, sich deshalb schuldig zu fühlen: Es ist so!

Die Natur kommt Ihnen zu Hilfe, da Sie eine außergewöhnliche sexuelle Anziehungskraft ausstrahlen, die vielleicht weniger auffällig ist als die des eroberungsfreudigen Löwen oder der charmanten Waage, dafür aber umso intensiver. Außerdem haben Sie mehr als jedes andere Sternzeichen die Fähigkeit, Ihre Energie und Ihren Sexualinstinkt in Machthunger, intellektuelle Realisierungen, künstlerische Schöpfungen oder in geistige Vervollkommnung zu sublimieren. „Genie, oh lange Ungeduld", ruft Paul Valéry aus, dessen Schöpfung aus einem quasisexuellen Trieb hervorgeht. Wie dem auch sei, für Sie ist die Erotik sehr eng mit der Idee des Todes und der Aggressivität verbunden. Eros und Tanathos gehören unauflösbar zusammen. Dies ist die psychoanalytische Entdeckung eines Sigmund Freud, der sehr stark von Ihrem Zeichen geprägt war durch den Aszendenten im Skorpion. Liebe bedeutet für Sie Vernichtung, Leiden und Streit, und Ihre Liebesbeziehungen sind mehr oder weniger von Hassliebe geprägt. Ihnen, Frau Skorpion, verleiht dieser aggressive Trieb in der Liebe oft eine Ähnlichkeit mit der Gottesanbeterin, was aus Ihnen eine typische „femme fatale" macht, den mysteriösen und Männer verzehrenden Vamp. Skorpion oder Skorpionin, ideal sind für Sie als Partner Fische oder Krebs, die als ideale Komplizen Ihre Kriegsspiele in der Liebe erleiden werden. Denn im täglichen Leben wird aus dem Sinnspruch „Macht Liebe, keinen Krieg" bei Ihnen „Macht Liebe im Krieg!" Der Skorpion Friedrich Schiller schreibt: „Die Liebe wird leicht zur Wut in heftigen Naturen." Und wenn Ihr Partner Widder, Löwe oder Steinbock ist, könnte Blut fließen, da das Opfer nicht damit einverstanden ist. Mit dem Stier, mit dem Sie sich sexuell bestens verstehen, wird es stets Ambivalenzen zwischen den vitalen und optimistischen Kräften

dieses Frühlingszeichens und den verächtlichen zerstörerischen Kräften Ihres Zeichens geben! Aber Ares und Aphrodite sind hier vereint, und das ergibt die ideale „fleischliche" (körperliche) Ergänzung.

Der Skorpion und die anderen Sternzeichen

Skorpion und Skorpion

In vielen Fällen ein idealer Partner, bei dem Sie kaum Worte brauchen, da Blicke und Gesten ausreichen. Es grenzt fast an Telepathie. Sie spornen sich gegenseitig an, und jeder will den anderen übertreffen. Es ist, als wären Sie beide allein auf der Welt.

Skorpion und Widder

Die Wände Ihrer Wohnung sind am besten schalldicht, denn bei Ihnen fliegen die Teller. Sie und der Widder sind die aggressivsten Zeichen des Tierkreises, und dazu noch stolz und dickköpfig. Die Frage ist also: Wer gibt als erster nach oder wer geht als erster zugrunde? Trotzdem können Sie mit diesem Partner eine leidenschaftliche und aufregende, große Liebe leben. Denn nicht umsonst sind Sie echte Kämpfernaturen.

Skorpion und Stier

Dieses Zeichen steht Ihnen im Tierkreis genau gegenüber. Deshalb sind die Gegensätze zwischen Ihnen sehr groß, aber nicht unüberbrückbar. Auch wenn Ihnen der Stier manchmal zu ruhig ist, kommt Ihnen seine praktische Seite sehr gelegen. Und welch eine erotische Beziehung!

Skorpion und Zwilling

Diese Mischung geht nur selten gut, da Sie der oberflächliche Humor dieses Luftzeichens eher irritiert. Obwohl Sie beide neugierig sind und stundenlang diskutieren können, gehen Sie in zwei völlig verschiedene Richtungen.

Skorpion und Krebs

Auf ihn üben Sie fast eine magnetische Anziehungskraft aus, denn er ist von Ihrer geheimnisvollen und intelligenten Art fasziniert. Wenn Sie in Ihrem Sadomasochismus nicht zu weit gehen, kann er fast der ideale Partner sein. Allerdings neigt er dazu, Ihre spitzen Bemerkungen zu ernst zu nehmen. Wenn er sich dann in seinen Panzer zurückzieht, sollten Sie den ersten Schritt machen. Der treue Krebs wird es Ihnen zu danken wissen.

Skorpion und Löwe

Bei Ihren beiden starken Persönlichkeiten eine schwierige Verbindung. Was für Sie kompliziert ist, ist für den Löwen einfach und für Ihre Krisen hat er nur wenig Verständnis. Sie sind eher Gegner als Freunde, aber Sie haben großen Respekt voreinander. Und da keiner zurückweichen will, wird es ein dauernder Kampf sein.

Skorpion und Jungfrau

Man glaubt es kaum, aber Sie haben vieles gemeinsam, besonders Ihre kritische Intelligenz und Ihre Gründlichkeit. Beruflich und privat können Sie ein ideales Gespann bilden, wenn Sie sich von der sprichwörtlichen Vernunft Ihres Partners eine Scheibe abschneiden und nicht zu oft Ihren Stachel ausfahren. Glücklicherweise hat die Jungfrau eine große Schwäche für Sie, und das alles sollte eigentlich reichen, die Hindernisse zu überwinden.

Skorpion und Waage

Sie sind ausgezeichnete Freunde. Sie, Skorpion, unterliegen dem entwaffnenden Charme der Waage. Langeweile kennen Sie nicht, und Sie schätzen die Ausgeglichenheit Ihres Partners, der Ihre Ängste vertreibt.

Skorpion und Schütze

Ihr Mut und Ihre Widerstandskraft faszinieren den abenteuerlustigen Schützen, der mit Ihnen liebend gern eine Weltreise unternehmen möchte. Am besten zu Fuß, denn Sie sind beide sportlich und haben außerdem Zeit genug, über Philosophie, Mystik, Okkultismus und tausend andere Themen zu diskutieren ... Wenn Sie allerdings ins graue Alltagsleben zurückkehren, dann bleibt eine tiefe Freundschaft – zusammen leben ist kaum Ihr Fall.

Skorpion und Steinbock

Interessant, aber bei Gott nicht einfach, denn der Steinbock ist nur selten zu Konzessionen bereit. Da es auch Ihnen an Toleranz fehlt, wird nicht jeden Tag die Sonne scheinen. Dennoch bilden Sie ein sehr aktives und fruchtbares Gespann.

Skorpion und Wassermann

Oft ist es Liebe auf den ersten Blick, doch auf die Dauer sind die Gegensätze zu krass, und es wird immer häufiger Streit geben, bis der Wassermann schließlich die Waffen strecken wird. Oder Sie werden eines jener Paare, das sich zweimal in der Woche endgültig und für immer trennt, um sich am Tag darauf wieder zu versöhnen.

Skorpion und Fisch

Mit ihm haben Sie Ihr ideales Opfer gefunden, den Partner, der Ihre sadomasochistischen Spiele gern mitmacht. Und schließlich wissen Sie dank Ihrer Intelligenz recht gut, wie weit Sie gehen können. Außerdem werden Sie mit der Zeit erkennen müssen, dass der Fisch nicht so wehrlos ist, wie er vorgibt: Wenn es ihm zu viel wird, gleitet er Ihnen einfach durch die Finger.

Ihre Gesundheit

Sie ist im Prinzip gut, denn Sie sind äußerst vital. Sie sind ein echter Phönix, der aus seiner Asche steigt. In geistiger wie in körperlicher Hinsicht können Sie sich unwahrscheinlich schnell erholen. Trotzdem haben Sie eine Achillesferse: Sie liegt im Genital- und Harnbereich. Nieren, Harnblase, Prostata und Sexualorgane sind besonders anfällig. Darauf sollten Sie Acht geben ohne aber zu übertreiben, weil es gerade für Sie schlimm wäre, in diesem Bereich nicht ganz gesund zu sein.

Ihre Berufung

Sie reicht vom Militärwesen (insbesondere Strategie) bis zur Navigation, von Industrie-, Ingenieur-, Wissenschafts- und Arztberufen (vor allem Chirurg) über die Pharmazie bis hin zur Forschungsarbeit, aufgrund der Faszination, die alles Geheimnisvolle auf Sie ausübt. So werden Sie ebenfalls von Berufen angezogen, die mit Nachforschungen verbunden sind (Polizist, Detektiv, Spion). Reizvoll sind für Sie auch die Psychoanalyse, Kriminologie, Parapsychologie und der Okkultismus.

Sie zerstören gerne, um anschließend wieder aufzubauen, und sind daher eher ein Wiederhersteller, Erneuerer und Kritiker als ein Schöpfer.

Ihr Schicksal

Ihr Schicksal ist oft eine Reihe von Fallen und zahllosen Kämpfen. Aber Sie haben keine Angst vor Schicksalsschlägen, wo Sie sich endlich messen können. Wenn Sie auf Ihrem Lebensweg das zerstören, was Sie geschaffen haben, wissen Sie sich zu erneuern und wieder aufzubauen. Geben Sie trotzdem Acht, dass sich der Stachel in Ihrem Symbol in einem Anfall von Selbstzerstörung nicht gegen die eigene Person richtet.

Berühmte Skorpione

Charles de Gaulle, Leo Trotzki, Rommel, der Schah von Persien, Nehru, Indira Gandhi, McCarthy, Otto von Habsburg, Trujillo, Alexander Dubcek, Marie Curie, Auguste Rodin, Albert Camus, Paul Valéry, Dostojewski, Manuel de Falla, Paganini, Rama-Krishna, Martin Luther, Sarah Bernhardt, Vivien Leigh, Burt Lancaster, Tina Turner, Silvana Mangano, Elke Sommer, Virna Lisi, Charles Bronson, Alain Delon, Richard Burton, Annie Girardot, Louis Malle, Luchino Visconti, Claude Lelouch, Clouzot, René Clair, Boris Becker, Gerd Müller, Toni Sailer, Karl Schranz, Robert Kennedy, Prinz Charles, König Hussein von Jordanien.

Ihre Sterne 2000

1. Dekade (23. Oktober bis 2. November)

Das neue Jahr beginnt unter den besten Voraussetzungen und bis Mitte Januar sind Sie sehr dynamisch und einsatzfreudig. Die erste Woche ist außerdem exzellent für neue Projekte, Kontakte, den Abschluss eines Vertrages oder eine Reise. Merkur steht Ihnen zur Seite und dank Ihrer Schlagfertigkeit und kluger Entscheidungen können Sie einen Erfolg verbuchen.

Nach dem 18. hingegen werden Sie mit einigen Komplikationen konfrontiert: Ihre Haltung wird falsch ausgelegt, es kommt zu Verzögerungen (bei Ihrer Post, bei erwarteten Zahlungen, auf einer Reise usw.) und Sie sind ziemlich zerstreut. Nach einer Besserung zwischen dem 5. und 11. Februar steht Jupiter von Mitte Februar bis Anfang April in Opposition zu Ihrer Dekade und dies bedeutet Probleme mit Vorgesetzten, oder mit Ihrer Bank, mit einer Behörde etc. Oder sind Sie zu großzügig und überziehen Ihr Budget? Sie sollten mehr als sonst auf Ihren Partner hören, der wahrscheinlich die besseren Karten hat, und besonders im März können Sie durch geschicktes Vorgehen und dank Ihrer guten Kontakte einen schönen Treffer landen.

Vielleicht ein Geldgewinn? Oder neue Privilegien? Gesteigertes Prestige? Lediglich in der letzten Märzwoche und in den ersten Apriltagen (bis zum 5.) neigen Sie dazu, Ihre Möglichkeiten zu überschätzen. Oder Sie versprechen zu viel und können dies später nicht einhalten.

Auch die erste Maiwoche könnte recht hektisch werden: Merkur funkt Ihnen dazwischen und Sie sind zerstreut und vergesslich. Termine werden verschoben und in Ihren Kontakten ist Sand im Getriebe. Nach einer neutralen Phase bis Ende Mai wird die erste Juniwoche exzellent für Schreibarbeiten, Verhandlungen, Verträge, Examen oder Reisen (Merkur ist positiv). Wichtige Besprechungen oder Abmachungen sollten Sie möglichst Anfang Juni einplanen!

Weitere günstige Perioden: In der letzten Juniwoche sind Sie aktiv und tatkräftig, in der letzten Augustwoche kontaktfreudig und schlagfertig. Exzellent werden außerdem die erste und letzte Oktoberwoche, die drei ersten Novemberwochen und die letzte Dezemberwoche ...

Etwas schwieriger (speziell für Reisen, Verhandlungen oder Studien) werden hingegen die Tage vom 7. bis 12. August.

Eine Ausnahme bilden im neuen Jahr die zwischen dem 26. und 30. Oktober Geborenen: Neptun wirkt störend und Sie werden mit unklaren Situationen konfrontiert und haben nicht den richtigen Durchblick. Oder machen Sie sich Illusionen und sehen die Dinge nicht objektiv? Will man Sie über den Tisch ziehen, Sie in Intrigen verwickeln? Sie sollten auf der Hut sein und beispielsweise alle Details beachten, bevor Sie einen Vertrag unterzeichnen! Folgende Perioden werden besonders kritisch in dieser Hinsicht: die Tage um den 20. Januar, Anfang Mai, die Tage um den 10. August, Anfang und Ende Oktober. Falls man Ihnen verlockende Angebote macht, sollten Sie einen Experten befragen, bevor Sie Ihre Zustimmung geben!

Auch auf dem Gefühlssektor sind die zwischen dem 26. und 30. Oktober Geborenen in einer kritischen Situation. Vielleicht sind Sie zu leichtgläubig und werden von jemandem enttäuscht? Oder Sie werden das Opfer eines Täuschungsmanövers und lassen sich etwas vormachen? Sie neigen nämlich dazu, den Partner oder eine Beziehung zu idealisieren und wollen die Realität nicht sehen. Die schwierigsten Perioden in dieser Hinsicht werden: die Tage um den 20. Februar, die erste Märzwoche, der 3. bis 7. Mai, Mitte Juli, Ende September und die Tage um den 10. Dezember. Merken Sie sich diese Daten vor und vermeiden Sie größere Entscheidungen!

Alle anderen Skorpione kommen relativ gut über die Hürden. Nur zwischen Mitte Februar und Anfang April stehen Sie im privaten Bereich vor einer schwierigen Wahl. Besonders zwischen dem 18. und 26. Februar hängt bei einigen der Haussegen schief. Oder Sie schlagen zu sehr über die Stränge, geben Ihr Geld mit vollen Händen aus und lassen sich beim Essen und Trinken zu sehr gehen. Vielleicht ist der Partner eifersüchtig und macht Ihnen eine Szene? Zwischen dem 13. und 21. März hingegen hängt der Himmel voller Geigen und Sie amüsieren sich glänzend. Weitere angenehme Perioden: der 18. bis 27. Juni, die zwei ersten Augustwochen, die letzte Septemberwoche und der 13. bis 21. November. Venus verwöhnt Sie und Sie verbringen schöne Stunden, sind verführerisch und charmant, machen eine Eroberung nach der anderen.

Zu Unstimmigkeiten und kleinen Reibereien kann es hingegen verstärkt in der ersten Maiwoche, zwischen dem 13. und 21. Juli und 8. und 16. Dezember kommen. Sie sind weniger gesellig, ziehen sich in Ihre Schale zurück und sind weniger gut gelaunt ...

In den ersten zwei Januarwochen sind Sie gesundheitlich in Hochform und Mars stimuliert Sie zu rekordverdächtigen Leistungen (ideal, falls Sie Sport betreiben). Zwischen Mitte Februar und Anfang April wirkt Jupiter ungünstig und Sie schlagen zu sehr über die Stränge. Exzesse bei Tisch, zu viel Alkohol usw. könnten einerseits Ihre Leber belasten, und andererseits könnten Sie in kurzer Zeit mehrere Pfunde zulegen.

Anschließend sind die Einflüsse vorwiegend neutral. Nur in der zweiten Junihälfte und in der zweiten Septemberhälfte sind Sie in Bestform (Mars ist positiv). Ihre Vitalität und Ihre Widerstandskraft sind beneidenswert. Etwas schwieriger werden hingegen die beiden ersten Augustwochen und die letzte Dezemberwoche: Sie handeln voreilig und leichtsinnig und lassen sich auf riskante Aktionen ein (Vorsicht bei sportlichen Aktivitäten, im Haushalt oder im Umgang mit gefährlichen Gegenständen).

Ziemlich schwierig wird das Jahr 2000 hingegen für die Geburtstage zwischen dem 25. und 30. Oktober: Der kritische Neptuneinfluss könnte symbolisch sein für eine gesteigerte Anfälligkeit (speziell für Infektionen, Viruserkrankungen etc.) und für leichtfertige Reaktionen. Vor allem im Auto oder beim Sport sollten Sie auf der Hut sein, da Sie weniger schnell reagieren und die Lage falsch einschätzen könnten. Besonders kritisch sind folgende Perioden: Anfang und Ende März, Anfang April, die Tage um den 6. August und Ende Dezember.

2. Dekade (2. bis 12. November)

Ihnen fällt im neuen Jahr nichts in den Schoß und besonders die ersten Monate werden ziemlich kritisch. Bis Anfang Mai steht Saturn in Opposition und dies bedeutet meistens Einschränkungen, eine neue Belastung oder Hindernisse. Sie müssen alles Unwesentliche aus Ihrem Leben eliminieren und sich auf das Wesentliche konzentrieren. Oder Sie sind in Ihrem Aktionsradius eingeschränkt und müssen Kompromisse eingehen? Zwischen Anfang April und Mitte Mai wirkt auch Jupiter ungünstig und signalisiert zusätzliche Komplikationen (finanzieller oder juristischer Art?). Ein Problem mit Vorgesetzten könnte sich zuspitzen, oder liegen Sie vielleicht im Clinch mit einer Behörde (Finanzamt?) oder mit Ihrer Bank?

Ab Juni bessert sich die Lage zusehends und in der zweiten Jahreshälfte haben Sie gute Karten, um interessante Projekte zu beginnen oder neue Kontakte zu knüpfen. Merkur verspricht Erfolge bei wichtigen Besprechungen, auf Reisen, bei Examen usw. und folgende Perioden werden besonders günstig: der 6. Juni bis 30. Juli, die letzte Augustwoche, der 7. bis 26. Oktober, 20. bis 26. November und die letzten Dezembertage.

Zu Verspätungen oder Missverständnissen kommt es hingegen: in der letzten Januarwoche, vom 5. bis 9. Mai und vom 12. bis 17. August.

Die Skorpione zum Ende der Dekade (nach dem 8. November Geborene) erleben im Laufe des Jahres eine radikale Wende: Uranus sorgt für eine unerwartete Veränderung, die Ihnen nicht ins Konzept passt. Vielleicht ein neuer Vorgesetzter? Ein Umzug? Oder ein völlig überraschendes Ereignis, das Sie dazu zwingt, ganz neue Wege zu gehen?

Auch in der Liebe könnte es zu einer großen Umwälzung kommen. Eine neue Beziehung? Eine Krise in einer bestehenden Bindung? Oder führt Ihr Drang nach Unabhängigkeit zu einer Trennung? Vor allem Anfang März, Mitte Mai, Ende Juli und um den 22. Dezember liegen kritische Momente, und Sie wollen mit dem Kopf durch die Wand.

Auch alle anderen Skorpione der 2. Dekade haben einen schweren Stand und besonders in den ersten fünf Monaten könnten einige eine Enttäuschung erleben. Vielleicht will sich Ihr Partner nicht länger mit halbherzigen Lösungen zufrieden geben und zwingt Sie zu einer Entscheidung? Die Zeitspanne von Anfang April bis Mitte Mai könnte sehr chaotisch werden, da auch Jupiter dazwischenfunkt. Sie müssen sich zu einer Entscheidung durchringen, die Ihnen nicht leicht fällt, und speziell die Tage zwischen dem 9. und 17. Mai sind kritisch ...

Ab Juni verziehen sich die Gewitterwolken wieder und die Lage bessert sich. Während bestimmter Perioden sorgt Venus für wunderschöne Momente (zu zweit oder im Freundeskreis), Sie sind der Hahn im Korb, werden umschwärmt und sind charmanter denn je. Zwischen dem 27. Juni und 6. Juli, vom 14. bis 23. August, vom 2. bis 11. Oktober und in der letzten Novemberwoche sind Sie einfach unwiderstehlich und alles tanzt nach Ihrer Pfeife.

Zu einigen (kleinen) Komplikationen kann es hingegen in der letzten Juliwoche und zwischen dem 16. und 25. Dezember kommen: Ihr Partner fühlt sich unverstanden oder Sie ziehen sich in den Schmollwinkel zurück ...

Ihre gesundheitliche Verfassung ist eher mittelmäßig, und speziell in den ersten Monaten des Jahres (bis Mitte Mai) lässt Ihre Vitalität zu wünschen übrig. Saturn schwächt Ihre Widerstandskraft und Sie sind anfälliger als sonst (Unterleib, Kreislauf). Es wäre vielleicht ratsam, dass Sie gewissen Mangelerscheinungen vorbeugen und zusätzlich Vitamine und Spurenelemente zu sich nehmen. Im April und in der ersten Maihälfte wirkt auch Jupiter negativ, und dadurch könnten bisher latente Probleme akut werden. Vor allem die Tage vom 5. bis 19. April könnten kritisch werden, und es liegt an Ihnen, möglichst jedes Risiko zu vermeiden.

Ab Juni klärt sich die Lage und Sie fühlen sich wesentlich besser. In den ersten zwei Juliwochen und in der ersten Oktoberhälfte sind Sie in Höchstform, und Mars verleiht Ihnen zusätzliche Energiereserven. Nur in der zweiten Augusthälfte sollten Sie vorsichtiger sein und überstürzte Reaktionen vermeiden! Mars verleitet Sie zu voreiligen Gesten (z. B. am Steuer, bei sportlichen Aktivitäten oder im Haushalt).

Vor allem die Geburtstage zum Ende der Dekade (nach dem 8. November) müssen vorsichtig sein, denn Uranus könnte einschneidende Veränderungen symbolisieren, die auch Ihren Metabolismus betreffen könnten (geschwächtes Immunsystem, ange-

griffenes Nervenkostüm). Ende August könnte in dieser Hinsicht kritisch werden und es wäre ratsam, jedes unnötige Risiko zu vermeiden (speziell wenn Sie Sport betreiben, im Auto oder im Haushalt).

3. Dekade (12. bis 22. November)

Das Jahr 2000 wird für Sie ein relativ schwieriges Jahr und speziell ab Mai wird Ihnen nichts geschenkt. Saturn steht vom Mai bis zum Jahresende in Opposition zu Ihrer Dekade, und dies ist meistens mit Restriktionen und Komplikationen verbunden. Eine neue Verantwortung könnten Sie als zusätzliche Belastung empfinden und Sie fühlen sich in Ihrer Bewegungsfreiheit eingeschränkt. Dazu kommt zwischen Mitte Mai und Ende Juni Jupiter, der ebenfalls in Opposition steht und zusätzliche Hindernisse symbolisieren könnte. Finanzielle Verluste und Ärger mit einer Behörde oder mit Vorgesetzten machen Ihnen Kopfzerbrechen, und Sie haben alle Hände voll zu tun, um Ihre Position zu halten.

In der zweiten Jahreshälfte steht Ihnen während bestimmter Perioden Merkur zur Seite, und Sie können dank Ihrer Schlagfertigkeit und Ihrer guten Kontakte einen Teil des verlorenen Terrains wieder wettmachen. Die besten Phasen für wichtige Verhandlungen, Ansuchen, Bewerbungen, Reisen oder Examen sind die erste Augustwoche, die erste Septemberwoche und die Tage vom 26. November bis 3. Dezember.

Auch in den ersten Monaten haben Sie mehrere günstige Gelegenheiten, um Ihre Kontakte zu pflegen, und Erfolg bei Verhandlungen, Studien (berufliche Weiterbildung etc.) sind Ihnen besonders in der Woche vom 12. bis 18. Januar und zwischen dem 5. und 13. April gewiss.

Ziemlich kritisch werden hingegen die erste Februarwoche und die bereits genannten Tage vom 9. bis 14. Mai, die ganz schön chaotisch werden könnten, sowie die Tage

zwischen dem 17. und 22. August, da neben Saturn auch noch Sonne und Merkur ungünstig wirken. Aufgrund Ihrer Zerstreutheit könnte Ihnen ein dummer Fehler unterlaufen und eines Ihrer Projekte in Frage stellen.

Auch auf dem privaten Sektor kommt es in den nächsten Monaten zu einer Reihe von Komplikationen: Das Jahr beginnt relativ ruhig und zwischen dem 10. und 18. Februar und in der ersten Aprilwoche sorgt Venus für nette Überraschungen, aufregende Begegnungen sowie angenehme Stunden im Kreise Ihrer Liebsten. Ab Mai wird die Stimmung eher trüb, und besonders die Phase von Mitte Mai bis Ende Juni hat es in sich. Es kommt zu hitzigen Diskussionen, die leicht ausarten können, und vor allem zwischen dem 17. und 25. könnte es hart auf hart gehen. Sie lassen sich zu brüsken Reaktionen verleiten und bis zum Jahresende steht Saturn in Opposition zu Ihrer Dekade, was häufig Enttäuschungen und Ärger symbolisiert. Sie stecken in einer Krise und müssen Kompromisse machen, Zugeständnisse, die Ihnen nicht leicht fallen. Besonders angespannt ist die Stimmung in der ersten Augustwoche und in der letzten Woche des Jahres. Nur zwischen dem 5. und 13. Juli, in der letzten Augustwoche, zwischen dem 11. und 19. Oktober und in der ersten Dezemberwoche steht Ihnen Venus zur Seite, und Sie haben die Möglichkeit, dem Partner Ihre echten Gefühle zu zeigen. Nützen Sie diese Phasen, um eventuelle Missverständnisse aufzuklären. Mit viel Charme können Sie vielleicht einen Fehler ausbügeln, der Ihre Beziehung belastet. Vielleicht sieht der Partner auch großzügig über einen Streitfall hinweg? Am Ende des Jahres müssen Sie möglicherweise feststellen, dass Sie Ordnung in Ihr Gefühlsleben bringen mussten, dass Saturn Sie gezwungen hatte, alles Unwesentliche aus Ihrem Leben zu eliminieren ...

Das Jahr 2000 wird in gesundheitlicher Hinsicht nicht gerade ein Spitzenjahr. Schon die ersten Januartage werden hektisch und Sie verlieren schnell die Geduld. Vorsicht ist geboten, wenn Sie Auto fahren oder Sport treiben (z. B. auf den Skipisten). Ab dem 5. Januar läuft es wieder besser, und in den ersten zwei Februarwochen sind Sie in Bestform, voller Tatkraft und Vitalität.

Ab Mitte April hingegen spitzt sich die Lage zu: Mars verleitet Sie zwischen dem 19. April und 3. Mai zu leichtsinnigen Manövern und Sie sind anfälliger für Verletzungen (Vorsicht im Umgang mit gefährlichen Geräten), Entzündungen und Erkältungen.

Ab Mai wirkt Saturn dissonant (bis zum Jahresende) und dies äußert sich oft in Form von Mangelerscheinungen, chronischer Müdigkeit oder auch akuten Problemen. Bei typischen Skorpionen sind unter anderem Unterleib, Hals-Nase-Ohren oder Kreislauf anfällig, und es wäre sicherlich ratsam, vorbeugend etwas gegen mögliche Beschwerden zu unternehmen. Gesündere Ernährung, viel Bewegung im Freien oder Gymnastik, Stretching, Yoga usw. können keinesfalls schaden. Von Mitte Mai bis Ende Juni ist auch Jupiter schlecht gelaunt und Sie lassen sich zu sehr gehen. Sie überschätzen Ihre körperlichen Kräfte und trauen sich zu viel auf einmal zu, und gleichzeitig handeln Sie waghalsig und sehr leichtfertig. Sie sollten sich mehr schonen und Exzesse vermeiden.

Ab Juli geht es wieder etwas bergauf und in der zweiten Julihälfte sind Sie sogar in Höchstform (lediglich die Skorpione vom Ende der Dekade – die nach dem 19. Geborenen – sind von Saturn gebremst). Mars stimuliert Sie zu Glanzleistungen, und wenn Sie Sport treiben, sind Sie nur schwer zu schlagen. Auch zwischen dem 18. Oktober und 4. November sind Sie bestens in Schwung. Schwierig werden hingegen die zwei ersten Septemberwochen, und ähnlich wie Ende April, lassen Sie sich zu voreiligen und überstürzten Reaktionen verleiten (Vorsicht im Straßenverkehr, im Haushalt und im Umgang mit elektrischen Geräten!).

Ihre Sterne 2001 bis 2005

Sie sind ab Sommer 2001 auf Erfolgskurs. Jupiter im Zeichen Krebs wirkt bis zum Sommer 2002 harmonisch und Sie können sich gut entfalten, beruflich und privat. Nach einer schwierigen Periode vom August 2002 bis zum Sommer 2003 beginnt anschließend eine äußerst positive Phase, die bis zum Sommer 2005 andauert. Denn über zwei Jahre lang wirken Jupiter (August 2003 bis September 2004), Saturn (Juni 2003 bis Juli 2005) und Uranus (für Oktober-Geborene von Januar 2004 bis Ende 2005) gleichzeitig günstig: Sie haben alle Trümpfe in der Hand, um größere Vorhaben zu verwirklichen, Sie können Ihre Position weiter ausbauen, werden mit neuen Aufgaben betraut und können auch Ihre Zukunft langfristig absichern. Oktober-Skorpione können Uranus eine äußerst positive und überraschende Wende verdanken (einen neuen Job, einen neuen Posten oder eine schicksalhafte Begegnung).

Die einzigen Ausnahmen: Wenn Sie zur 3. Dekade gehören (nach dem 12. November geboren sind), müssen Sie von 2001 bis Ende 2003 mit einer größeren Umwälzung rechnen, die einerseits sehr unerwartet auf Sie zukommt und Ihnen auch meistens nicht ins Konzept passt (Uranus ist negativ).

Die Skorpione, die zwischen dem 28. Oktober und 4. November geboren sind, müssen 2001 und 2002 auf der Hut sein. Neptun ärgert Sie mit undurchsichtigen Situationen, Angriffen hinter Ihrem Rücken, Klatsch usw. Wenn Sie zwischen dem 2. und 7. November geboren sind, ist Neptun 2003 und 2004 wirksam und für zwischen dem 6. und 10. November Geborene im Jahr 2005.

Alle anderen Skorpione können erwarten, dass 2004 und 2005 exzellente Jahre werden: Sie können große Vorhaben realisieren und kommen einen entscheidenden Schritt weiter ...

Schütze

**vom 23. November
bis 21. Dezember
Ihr Motto:
„Ich hoffe" oder „Ich glaube"**

Typisch Schütze

Sie sind ein ungestümer Zentaur, halb Mensch halb Tier, der seinen Bogen zum Himmel spannt. Ihr Zeichen symbolisiert die Einheit, die Synthese tierischer und menschlicher Werte – welch edles Ziel, das Ihrem Zeichen seine ganze Größe gibt – insbesondere wenn man ihr die Idee, Dynamik und ausgeprägten Ehrgeiz beiordnet, die in dem Pfeil stecken, der zum Schuss bereit ist. Dieser Pfeil spiegelt die göttlichen Ziele des Menschenwesens wider. Jupiter, der göttliche Zeus, der Vater des Olymp, ist Ihr Planet und verleiht Ihnen Wohlwollen, Optimismus, Autorität, Religiosität, Urteilskraft und Sinn für Gesetzmäßigkeit. Sie sind, nach dem impulsiven und primären Widder, nach dem großartigen und großmütigen, aber auch egozentrischen Löwen, das dritte Feuerzeichen, dessen Vitalität und Begeisterungsfähigkeit sich nicht mehr in den Dienst des Einzelnen, sondern in den der Gemeinschaft stellt. „Durch Kunst und Wissenschaft", sagt der große Schütze Beethoven, „sind ja die besten und edelsten Menschen verbunden."

Als veränderliches Zeichen sind Sie formbar, anpassungsfähig und sehr empfindsam für Ihre Umgebung. Die Tradition schreibt Ihnen den Donnerstag zu sowie die Farben Dunkelblau und Violett. Das Veilchen ist Ihr Parfum. Ihre Pflanzen sind der Mohn und die Zypresse, Ihr Metall ist das Zinn, Ihr Edelstein der Türkis. Von den Zahlen werden Ihnen die 5 und die 9 zugeordnet.

Schütze, wer sind Sie?

Körperlich unterscheidet man zwei Schütze-Typen: den langgliedrigen, athletischen Typ, der dynamisch ist und eine längliche, schmale Physiologie besitzt, mit langer Adlernase, oder den fröhlichen, ausgelassenen, extrovertierten Typus, der mit seinem Milieu verschmilzt und, allen irdischen Freuden zugetan, oft korpulent ist.

Egal, zu welcher der beiden Kategorien Sie gehören: Von Ihnen geht etwas Warmherziges, Offenes aus, das Sie auf Anhieb sehr sympathisch macht. Was Sie betrifft, Frau Schütze: Sie sind entweder die stolze Juno, die durch Ihre Klasse beeindruckt, oder die sportliche Amazone, die ein bisschen wie ein Junge aussieht. Es gibt also zwei Richtungen in Ihrem Zeichen (je nach Ihrem Einzelhoroskop): Den Konformisten, der völlig in seine Gruppe, in die Gesellschaft integriert ist, Sitten und Konventionen respektiert, Sinn für Ordnung und das Etablierte, für Prestige und Ehrwürdigkeit hat und darin auch sehr empfindlich reagieren kann. Oder den Außenseiter-Schützen, der sich eben gegen diese Traditionen auflehnt, nach äußeren Werten sucht und nach weiten Horizonten und ein heftiges Verlangen nach dem „Anderswo" hat. Wie Mermoz, der große Flugpionier, sagt: „Gehen, wohin man will und wann man will. Ankommen, woher und wann man will." Oder auch Rainer Maria Rilke, der sagt, dass das Leben vergeht, während wir weit ins Land, bis zu den äußersten Grenzen des Himmels, hinausblicken. Der erste Typus stimmt den Vorurteilen seiner Epoche meistens zu; er hat das Bedürfnis, mit seiner Zeit zu verschmelzen, sich in sie zu integrieren. Im Übrigen hat er sozusagen einen sechsten Sinn, der ihn instinktiv den richtigen Ton finden lässt für das, was man tut und sagt, wie man etwas erreicht und was gelingt. Der zweite Typ ist ein Vollblut. Von seinen Zwängen befreit, sucht er in der Begeisterung für Bewegung und Reise seine persönliche Wahrheit. Ob Sie nun der eine oder der andere Schütze-Typ sind, Sie lieben Natur, Sport, Jagd und Reisen. Sie gehören zu den Enthusiasten. Sie sind vertrauensvoll, liberal und neigen dazu, Beschützer zu sein.

Sie geben fast lieber, als dass Sie nehmen. In erster Linie aufgrund Ihrer natürlichen Großzügigkeit, aber auch deshalb (gestehen Sie es), weil Sie so Ihren Einfluss auf Menschen ausüben können, weil Sie machthungrig sind. Sie sind ein echter Gentleman, und es ist Ihnen nicht unangenehm, wenn Ihre Großzügigkeit etwas zu auffällig wirkt. Ich sagte nicht protzig, aber ...

Beethoven versichert: „Glauben Sie mir, dass mir das Höchste ist, dass meine Kunst bei den edelsten und gebildetsten Menschen Eingang findet." Sie sorgen sich um Ihre Privilegien, Ihren Rang. Sie haben ganz einfach eine hohe Meinung von sich selbst, die mit Ihrem Sinn für Größe, für Würde einhergeht; es grenzt fast an Überheblichkeit. Lässt man diese Seite bei Ihnen außer Acht, sind Sie eigentlich ein glücklicher Mensch: natürliche Gutmütigkeit und Jovialität (dieses Wort geht übrigens auf Jupiter zurück), erstaunliche Vitalität, die die guten Dinge dieser Erde mit gesunder und natürlicher Begeisterung zu schätzen weiß. Mit Gleichgesinnten, die sich oft von Ihnen ein wenig Optimismus und menschliche Wärme holen, verstehen Sie sich bestens.

Ihre Fehler könnte man folgendermaßen zusammenfassen: Neigung zur Selbstüberschätzung und Geltungsbedürfnis, Eitelkeit, in sehr negativen Horoskopen Größenwahn (Neros Ausspruch: „Welch ein Künstler geht mit mir zugrunde!"), ein Übermaß an Ehrgeiz, der manchmal fast krankhaft ist, sowie eine zu starke Empfänglichkeit für Komplimente und Schmeicheleien. Treffend ruft Heinrich Heine, der Schütze, aus: „Bewunderung selbst dem Feinde abzutrotzen, das ist süß."

Ihre Intelligenz

Sie ist breit gefächert, offen, zusammenfassend, realistisch, aber häufig ziemlich oberflächlich. Sie verabscheuen lange Diskussionen, die für Sie reine Zeitverschwendung bedeuten (man kann nicht umhin, an den Galopp des Zentauren zu denken, dem unnützes Anhalten zuwider ist). Sind Sie einmal von einer bestimmten Wahrheit – der Ihren natürlich – überzeugt, drängt Sie die Glut des Schützen dazu, die ganze Welt zu belehren und davon zu überzeugen. Sie wollen dem anderen Ihre eigene Flamme einpflanzen, und dies beweist einen gewissen intellektuellen Beschützer- und Fürsorgegeist. Bei vollkommenen Schützen sind dieser Glaube und diese Überzeugung der Funke, der große und weit blickende Geistesschöpfungen hervorbringt. Ist jedoch die animalische Seite des Schützen stärker, so sind Sie der König der Skeptiker. Nichts wird Sie überzeugen können, was den Rahmen der Prinzipien sprengt, die Ihrem Zeitgeist und Ihrem Milieu entsprechen, dem Sie sich eng verbunden fühlen.

Sie und die Liebe

Sie entspricht Ihrem Charakter und ist feurig, begeistert, aufrichtig, edel, manchmal aber auch nur ein Strohfeuer. Man findet bei Ihnen auch den Aspekt des Genießers, aber abgesehen von einem negativen und dissonanten Einzelhoroskop handelt es sich dabei um eine sehr vitale Sinneslust, die gesund und unkompliziert ist. Obwohl man durch die Unabhängigkeit in Ihrem Zeichen, wie auch beim Steinbock und der Jungfrau, viele Junggesellen findet, respektieren Sie die Sitten und Gebräuche Ihrer Gesellschaft und werden, sobald Sie Ihren Idealpartner kennen lernen, diesen vom Fleck weg heiraten. Er oder Sie kommt oft aus dem Ausland oder Sie lernen ihn während einer Reise kennen. Erfolg und Abenteuer sind die beiden Hauptthemen Ihrer Existenz. Dies geschieht in Verschmelzung mit anderen Dingen und Menschen.

Mit dem Partner werden Sie ein Team bilden, um sich mit ihm zusammen in den Dienst der einen oder anderen dieser beiden Ideen zu stellen. Sie werden mit Vorliebe mit anderen Feuerzeichen, mit denen Sie wahlverwandt sind (dem Widder und dem Löwen) Verbindungen eingehen. Dem einen bringen Sie Gleichgewicht, dem anderen Mäßigung. Die ewig jungen Zwillinge teilen mit Ihnen das Reisefieber, und Sie ergänzen sich bestens! Mit dem einfallsreichen Wassermann und der umgänglichen Waage werden Sie in der Gesellschaft glänzen. Dagegen können Beziehungen mit Fischen und der Jungfrau kritisch sein.

Der Schütze und die anderen Sternzeichen

Schütze und Schütze

Am besten verstehen Sie sich, wenn Sie auf Reisen sind. Aber schließlich kann man nicht jeden Monat eine Hochzeitsreise machen. Doch Sie sind beide auch tolerant, und das kann eine Beziehung retten. Die Unabhängigkeit ist Ihrem Partner heilig, aber gerade das sollten Sie als Schütze am besten verstehen, oder?

Schütze und Widder

Sie beide haben eigentlich alle Trümpfe in der Hand und verstehen sich in Beruf, Freundschaft und in der Liebe glänzend. Allerdings werden bei Ihnen die Funken sprühen, da hier zwei Feuerzeichen aufeinander stoßen. Wenn es Ihnen gelingt, Ihre schier unerschöpflichen Energien nicht gegeneinander, sondern auf ein gemeinsames Ziel zu richten, können Sie wirklich Großes leisten.

Schütze und Stier

Mit diesem Genießer werden Sie mehr Zeit am Tisch als im Bett verbringen, da Sie beide eine große Schwäche für Tafelfreuden haben. Auch sonst sind Sie keine Kinder von Traurigkeit. Sie denken mehr ans Vergnügen als an Ihre Pflichten.

Schütze und Zwilling

Sie können beide nicht stillhalten und haben einen unwiderstehlichen Drang nach Bewegung und Reisen. Allerdings ist Ihnen der Zwilling zu oberflächlich, denn im Grunde sind Sie ja ziemlich verschieden. Unter günstigen Voraussetzungen (die aber nur aus Ihren individuellen Horoskopen ersichtlich sind) werden sich Ihre Gegensätze wunderbar aufheben, und Sie werden sich gut ergänzen.

Schütze und Krebs

In den meisten Fällen sind Sie zu verschieden, um eine wirklich dauerhafte und harmonische Beziehung aufzubauen, es sei denn, dass Ihr Krebs zum ruhenden Pol in Ihrem Leben wird. Dann wird Ihr phantasievoller Partner brav zu Hause sitzen und in Gedanken Ihre Reisen und Abenteuer mitmachen.

Schütze und Löwe

Gemeinsam werden Sie hochfliegende Pläne schmieden und auch viele Ihrer Ziele erreichen, denn Sie sind beide an Erfolg gewöhnt. Problematisch wird es dann bei der Verteilung der Lorbeeren, da sich keiner mit dem zweiten Platz begnügen will.

Schütze und Jungfrau

Oft ist es Liebe auf den ersten Blick. Sie sind begeistert von ihrem Sinn fürs Praktische, von ihrer Ordnungsliebe und ihrer Sparsamkeit. Doch schon nach kurzer Zeit

gehen Ihnen diese Eigenschaften auf die Nerven. Sie sehen Ihre Jungfrau nicht mehr durch die rosarote Brille und finden sie materialistisch, pedantisch und kleinlich. Wenn da nicht diese starke körperliche Anziehung wäre ...

Schütze und Waage

Oft das ideale Paar, denn die Waage ist wie Sie gern auf Reisen – wenn sie nicht bei 40 Grad im Schatten hinter Ihnen durch die Sumpfgebiete des Amazonas waten muss. Dagegen werden Sie kaum einen besseren Begleiter für den Opernball finden, denn Sie zeigen sich beide gern in Gesellschaft, in den schönsten und elegantesten Kleidern.

Schütze und Skorpion

Mit ihm kann Sie eine tiefe Freundschaft verbinden, besonders, wenn Sie gemeinsam abenteuerliche Reisen unternehmen. Ausgrabungen im fernen Orient, Forschung in den Anden ... Sie können sich kaum einen besseren Gefährten vorstellen, solange Sie gemeinsame Aktivitäten haben. Nach Hause zurückgekehrt, entdecken Sie, dass Feuer und Wasser doch sehr gegensätzlich sind.

Schütze und Steinbock

Auf den ersten Blick verbindet Sie nur wenig, da Sie den Steinbock und sein etwas kühles und analytisches Wesen oft als bremsend empfinden. Dank seiner Intelligenz kann er sich aber auf Sie einstellen, und seine Qualitäten werden die Ihren harmonisch ergänzen. Sein Ehrgeiz wird Sie motivieren, Ihren Pfeil höher zu richten.

Schütze und Wassermann

Mit ihm verbindet Sie gemeinsames Streben nach einem höheren Ideal. Sie können stundenlang die Sterne betrachten und eine neue Weltordnung erfinden, denn Ihre Ansichten über Moral und Gesellschaft sind sich sehr ähnlich. Am besten, Sie gründen mit ihm ein humanitäres Hilfswerk. Der Wassermann kümmert sich um die Konzeption, und Sie wickeln die praktischen Kontakte ab.

Schütze und Fisch

Noch nach Jahren kann man Sie beide Händchen haltend sehen, denn Sie haben eine hohe Idee von der Liebe und sind ja so romantisch. Wenn der Fisch Ihre Unabhängigkeit respektiert und nicht zu intolerant ist, steht einer wunderschönen Lovestory nichts im Wege.

Ihre Gesundheit

Theoretisch haben Sie die sehr robuste Konstitution eines sportlich-athletischen Menschen. Ihre Liebe zum Wandern und zur Bewegung kann sehr zu Ihrer Langlebigkeit und Ihrem inneren Gleichgewicht beitragen. Ihre organisch schwachen Punkte (immerhin haben Sie einige) sind der Oberschenkel- und Hüftbereich, die Verbindung zwischen Reiter und Pferd. Sie sind anfällig für Ischias und Krankheiten der Leber, die Ihnen oft – wegen der üppigen Feste, die der Schütze feiert – Kummer bereitet.

Schließlich ist durch den Einfluss des Zwillings, der Ihrem Zeichen im Tierkreis gegenübersteht, auch auf den Bereich der Atemwege zu achten und auf das Nervensystem.

Ihre Berufung

Alle repräsentativen Berufe, die Unabhängigkeit und Autorität verleihen und Ihre Bereitschaft zur Fürsorge in Anspruch nehmen, ziehen Sie an. Sie werden diese in den Dienst eines Ideals oder einer Gemeinschaft stellen als Arzt, Politiker, Richter oder Geistlicher. Alle Berufe mit Bezug zu Reisen oder zur Natur sind für Sie geeignet, zum Beispiel Forscher, Reiseführer, Transportunternehmer oder Botschafter, sowie Berufe, die mit Pferden zu tun haben. Von Jupiter haben Sie außerdem ein Talent für die Malerei geerbt und die Fähigkeit, sehr effektiv zu verwalten und zu organisieren.

Ihr Schicksal

Was sein Schicksal angeht, so ist der Schütze das Tierkreiszeichen, das am ehesten berufliche Erfolge hat, berühmt wird, und große Pläne verwirklicht. Der Schütze gelangt oft zu Reichtum, da er das Glück auf seiner Seite hat. Sie sind verschwenderisch, besonders in der Jugend. Sie geben das Geld mit vollen Händen aus, und Sie hassen es, wenn Sie sich einschränken müssen. Mit fortschreitendem Alter werden Sie glücklicher, weiser, klüger, philosophischer und auch weniger materialistisch.

Berühmte Schützen

Maria Stuart, Christine von Schweden, Franco, Winston Churchill, Leonid Breschnew, Jacques Chirac, Willy Brandt, Carl Carstens, Spinoza, Rainer Maria Rilke, Alfred de Musset, William Blake, Alexander Solschenizyn, Heinrich Böll, Stefan Zweig, Gustave Flaubert, Toulouse-Lautrec, Puccini, Hector Berlioz, Sibelius, Ludwig van Beethoven, Jane Fonda, Jean-Louis Trintignant, Woody Allen, Gérard Philippe, Jeff Bridges, Stephen Spielberg, Jean Marais, Kirk Douglas, Curd Jürgens, Johannes Heesters, Sammy Davis jun., Frank Sinatra, Jimi Hendrix, Bette Midler, Jim Morrison, Maria Callas, Walt Disney.

Ihre Sterne 2000

1. Dekade (22. November bis 2. Dezember)

Zuerst die gute Nachricht: In der ersten Jahreshälfte liegen Sie im Aufwärtstrend und können einige schöne Erfolge verbuchen. Vor allem die Schützen, die zwischen dem 25. und 29. November geboren sind, beweisen eine erstaunliche Kreativität und einen sicheren Instinkt, und einige erleben eine große innere Bereicherung. Neptun wirkt das ganze Jahr hindurch günstig, und Sie entdecken neue Interessen (z. B. für humanitäre Institutionen, für Religion oder Grenzwissenschaften), erweitern Ihren Wirkungsbereich, oft verbunden mit einem Aufstieg, einem neuen Job oder einem neuen Posten.

Im Juli und im August steht Jupiter, der Planet Ihres Sternzeichens, in Opposition und dies könnte einige Komplikationen mit einer Behörde, Ihrer Bank, oder einem Vorgesetzten bedeuten. Allerdings sollten die oben genannten Geburtstage mit der Hilfe Neptuns ohne größere Probleme damit fertig werden, und manchmal gelingt es Ihnen sogar, aus einer heiklen Situation einen großen Erfolg zu machen. Besonders in Zusammenarbeit mit Ihrem Partner (oder durch den Einfluss hochkarätiger Freunde),

gelingt einigen ein echter Volltreffer (z. B. in der letzten Juliwoche und zwischen dem 7. und 12. August, da dann auch Merkur günstig wirkt). Auch im November und im Dezember, wenn Jupiter wieder an die gleiche Stelle zurückkehrt wie im Sommer, sind Ihre Aktien im Steigen begiffen, und zwischen dem 3. und 10. Dezember schaffen einige ein wahres Meisterstück (Beförderung, Geldgewinn, Erfolg mit einem neuen Produkt oder durch künstlerische Arbeiten?).

Alle anderen (vor dem 25. und nach dem 29. November Geborenen) sollten in den Monaten Juli/August und November/Dezember auf leichtsinnige Entscheidungen besser verzichten (unter anderem bei Spekulationen, größeren Anschaffungen, Geldanlagen), denn Jupiter könnte Sie dazu verführen, dass Sie Ihre Möglichkeiten überschätzen. Gehen Sie lieber auf Nummer sicher und hören Sie auf die Ratschläge des Partners oder einer erfahrenen Person!

Die besten Perioden des Jahres für die ganze Dekade: die zweite Januarhälfte, der 13. bis 19. April, die letzte Juliwoche, der 7. bis 12. August, 7. bis 14. September und 3. und 10. Dezember. Während all dieser Phasen verspricht Merkur Erfolg bei Verhandlungen, auf Reisen, bei schriftlichen Arbeiten, sowie bei Examen oder Studien (z. B. Ihrer beruflichen Weiterbildung).

Zu Verspätungen oder Missverständnissen könnte es hingegen zu folgenden Daten kommen: zwischen dem 5. und 11. Februar, im März, zwischen dem 14. und 19. Mai und in der letzten Augustwoche. Während dieser Perioden sollten Sie nichts dem Zufall überlassen und beispielsweise bei Verträgen auch das klein Gedruckte gut durchlesen!

Auch in Ihrem Gefühlsleben haben Sie das Glück auf Ihrer Seite, wenn Sie zwischen dem 25. und 29. November geboren sind: Neptun verspricht interessante Begegnungen und Singles könnten den Traumpartner kennen lernen. Wenn Sie schon gebunden sind, erreicht Ihre Beziehung ein höheres Niveau, die Gefühle werden tiefer, Sie entwickeln mehr Toleranz, und so mancher Schütze schwebt auf rosa Wolken dahin.

Echte Sternstunden erleben Sie Anfang Januar, um den 20. Februar, um den 10. April, Ende Mai, Mitte Juli, Anfang September, um den 20. Oktober und um den 12. Dezember. Heirat, Verlobung, ein Baby, ein großes Familientreffen etc. sorgen dafür, dass Sie rundum glücklich sind! Ende Juli und Anfang August sowie in den ersten Dezembertagen meint es auch Jupiter gut mit Ihnen, und alle Hoffnungen sind erlaubt!

Alle anderen Schützen Ihrer Dekade (vor dem 25. oder nach dem 29. Geborene) amüsieren sich ebenfalls glänzend, vor allem in der ersten Januarwoche, vom 18. bis 26. Februar, vom 6. bis 14. April, zwischen dem 13. und 21. Juli, in der ersten Septemberwoche, zwischen dem 19. und 27. Oktober und dem 8. und 16. Dezember. Venus verwöhnt Sie mit netten Überraschungen, aufregenden Begegnungen und zärtlichen Stunden zu zweit. Ihr Charme lässt niemanden kalt und Sie sind der strahlende Mittelpunkt des Geschehens.

Zu Unstimmigkeiten kann es hingegen zwischen dem 13. und 21. März, dem 25. Mai und 2. Juni und in den ersten zwei Augustwochen kommen. Sie sind weniger gesellig und ziehen sich in Ihre Schale zurück, oder der Partner fühlt sich als das fünfte Rad am Wagen. Vor allem in den ersten beiden Augustwochen sind Sie (oder Ihr Partner) unausstehlich. Vielleicht schlagen Sie auch zu sehr über die Stränge und es kommt zu Eifersuchtsszenen? Oder Sie geben Ihr Geld mit vollen Händen aus, nach dem Motto: nach mir die Sintflut? In den ersten zwei Dezemberwochen hingegen könnte es zu einer Versöhnung kommen, und Sie können einen Fehler wieder ausbügeln ...

Im gesundheitlichen Bereich kündigt sich ein phantastisches Jahr an, wenn Sie zwischen dem 25. und 29. November Geburtstag haben. Sie sind seelisch sehr ausgeglichen und in einigen Fällen kommt es zu einer großen inneren Bereicherung. Sie entdecken neue Horizonte, und neue Disziplinen oder Hobbys (Sport, asiatische Gymnastik, wie Tai Chi oder tibetanische Übungen etc.) könnten dazu beitragen, dass Sie sich auch physisch besser fühlen und dass Ihr Immunsystem besser funktioniert.

Alle anderen sind relativ gut in Schuss bis Ende Juni, aber ab Juli lassen Sie sich zu sehr gehen oder Sie trauen sich körperlich zu viel zu. Ihre Exzesse (unter anderem bei Tisch) könnten dazu führen, dass chronische Beschwerden wieder akut werden, und bei typischen Vertretern Ihres Zeichens sind Leber, Gallenblase oder das Verdauungssystem anfälliger. Sie legen schnell zusätzliche Pfunde zu und es wäre ratsam, vorbeugend den Körper zu entschlacken (einige Tage Diät?). Besonders Juli und August sowie November und Dezember sind in dieser Hinsicht die schwierigsten Monate.

Auch in der zweiten Septemberhälfte neigen Sie zu leichtsinnigen Gesten (z. B. am Steuer oder beim Sport) oder zu Exzessen und überanspruchen Ihren Körper.

In exzellenter Verfassung sind Sie hingegen zwischen dem 12. und 25. Februar und in den ersten beiden Augustwochen, und die vor dem 26. November Geborenen vom 4. bis 20. November. Mars spornt Sie während dieser Phasen zu Bestleistungen an und verleiht Ihnen zusätzliche Energiereserven.

2. Dekade (2. bis 12. Dezember)

Das Jahr 2000 steht für Sie ganz im Zeichen großer Veränderungen und tief gehender Umwälzungen. Die Geburtstage zum Beginn der Dekade (vom 2. bis 5. Dezember) können mit einer großen Wandlung rechnen und in einigen Fällen mit einem Neubeginn. Pluto wandert über Ihre Sonne und symbolisiert oft eine vollkommene Metamorphose, die Ihr Berufsleben oder den Gefühlssektor betreffen kann, manchmal bedingt durch ein Zusammenwirken von Ereignissen, auf die Sie selbst keinen Einfluss haben (z. B. aufgrund der Verlegung Ihrer Firma, durch gesundheitliche Probleme oder einen Ortswechsel). Pluto ist traditionsgemäß Symbol der Zerstörung und Wiedergeburt, und deshalb sind Sie durch äußere Umstände gezwungen, alten Ballast abzuwerfen, um wieder ganz neu zu beginnen. Obwohl diese Umwandlung auf lange

Sicht hin meistens positiv sein dürfte, werden die Monate September und Oktober ziemlich hektisch, da Jupiter gleichzeitig in Opposition steht und eine Reihe von Komplikationen verspricht (z. B. Probleme mit Ihren Vorgesetzten, mit Behörden, mit Verträgen). Deshalb sollten Sie in diesen beiden Monaten besonders vorsichtig handeln und Angebote genau prüfen, bevor Sie Ihre Zustimmung geben!

Die Schützen zum Ende der Dekade (nach dem 7. Geborene) können ebenfalls mit einer radikalen Wende im Leben rechnen, aber der harmonische Uranuseinfluss verspricht auf jeden Fall eine äußerst positive Veränderung. Vielleicht einen neuen Posten? Oder eine völlig neue Situation am Arbeitsplatz? Eine Riesenüberraschung im privaten Bereich? Oder einen Umzug? Auf alle Fälle eine Veränderung, die ganz in Ihrem Sinne ist und völlig unerwartet kommt.

Für die gesamte Dekade sollte es beruflich vor allem zu folgenden Zeitpunkten gut laufen: vom 6. bis 12. Januar, zwischen dem 19. und 24. April, in der ersten Augusthälfte, vom 14. bis 21. September und in den ersten beiden Dezemberwochen. Merkur sorgt für interessante Kontakte, Erfolg bei Verhandlungen, Besprechungen, beim Abschluss eines Vertrages, auf Reisen usw.

Dagegen sind Sie während bestimmter Phasen zerstreut und vergesslich, es kommt zu Missverständnissen und Verspätungen, speziell in der zweiten Februarhälfte, vom 28. März bis 5. April, vom 19. bis 24. Mai und in den letzten Augusttagen. An diesen genannten Daten sollten Sie darauf verzichten, neue Vorhaben zu beginnen, oder bei einer Reise auf alle Details achten (z .B. Ihr Gepäck!).

Auch in Ihrem Gefühlsleben kommt es im neuen Jahr zu radikalen Umwälzungen: einer positiven Wende für die nach dem 7. Geborenen sowie zu tief gehenden Umwälzungen für die vor dem 5. Geborenen. Singles könnten den Partner fürs Leben kennen lernen, und bereits Gebundene erreichen eine höhere Stufe in ihrer Beziehung.

Die schönsten Perioden für die gesamte Dekade: vom 8. bis 16. Januar, vom 26. Februar bis 5. März, vom 14. bis 22. April, zwischen dem 21. und 29. Juli, vom 8. bis 16. September, vom 27. Oktober bis 4. November und zwischen dem 16. bis 25. Dezember. Venus verspricht unvergessliche Momente mit dem Partner, mit Ihren Freunden und Ihren Angehörigen. Sie sind gesellig, charmant und verführerisch und niemand kann Ihrer Ausstrahlung widerstehen.

Zu Unstimmigkeiten oder Reibereien kann es hingegen verstärkt in der letzten Märzwoche, vom 2. bis 10. Juni und zwischen dem 14. und 23. August kommen. Sie ziehen sich aus dem Trubel zurück und haben das Bedürfnis, mehr in sich zu gehen. Vor allem die Geburtstage zum Beginn der Dekade könnten Ende Oktober eine wahre Krise erleben, während alle anderen gegen Jahresende eine äußerst zufrieden stellende Bilanz ziehen können.

Auch auf gesundheitlichem Sektor sind die kosmischen Einflüsse sehr widersprüchlich: Obwohl praktisch alle Schützen Ihrer Dekade eine große Veränderung erleben, ist dies für die nach dem 7. Dezember Geborenen sehr positiv, während die vor dem 4. Geborenen manchmal mit Problemen und gesundheitlichen Komplikationen konfrontiert werden, die ebenfalls tief gehende Umwälzungen bewirken. Pluto zwingt Sie dazu, schlechte Gewohnheiten abzulegen, da chronische Beschwerden im Laufe des Jahres akut werden könnten. Vor allem die Monate September und Oktober werden kritisch, da neben Pluto auch Jupiter ungünstig wirkt und diese kritischen Einflüsse noch verstärkt. Es wäre deshalb ratsam, dass Sie im neuen Jahr – und speziell im September/Oktober! – Ihren Körper möglichst schonen und sich nicht zu viel aufbürden lassen! Außerdem sollten Sie sich einem gründlichen Check-up unterziehen, um eventuelle latente physische Störungen so schnell wie möglich zu erkennen! Die besten Zeitpunkte dafür wären: Ende Februar, Mitte August und die Tage um den 22. November.

Zu leichtsinnigen Reaktionen und zu Exzessen neigen Sie hingegen verstärkt Mitte Januar (um den 19./20.), um den 20. Mai und Anfang Oktober (kritisch um den 3./4.). An diesen Tagen sind Sie unter anderem sehr nervös und lassen sich zu vorschnellen Gesten verführen (z. B. am Steuer, im Haushalt oder beim Sport), und dies könnte unangenehme Folgen haben.

In Superform sind hingegen die zum Ende der Dekade (nach dem 7.) geborenen Schützen: Uranus steht Ihnen das ganze Jahr hindurch zur Seite und signalisiert radikale und positive Veränderungen, die häufig auch Ihren Metabolismus betreffen. So könnten beispielsweise neue sportliche Aktivitäten oder eine komplette Umstellung Ihrer Ernährung dazu beitragen, dass Sie sich wesentlich besser fühlen als zuvor. Oder Sie ändern Ihre Schlafgewohnheiten, und dies wirkt sich ebenfalls sehr positiv auf Ihren Organismus aus ... Kurzum: Eine radikale Wende in Ihrem Leben führt gleichzeitig zu einer allgemeinen Besserung Ihrer körperlichen und seelischen Verfassung und Sie fühlen sich bestens.

Die besten Phasen (für die gesamte Dekade) sind: vom 25. Februar bis 9. März, die zweite Augusthälfte und die Zeitspanne vom 20. November bis 6. Dezember. Mars verleiht Ihnen Energie und Vitalität und Sie sind einfach unermüdlich.

Kritisch werden hingegen die zweite Januarhälfte, die zweite Maihälfte und die ersten beiden Oktoberwochen: Mars verleitet Sie zu waghalsigen und leichtfertigen Manövern, die ins Auge gehen könnten (unvorsichtiges Überholen oder Exzesse beim Sport).

3. Dekade (12. bis 21. Dezember)

Nach einem exzellenten Jahresbeginn sind Sie ab Mitte Februar in einer Übergangs-phase und in den meisten Fällen sollte es beim Status quo bleiben.

In den ersten Wochen beschert Ihnen Jupiter, der Planet des Schützen, eine echte Erfolgssträhne und einigen gelingt ein Volltreffer: ein günstiger Bescheid (von einer Behörde oder von Ihrer Bank?), eine Nachzahlung oder ein Prozessgewinn? Außer-dem haben Sie gute Karten, um größere Vorhaben zu beginnen (z. B. die Gründung des eigenen Unternehmens oder einen neuen Posten). Besonders Erfolg verspre-chend ist die erste Februarwoche, exzellent für den Abschluss eines Vertrages, eine Reise, neue Kontakte oder Examen und schriftliche Aufgaben.

Anschließend wird es relativ ruhig. Merkur sorgt während folgender Perioden für erfolgreiche Verhandlungen, Bewerbungen oder Verträge: in der letzten Aprilwoche, vom 12. bis 22. August, zwischen dem 21. und 28. September und 11. und 23. Dezem-ber. Zu Missverständnissen und Verzögerungen könnte es hingegen besonders zwi-schen dem 5. und 13. April, in der letzten Maiwoche und in der ersten September-woche kommen. Oder Sie sind zerstreut und deshalb unterlaufen Ihnen dumme Fehler ...

Auch auf dem privaten Sektor beginnt das Jahr unter den besten Voraussetzungen und in den ersten Wochen sind alle Hoffnungen erlaubt. Allein Stehende finden Anschluss, manchmal kommt es zur Liebe auf den ersten Blick. Auch Heirat oder Nachwuchs sind nicht ausgeschlossen, und in einigen Fällen haben Ereignisse vom vergangenen Juni jetzt Konsequenzen ... Eine echte Sternstunde erwartet Sie zwi-schen dem 16. und 24. Januar (Venus und Jupiter, die beiden Glücksbringer, wirken gleichzeitig positiv!) und für viele geht ein alter Wunschtraum in Erfüllung.

Ab Mitte Februar wird es auch auf dem Gefühlssektor ziemlich ruhig und größere Umwälzungen sollten Ihnen erspart bleiben. Venus sorgt während bestimmter Perioden für glänzende Laune, aufregende Begegnungen, Spaß und Vergnügen, speziell zwischen dem 5. und 13. März, in der letzten Aprilwoche, in der ersten Augustwoche, zwischen dem 16. und 24. September, vom 4. bis 13. November und in der letzten Dezemberwoche. Sie sind verführerischer denn je, gewinnen neue Freunde und werden nach allen Regeln der Kunst verwöhnt.

Zu (kleinen) Unstimmigkeiten und Auseinandersetzungen könnte es hingegen in der ersten Aprilwoche, zwischen dem 10. und 18. Juni und in der letzten Augustwoche kommen ...

Im Januar und in der ersten Februarhälfte sind Sie in Höchstform: Sie fühlen sich gesundheitlich bestens und sind auch seelisch sehr ausgeglichen, voller Lebensfreude und Optimismus. Nützen Sie den günstigen Einfluss von Jupiter, um im Falle einer Krankheit neue Heilmethoden oder Medikamente einzusetzen (speziell Anfang Januar!).

Weitere günstige Perioden: Vom 9. bis 23. März, in der ersten Septemberhälfte und zwischen dem 6. und 23. Dezember sind Sie in Bestform und Mars verleiht Ihnen Vitalität und Stehvermögen.

In den ersten beiden Februarwochen und in der ersten Junihälfte sowie zwischen dem 18. Oktober und 4. November sollten Sie hingegen auf der Hut sein und jedes unnötige Risiko vermeiden, speziell wenn Sie Sport treiben oder mit gefährlichen Gegenständen hantieren!

Ihre Sterne 2001 bis 2005

Das Jahr 2001 wird für viele Schützen ein relativ schwieriges Jahr und speziell die erste Jahreshälfte bringt Komplikationen mit Behörden, Papierkram, finanziellen Problemen usw. Dazu kommt für die Schützen der ersten Hälfte des Zeichens (zwischen dem 22. November und 7. Dezember Geborene) der hemmende Saturneinfluss, der gewisse Restriktionen, neue Verantwortung und manchmal Verluste bedeuten könnte.

2002 sind vorwiegend Dezembergeburtstage von Saturn betroffen, und viele müssen Bilanz ziehen, Kompromisse eingehen oder alten Ballast abwerfen. Ab Sommer 2002 hingegen steht Ihnen Jupiter zur Seite, und bis August 2003 winkt eine wahre Glückssträhne.

Nach einer hektischen Periode zwischen August 2003 und September 2004 sind Sie anschließend wieder auf Erfolgskurs und bis Oktober 2005 sind Ihre Aktien stark im Steigen begriffen. Ideale Voraussetzungen, um große neue Projekte zu beginnen (z. B.

neue Partnerschaften oder die Gründung des eigenen Unternehmens). Auch im privaten Bereich geht bei diesen positiven Jupiteraspekten oft ein lang ersehnter Wunschtraum in Erfüllung (Heirat oder Nachwuchs nicht ausgeschlossen) ...

Neben diesen Einflüssen für alle Schützen wirkt Neptun von Anfang 2001 bis Ende 2003 günstig für die Ende November und Anfang Dezember Geborenen, die eine wahre Sternstunde erleben könnten, beruflich oder privat. Ihr Wirkungsbereich erweitert sich, Sie entdecken neue Interessen für Philosophie, Kunst oder Religion, und einigen gelingt es, künstlerische Talente in bare Münze umzuwandeln. Die Schützen, die zwischen dem 5. und 9. Dezember geboren sind, erleben diesen harmonischen Neptun 2004 und 2005, was in einigen Fällen auch privat eine echte Sternstunde bedeuten könnte (Hochzeit? Traumpartner?).

Die Schützen der zweiten Dekade (zwischen dem 2. und 12. Dezember geboren) erleben zwischen 2001 und Ende 2003 tief gehende Umwälzungen, die oft einen neuen Lebensabschnitt bedeuten, beruflich oder privat. Sie gehen völlig neue Wege und Sie verändern sich von Grund auf: Manchmal ändern Sie auch Ihre Frisur, Ihren Look und sind kaum wiederzuerkennen. Oder ein Zusammentreffen von Ereignissen führt bei derartigen Plutoeinflüssen zu einer einschneidenden Veränderung in Ihrem Leben, und Sie sehen vieles mit ganz neuen Augen. In den Jahren 2004 und 2005 sind dann die zwischen dem 12. und 18. Dezember Geborenen davon betroffen ...

Auch Uranus bewirkt radikale Veränderungen in Ihrem Leben, die aber eindeutig positiv für Ihre Karriere und Ihr Privatleben sind. Zwischen Anfang 2001 und Ende 2003 bringt Uranus eine äußerst günstige Wende in Ihrem Leben, wenn Sie zur dritten Dekade gehören (zwischen dem 12. und 21. Dezember Geborene): vielleicht einen Umzug, einen neuen Job, eine Riesenüberraschung oder Liebe auf den ersten Blick ...

Etwas schwerer haben es hingegen die Schützen der ersten Dekade (vom 22. November bis 2. Dezember geboren), die 2004 und 2005 mit einer einschneidenden Wende rechnen müssen, oft verbunden mit unerwarteten Ereignissen, mitunter auch Rückschlägen.

Wenn man allerdings eine zusammenfassende Bilanz für die nächsten fünf Jahre zieht, kommen Sie recht gut über die Hürden, und vor allem die Perioden zwischen August 2002 und September 2003, sowie September 2004 bis Oktober 2005 sind Erfolg versprechend, denn mit der Hilfe Jupiters, dem Planeten Ihres Sternzeichens, gelingt Ihnen fast alles. Dazu kommt für die oben genannten Geburtsdaten der seltene Einfluss von Neptun, Uranus und Pluto (praktisch nur einmal im Leben in ähnlicher Form spürbar!), und dies bedeutet große Umwälzungen und meist vorteilhafte Veränderungen in Ihrem Leben!

Steinbock

vom 22. Dezember
bis 20. Januar
Ihr Motto:
„Ich benütze"

Typisch Steinbock

Der wahre Weise baut auf Sand, wissend, dass alles Vergängliche vergeblich ist und kaum etwas auf dieser Welt dauerhafter ist als der Atem des Windes oder die Farbe des Himmels." Dieser Satz von Henri de Régnier, einem französischen Poeten des 19. Jahrhunderts, bezeichnet sehr genau den Hunger nach Vollkommenheit und die Melancholie des zehnten Tierkreiszeichens.

Der Herrscher des Steinbocks ist Saturn (alias Chronos, die Zeit). Es ist endgültig Winter geworden, und auch das Herz neigt dazu, sich mit Reif zu bedecken, ähnlich der eisigen Natur, die sich in sich zurückgezogen hat. Der Steinbock nützt alle verborgenen Kräfte, um der Unbill des Wetters zu trotzen.

Und wenn der gestrenge, ernsthafte Saturn – dieser Greis mit einer Sichel, Symbol der verrinnenden Zeit, der inneren Andacht und allmählichen Entsagung – Sie bei der Verteilung irdischer Prüfungen nicht vergisst, so sind Sie gemeinsam mit dem Skorpion am besten gewappnet, um gegen das Missgeschick anzukämpfen.

Außerdem sind Sie sich zutiefst bewusst, dass Ihr Vorankommen und Ihre Selbstüberwindung nur zu diesem Preis zu haben sind. Im Übrigen sind Sie ein Erdzeichen, das heißt, realistisch und praktisch veranlagt.

Sie lieben konkrete und genaue Dinge und sind überdies ein Kardinalzeichen, also auf Entscheidung und Aktivität ausgerichtet. Außerdem ist Ihr Zeichen weiblich, was Sie sehr aufnahmefähig macht.

Traditionell ist Ihr Tag der Samstag, Ihre Farben sind Dunkelbraun und Schwarz, Ihr Parfum ist das Geißblatt, Ihre Pflanzen sind der Mohn und die Eiche. Blei ist Ihr Metall – Blei, das Sie in Gold verwandeln wollen. Ihr Stein ist der Onyx, und die 9 und die 14 sind Ihre Zahlen.

Steinbock, wer sind Sie?

Obwohl unter Ihnen auch besonders gelungene Beispiele zu finden sind – meistens mit einem starken Einfluss der Venus oder einer anderen Planeten-Dominante – ist der Steinbock vom Aussehen her im Allgemeinen nicht die Verführung an sich.

Er hat oft ein glanzloses, kaltes und unauffälliges Äußeres. Im Übrigen will er nicht verführen. Er hat oft ein langes Gesicht mit hervorstehenden Wangenknochen – ähnlich einer Ziege, dem Symboltier Ihres Zeichens. Haare und Augen sind meist dunkel, die Haut eher bleich. Sie sind groß gewachsen, knochig und im Allgemeinen mager. In der Masse gehen Sie oft unter, denn Sie sind eher unauffällig: Herr Jedermann. Sie, Madame Steinbock, haben oft schöne und regelmäßige Gesichtszüge. Man hat allerdings das Gefühl, dass Sie diese aus einer schüchternen Bescheidenheit heraus, aber vielmehr aus einem gewissen Stolz, verstecken wollen. Denn Ihr Zeichen ist sehr introvertiert. Sie sind nicht sehr mitteilsam, sondern sehr in sich gekehrt, was Ihnen oft als Kälte und Gefühllosigkeit ausgelegt wird.

Tatsächlich sind Sie von einer echten und tiefen Sensibilität, obwohl Sie diese dauernd unterdrücken und beherrschen wollen. Gerade wegen Ihrer Verletzlichkeit tragen Sie, ähnlich wie der Krebs, der Ihnen im Tierkreis genau gegenübersteht, eine Maske der Gleichgültigkeit oder zumindest eine kühle Haltung zur Schau, die Ihre Umwelt überraschen kann. Mit dem Unterschied, dass der Krebs ganz spontan reagiert, während dies bei Ihnen sehr bewusst und überlegt geschieht, so dass es fast zu einer zweiten Haut wird.

Daraus folgernd kann man sagen, dass Sie unempfindlich sind. Hinzu kommt, dass Ihr Charakter aktiv und auch sekundär ist – das heißt, dass Sie nicht im Augenblick (spontan), sondern erst mit einer gewissen Verspätung reagieren, wie eine Art Zeitzünder. Denn schließlich gehören Sie zum phlegmatischen Charaktetyp. Falls in Ihrem Horoskop ein starker Einfluss von Sonne, Uranus oder Mars dazustößt, können Sie sich zum leidenschaftlichen Typus zählen, ähnlich dem Löwen Napoleon. Allerdings verkörpern Sie dann eine kühle Leidenschaft. Sie verstecken Ihre wahre Natur. Unter dem Mantel der Bescheidenheit sind Sie unabhängig und ehrgeizig, dem Steinbock ähnlich, der in Richtung Gipfel klettert. Und hinter der Maske der Demut und der Diplomatie sind Sie häufig überheblich und unerbittlich – wie Stalin oder Talleyrand.

Unter allen Sternzeichen verfügen Sie über die meiste Kaltblütigkeit und die größte Selbstkontrolle. Dafür unterdrücken Sie dauernd Ihre Empfindsamkeit, die Sie ableugnen, und die Sie Ihrer Meinung nach daran hindert, den Gipfel zu bezwingen, der für Sie gleichbedeutend mit dem Leben ist.

Denn Sie sind ein gieriger Mensch, aber nicht von der unersättlichen, dionysischen Gier des Frühlingszeichens Stier, dessen Instinkte sehr fordernd sind. Nein, Sie sind begierig aufgrund von Versagungen in Bezug auf das, was Ihnen fehlt. Ihr ganzes Leben lang werden Sie versuchen, diesen besonderen Hunger nach neuen Dingen zu stillen. Ehre, Geld, Macht oder auch weit gefächertes Wissen, wissenschaftliche Er-

kenntnisse, Metaphysik: Sie verfolgen das eine oder andere dieser Ziele mit der Geduld, der Hartnäckigkeit und Beharrlichkeit einer Ameise. Das Motto Mao Tse-tungs, eines doppelten Steinbocks, lautet: „Aus eigener Kraft mehr erreichen."

Sie zählen einzig und allein auf sich selbst, weil Sie die Einwirkung des Fatalen auf Ihr Schicksal dunkel ahnen. Und Sie haben Recht damit.

„Wenn man als Adler geboren ist, muss man sich an hohe Horste gewöhnen, wenn als Schriftsteller, muss man lernen, Entbehrungen, Neider und Demütigungen zu er-dulden. Vor allem aber, abseits zu leben", sagt Henry Miller, ein faszinierender Stein-bock.

Während der optimistische Schütze sein Glas halb voll sieht, sehen Sie, Steinbock, das Ihre immer halb leer. Sie sind ein Realist, der Begeisterung ablehnt und der vor allem objektiv sein will. Überzeugen Sie sich selbst davon, dass dieser vorsichtige Pessimismus bereits eine Auslegung der Realität darstellt. Oft genügt schon die Furcht vor bestimmten Dingen, damit diese dann auch prompt eintreffen. Setzen Sie eine rosarote Brille auf, und Sie werden sehen, wie sich Ihre Leistungen verdoppeln. Ihre Zaghaftigkeit kann auf Sie manchmal lähmend wirken ...

Ihre Qualitäten sind solide, Sie sind sehr treu und von unerschütterlicher Verlässlich-keit. Man kann auf Sie zählen, denn Sie sind ruhig, arbeitsam, geduldig und charak-terlich sehr ausgeglichen, allerdings mit einem Hang zum „eingebildeten Kranken" (Sie sind leicht ein Hypochonder).

Ihre Fehler – natürlich haben auch Sie welche – sind: Verschlossenheit, Nörgelei, Sparsamkeit bis zum Exzess und Engstirnigkeit. Vor lauter Vorsicht mangelt es Ihnen oft an Kühnheit.

Ihre Intelligenz

Sie ist langsam, skeptisch und geht den Dingen auf den Grund.

„20 Jahre praktische Studien haben meinen aufsässigen Geist von der Wahrheit der Astrologie überzeugt", sagt der große Astronom Johannes Kepler.

Ihre Intelligenz ist, je nach Ihrem Niveau, entweder praktisch oder auf Erfahrung begründet, realistisch und mit viel gesundem Menschenverstand versehen und, wenn Sie ein Intellektueller sind, bar jeder Leidenschaft. Sie sind gerecht, objektiv, extrem logisch und abstrakt, ohne aber die Konfrontation mit der Erfahrung zu vernachlässigen. Wie Louis Pasteur, der französische Wissenschaftler des 19. Jahrhunderts, der das Prinzip der Impfung entdeckte und sagte: „Ich präsentiere Ihnen Tatsachen, und Sie antworten mir mit Reden."

Sie haben mehr Sinn für Geometrie als für Finesse, eine Intelligenz der begrifflichen Erfassung, die nach dem Urprinzip aller Dinge sucht – wie Montesquieu, ein französischer Philosoph des 18. Jahrhunderts, der die Hauptkriterien bestimmte, die die Völker voneinander unterscheiden: Klima, Umgebung und Epoche.

Sie und die Liebe

Wie schon gesagt, kämpfen Sie gegen Ihre Instinkte an – und zwar so sehr, dass der Krieg oft aus Mangel an Soldaten abgebrochen werden muss.

Denn Sie schaffen es, diese Instinkte zum Schweigen zu bringen, indem Sie sie verdrängen wie Alceste aus Molières „Menschenfeind", der aus Angst zu lieben zum Frauenhasser wird. Wie auch Henry Miller, der meint: „Ich habe mit der knirschenden Maschinerie der Menschheit nichts zu tun."

Ja, Steinbock, Ihr Verteidigungssystem ist perfekt. „Die dümmste Frau weiß einen intelligenten Mann zu leiten", klagt Rudyard Kipling. Sie fürchten insgeheim, mein Herr, dass die Frau Sie von Ihrer Karriere, von Ihrem sozialen Aufstieg – der für Sie an erster Stelle steht – abhalten wird.

Die anderen Erdzeichen, Stier und Jungfrau, können durch ihre realistische Lebenseinstellung, ihren Sinn fürs Praktische und ihre ausgeglichene Beherrschtheit vielleicht diesen dumpfen Widerstand brechen.

Aber Sie sind nicht umsonst das typische Zeichen, das sich gerne der Ehe verweigert (gemeinsam mit dem Schützen und der Jungfrau). Wenn Sie dennoch heiraten, wird es im Allgemeinen eine Vernunftehe sein. Sie können dann ein ruhiger und verlässlicher Lebensgefährte sein, der Verantwortungsbewusstsein besitzt und mit zunehmendem Alter allmählich zahmer wird. Und wie der Efeu, der dort stirbt, wo er einmal Wurzeln geschlagen hat, sind Sie treu bis in den Tod (denn Sie sind für die Dauerhaftigkeit der Dinge).

Auch das kann Ihre Suche nach dem Absoluten befriedigen, Ihre unruhige und misstrauische Seele zutiefst beruhigen und stärken.

Der Steinbock und die anderen Sternzeichen

Steinbock und Steinbock

Nach außen hin erscheint dieses Paar oft langweilig, ohne Salz und Pfeffer. Doch dieser Eindruck kann täuschen. Zumindest körperlich ist die Übereinstimmung perfekt, und wenn Sie nicht beide vom Ehrgeiz zerfressen sind, können Sie privat und beruflich gut miteinander auskommen. Auf alle Fälle bleibt Ihnen immer Ihr Rettungsanker: Ihr Humor, mit dessen Hilfe Sie die schwierigsten Klippen umschiffen werden.

Steinbock und Widder

Mit diesem Draufgänger kommen Sie schwer zurecht. Er ist Ihnen zu feurig und direkt. Ähnlich sind Sie sich nur in Ihrer Ehrlichkeit, aber ansonsten haben Sie sich wenig zu sagen. Es sei denn, der Widder wird ein wenig vernünftig, und Sie gehen mehr aus sich heraus. Aber Ihre sexuelle Anziehung kann man nicht verneinen.

Steinbock und Stier

Mit Ihnen hat er ein hohes Ideal von Treue gemeinsam und auch die notwendige Hartnäckigkeit, wenn er ein Ziel verfolgt. Sie können beruflich und privat ein fast ideales Gespann bilden. Lassen Sie sich ruhig von seiner sinnlichen Lebensfreude ein wenig anstecken.

Steinbock und Zwillinge

Mit diesem Partner haben Sie gute Chancen, ein dauerhaftes Gespann zu bilden, trotz der vielen krassen Gegensätze. Oder vielleicht gerade deshalb, denn der Zwilling liebt geistige Abwechslung und findet außerdem in Ihnen einen Partner, der gern

zuhört. Nur zu oberflächlich darf er nicht sein, denn dann können Sie auch mit seinem ausgeprägten Sinn für Humor nicht viel anfangen.

Steinbock und Krebs

Der Krebs ist Ihr exakter Gegenpol im Tierkreis, und deshalb sind Ihre Beziehungen nie mittelmäßig. Entweder Sie streiten ohne Unterlass oder Sie ergänzen sich auf wunderbare Weise. Sie schätzen seine Sensibilität, doch seine Launen finden Sie unerträglich.

Steinbock und Löwe

Sie sind beide so ehrgeizig, dass Sie völlig außer Acht lassen, dass es noch etwas anderes gibt neben der Karriere. Aber wehe, wenn Sie erfolgreicher sind als Ihr Löwe, dann wird sein Brüllen meilenweit zu hören sein.

Steinbock und Jungfrau

Die Jungfrau ist wie Sie ein Erdzeichen mit einem ausgeprägten Organisationstalent und Sinn fürs Praktische. Gemeinsam haben Sie auch ein stark entwickeltes Pflichtbewusstsein und würden ein ideales Gespann bilden, um ein Unternehmen zu leiten. Zu Hause besteht die Gefahr, dass Sie dauernd über den Beruf reden. Aber wenn Ihnen das so großen Spaß macht, warum denn nicht?

Steinbock und Waage

Sie reden fast ständig aneinander vorbei, denn Sie haben nicht die gleiche Wellenlänge. Die Waage wird nicht verstehen, wieviel Energie Sie aufwenden, wenn Sie ein Ziel erreichen wollen. Nur Ihr Humor kann das Schlimmste verhindern.

Steinbock und Skorpion

Wenn Sie beide die nötige Toleranz zeigen, können Sie es zusammen weit bringen. Ehrgeiz, Gründlichkeit und Hartnäckigkeit haben Sie gemeinsam und auch eine anspruchsvolle Sexualität – eine perfekte Beziehung also. Eine Gefahr jedoch: Sie hassen beide jegliche Art von Kompromissen und neigen zur Intoleranz!

Steinbock und Schütze

Ihre Intelligenz und Ihr gemeinsames Streben nach hohen Idealen kann dazu beitragen, die sonst sehr starken Gegensätze zwischen Ihnen zu überbrücken. Dank seiner Großzügigkeit und mit ein wenig gutem Willen von Ihrer Seite, können Sie ein harmonisches Gespann bilden. Nächtelang werden Sie über Gott und die Welt diskutieren.

Steinbock und Wassermann

Obwohl Sie beide Saturn-Menschen sind, ist Ihr Saturn weniger fröhlich als der Ihres Partners. Er weiß, dass er auf Sie zählen kann, allerdings ist dies umgekehrt nicht unbedingt der Fall. Am wenigsten können Sie an ihm ausstehen, dass er ununterbrochen seine Ansichten ändert.

Steinbock und Fische

Der Fisch ist wohl das Zeichen, das Ihre tiefe Sensibilität am besten versteht. Was er an Ihnen besonders schätzt, ist die Tatsache, dass Sie alle Situationen zu meistern wissen. Dann kann sich der Fisch ruhig hinter seinen Felsen zurückziehen und weiter träumen.

Ihre Gesundheit

Unter allen Tierkreiszeichen sind Sie das widerstandsfähigste, obwohl Sie als Kind oft eine schwächliche Konstitution hatten und in der Entwicklung hinter den anderen zurückblieben. Aber die Zeit, deren Symbol Ihr Herrscher Saturn ist, arbeitet für Sie.

Je älter Sie werden, desto besser sehen Sie aus, und Sie verfügen über eine gehörige Portion Humor – eines der besten Rezepte, die Dinge mit Abstand zu sehen. Sie sind anfällig für Rheumatismus (besonders die Kniegegend) und auch für Arthritis, denn Ihr Knochensystem ist empfindlich. Außerdem neigen Sie zu Stürzen und Brüchen, besonders der unteren Gliedmaßen und der Wirbelsäule. Machen Sie Lockerungsübungen, um Sklerose – das Synonym des Alterns – zu verhüten. Achten Sie auf Ihre Haut.

Ihre Berufung

Sie ist in erster Linie an Ihr Erdzeichen gebunden. Berufe wie Landwirt, Bergmann, Höhlenkundler und Alpinist faszinieren Sie. Außerdem intellektuelle Berufe, die Präzision und Ausdauer verlangen, wie Archivar, Buchhalter, Jurist und Forscher. (Kepler arbeitete 27 Jahre lang an der Formulierung seiner berühmten Gesetze.) Und nicht zuletzt natürlich Politiker. Neben dem Löwen ist es Ihr Zeichen, aus dem sich die meisten Politiker rekrutieren.

Ihr Schicksal

Je nach Ihrem Entwicklungsgrad entscheiden Sie sich entweder für eine materielle oder politische Karriere – dies ist der Fall bei Augustus, Mao Tse-tung und Howard Hughes – oder Sie streben nach geistiger und intellektueller Vollkommenheit, Entsagung, Entäußerung, Abstraktion und Askese wie Nostradamus (der französische Arzt, Prophet und Astrologe des 16. Jahrhunderts), Louis Pasteur oder Johannes Kepler.

Ch. Pégny, der französische Dichter, sagt: „Der Mensch gelangt nur in dem Maße zu sich selbst, in dem er bereit ist, auf Distanz zu sich zu bleiben." Typisch Steinbock. Jedenfalls ist dieser Aufstieg im Allgemeinen langsam, aber regelmäßig, und den Erfolg verdanken Sie fast ausschließlich Ihrer Anstrengung, Ihrem persönlichen Verdienst. Im Falle eines Misserfolges trägt bei Ihnen das Schicksal fast immer einen großen Teil der Schuld.

Berühmte Steinböcke

Talleyrand, Juan Carlos, Richard Nixon, Konrad Adenauer, Helmut Schmidt, Kaiser Karl V., Mao Tse-tung, Allen Watts, Jack London, Edgar Allan Poe, Simone de Beauvoir, Rudyard Kipling, Henry Miller, Carl Zuckmayr, Friedrich Dürrenmatt, Pergolesi, Henri Matisse, Paul Cézanne, Utrillo, Federico Fellini, Richard Widmark, Gerard Depardieu, Michel Piccoli, Clark Gable, Kevin Costner, Gary Grant, Marlene Dietrich, Ava Gardner, Faye Dunaway, Hanna Schygulla, Hildegard Knef, Maria Schell, Elvis Presley, Joan Baez, Adriano Celentano, David Bowie, Rod Stewart, Al Capone, Howard Hughes, Isaac Newton, Tycho Brahe, Johannes Kepler, der große Grock, Danny Kaye, Molière, Cassius Clay, Joe Frazier.

Ihre Sterne 2000

1. Dekade (21.Dezember bis 1. Januar)

Das neue Jahr beginnt unter den besten Voraussetzungen: Sie sind voller Tatendrang und kaum zu halten. Mars stimuliert Sie zu Glanzleistungen (bis 17. Januar) und zusätzlich verspricht Merkur in der ersten Woche des Jahres Erfolge bei Verhandlungen, Bewerbungen, Examen oder auf Reisen. Sie finden die richtigen Worte im richtigen Augenblick und schaffen sich exzellente neue Kontakte.

Ab Mitte Februar winkt eine echte Glückssträhne: Jupiter beschert Ihnen interessante Chancen und optimale Jobperspektiven. Sie können sich bestens entfalten und einigen gelingt ein Volltreffer. Vielleicht ein positiver Bescheid von Ihrer Bank? Eine Beförderung? Lob von einem Vorgesetzten? Oder ein neuer Posten? Alle Hoffnungen sind erlaubt und bis Anfang April sollten Sie diese günstige Konstellation nützen, um größere Vorhaben zu beginnen, die Ihnen besonders am Herzen liegen!

Ab April wird es dann etwas ruhiger und der Rest des Jahres wird in den meisten Fällen eine Übergangsphase, in deren Verlauf es beim Status quo bleiben dürfte ...

Die besten Perioden für schriftliche Arbeiten (Ihre Korrespondenz, Seminare, Manuskripte etc.), für den Abschluss eines Vertrages, Reisen, Examen, Ihre (berufliche) Weiterbildung usw. sind: die erste Maiwoche, die letzte Augustwoche, die erste Oktoberwoche, die Phase vom 27. Oktober bis 20. November und die letzte Dezemberwoche.

Zu Verspätungen oder Missverständnissen könnte es hingegen verstärkt zwischen dem 13. und 19. April, in der ersten Juniwoche und zwischen dem 7. und 14. September kommen. Merkur funkt Ihnen während dieser Phasen dazwischen und Sie sind zerstreut, vergesslich und können sich nur schwer auf Ihre Arbeit konzentrieren.

Auch auf dem privaten Sektor wird die Periode von Mitte Februar bis Anfang April exzellent und Jupiter verspricht unvergessliche schicksalhafte Begegnungen und wunderschöne Momente im Kreise Ihrer Freunde oder Ihrer Familie (Heirat oder Nachwuchs nicht ausgeschlossen). Eine wahre Sternstunde erleben Sie in der Woche vom 13. bis 21. März (Venus und Jupiter sind positiv!), und für einige geht ein lang ersehnter Wunschtraum in Erfüllung. Ab April wird es etwas ruhiger in Ihrem Leben und Sie ruhen sich auf Ihren Lorbeeren aus. Weitere zauberhafte und romantische Venusperioden: die erste Januarwoche, die erste Maiwoche, die beiden ersten Augustwochen, die letzte Septemberwoche und die Tage vom 13. bis 21. November: Sie sind der strahlende Mittelpunkt des Geschehens und man liegt Ihnen zu Füßen, verwöhnt Sie nach allen Regeln der Kunst.

Venus zeigt sich aber auch ab und zu von ihrer weniger guten Seite, und es kann dann zu kleinen Unstimmigkeiten kommen. Oder Sie schmollen, ziehen sich in Ihre Schale zurück und sind weniger gesellig als sonst (allerdings nur vorübergehend, da die positiven Einflüsse wesentlich stärker sind). So sind Sie zwischen dem 6. und 14. April, in der zweiten Junihälfte und in der ersten Septemberwoche weniger gut gelaunt ...

Das Jahr 2000 wird gesundheitlich in den meisten Fällen ein sehr gute Jahr und Ihre körperliche und seelische Verfassung ist äußerst robust und ausgeglichen. In den ersten beiden Januarwochen sind Sie energiegeladen und sehr vital, und Mars spornt Sie zu Bestleistungen an. Anschließend, von Mitte Februar bis Anfang April, steht Ihnen Jupiter zur Seite und Sie fühlen sich rundum glücklich, sind voller Lebensfreude und Optimismus. Im Falle einer Krankheit – oder bei chronischen Beschwerden – hätten Sie alle Trümpfe in der Hand, um erfolgreich neue Heilverfahren oder neue Medikamente einzusetzen. Merken Sie sich vor allem die letzte März- und die erste Aprilwoche vor, da die Konstellation dann optimal ist!

Weitere günstige Perioden: die zweite Septemberhälfte und die letzte Dezemberwoche. Sie sind gut in Schuss, sehr dynamisch und widerstandsfähig.

Etwas kritischer könnten hingegen die Tage zwischen dem 12. und 25. Februar, die zweite Junihälfte und die Phase vom 4. bis 20. November werden. Mars verleitet Sie während dieser Perioden zu leichtsinnigen und überstürzten Reaktionen, die ärgerliche Folgen haben könnten (z. B. im Verkehr, im Haushalt, bei sportlichen Aktivitäten).

Ihre endgültige Jahresbilanz sollte hingegen äußerst positiv ausfallen, und Sie werden rückblickend feststellen, dass 2000 ein exzellentes Jahr für Sie war!

2. Dekade (1. bis 11. Januar)

Ein exzellentes Jahr kündigt sich an und besonders in den ersten fünf Monaten liegen Sie auf Erfolgskurs, beweisen Ausdauer und Weitblick, treffen langfristige Entscheidungen und können damit Ihre Position festigen. Saturn, der Planet des Steinbocks, nimmt Sie unter seine Fittiche und verleiht Ihnen außergewöhnliche Energiereserven. Sie lassen nicht locker, gehen den Dingen auf den Grund und bauen auf einer sehr soliden Basis auf. Vielleicht betraut man Sie mit einer neuen Verantwortung, verbunden mit einer Gehaltserhöhung? Speziell in den Monaten April und Mai haben Sie großartige Jobperspektiven: Jupiter, der traditionelle Glücksplanet, verspricht wahre Sternstunden und für so manchen Steinbock geht ein alter Wunschtraum in Erfüllung. Vielleicht ein neuer Posten? Ein Geldgewinn (im Spiel oder durch Spekulation)? Oder ein seit langem erwarteter Bescheid von einer Behörde, einer Bank? Nützen Sie Ihre Chancen speziell in der ersten Aprilwoche und in der ersten Maihälfte!

Weitere Perioden, in denen Sie den Grundstein für solide Vorhaben legen können: die Tage vom 1. bis 12. Januar, zwischen dem 11. Februar und 10. März, vom 28. März bis 5. April, im Mai(!), Ende August, zwischen dem 7. und 26. Oktober und in der letzten Novemberwoche. Während dieser genannten Phasen wirkt Merkur günstig (in den ersten Monaten unterstützt von Saturn, und im April/Mai auch von Jupiter!), so dass Ihre Chancen auf berufliche oder gesellschaftliche Erfolge optimal sind. Eventuelle Verhandlungen, den Abschluss wichtiger Verträge, Reisen etc. sollten Sie möglichst in diesen Perioden einplanen. Dagegen wäre es ratsam, zu bestimmten Zeitpunkten, wenn die Konstellation weniger günstig ist, etwas langsamer zu treten und einen Gang zurückzuschalten. Lassen Sie beispielsweise in folgenden Phasen kein Detail außer Acht: zwischen dem 19. und 24. April, vom 6. bis 30. Juni, im August und zwischen dem 14. und 21. September. Gehen Sie den Dingen auf den Grund, und ver-

222

suchen Sie, weniger oberflächlich zu sein, weniger zerstreut, denn es könnte zu ärgerlichen Missverständnissen kommen ...

Auch in der Liebe beginnt das neue Jahr mit einer Phase der Konsolidierung: Bestehende Bindungen werden tiefer und fester, und Saturn schweißt Ihre Beziehungen zusammen. Man zeigt Ihnen, wie sehr man Sie schätzt, und Ihre Zuneigung wird erwidert. Im Laufe der ersten Monate (bis Mai) gewinnen Sie neue Freunde und bauen dauerhafte Beziehungen auf.

Von Anfang April bis Mitte Mai verspricht Jupiter – parallel zu Saturn – eine echte Glückssträhne und alle Hoffnungen sind erlaubt. Sie treffen weit tragende Entscheidungen und haben das Glück auf Ihrer Seite. Allein Stehende finden den idealen Partner, und bereits Gebundene erleben ebenfalls eine Sternstunde (ein Baby? eine Hochzeit?). Vor allem die Tage zwischen dem 9. und 17. Mai sollten Sie sich rot im Kalender anstreichen, da Jupiter, Saturn und Venus gleichzeitig günstig wirken, was äußerst selten ist und eine große Glücksserie verspricht!

Ab Mitte Mai ändert sich die Lage hingegen, und in so mancher Beziehung ist ein wenig Sand im Getriebe. Ende Juni und Anfang Juli hängt bei einigen der Haussegen schief und es kommt verstärkt zu Auseinandersetzungen. Auch zwischen dem 8. und 16. September und in den zehn letzten Novembertagen sind Sie weniger gut gelaunt und schmollen.

Viel besser läuft es dagegen in den zehn ersten Februartagen, in der letzten Märzwoche, zwischen dem 14. und 23. August, vom 2. bis 11. Oktober und Ende Dezember: Venus verwöhnt Sie nach Strich und Faden, Sie sind einfach unwiderstehlich und machen eine Eroberung nach der anderen ...

Das Jahr 2000 beginnt in gesundheitlicher Hinsicht unter den besten Voraussetzungen: Sie sind sehr vital, widerstandsfähig und robust und halten außerdem Ihre

guten Vorsätze vom Jahresbeginn länger als sonst ein, was sich sehr positiv auf Ihr Wohlbefinden auswirkt. Saturn steht Ihnen bis Mitte Mai zur Seite und das bedeutet unter anderem ein außergewöhnliches Stehvermögen und verstärkte Abwehrkräfte. Sie haben während dieser Periode alle Trümpfe in der Hand, um schlechte Gewohnheiten endgültig abzulegen (z. B. das Rauchen oder ungesunde Ernährung) und könnten vorbeugend erfolgreich etwas gegen chronische Beschwerden unternehmen. Besonders im April und in den ersten beiden Maiwochen wirkt auch Jupiter günstig, und die Chancen, neue Heilverfahren oder neue Medikamente einzusetzen, sind optimal. Vor allem die Tage zwischen dem 5. und 19. April sind viel versprechend, und in einigen Fällen könnte es zu außergewöhnlichen Heilprozessen kommen (Saturn, Jupiter und Mars wirken hier gleichzeitig positiv!) ...

Nach Mitte Mai sind die Einflüsse vorwiegend neutral. Nur in den Tagen zwischen dem 2. und 18. Oktober verleiht Ihnen Mars zusätzliche Energiereserven und Sie sind gut in Schuss. Wesentlich schwerer haben Sie es hingegen in den ersten beiden Juliwochen und zwischen dem 20. November und 6. Dezember: Mars wirkt ungünstig und Sie handeln sehr leichtsinnig, lassen sich zu voreiligen Reaktionen verleiten (unter anderem im Verkehr oder bei sportlichen Aktivitäten), die ins Auge gehen könnten. Auch Ende Februar und in der ersten Märzwoche agieren Sie ziemlich überstürzt und sind gesundheitlich anfälliger als sonst.

Trotzdem sollte Ihre endgültige Jahresbilanz sehr positiv ausfallen, und es wäre ratsam, dass Sie die ersten Monate des Jahres richtig nützen, um etwas für Ihr physisches und seelisches Wohlbefinden zu tun (z. B. durch neue Hobbys, Sport, mehr Schlaf und gesündere Kost)! Sie werden feststellen, dass sich dies sehr positiv auf Ihren Organismus und auf Ihr Immunsystem auswirkt!

3. Dekade (11. bis 20. Januar)

Das Jahr 2000 beginnt ziemlich hektisch, und im Januar und Anfang Februar werden Sie mit einer Reihe von Komplikationen konfrontiert; glücklicherweise sieht der Rest des Jahres wesentlich anders aus, und ab Mitte Februar sind Ihre Aktien im Steigen begriffen. Sie haben die Lage wieder gut unter Kontrolle, und ab Mai steht Ihnen (bis zum Jahresende) Saturn, der Herrscherplanet Ihres Sternzeichens, zur Seite und Sie können erfolgreich die Weichen für Ihre Zukunft stellen. Sie haben gute Karten, um langfristige Projekte zu starten und können damit Ihre Zukunft absichern und Ihre Position festigen und ausbauen. Einigen Steinböcken winkt eine verdiente Anerkennung oder eine Auszeichnung, eine Beförderung, sowie neue Privilegien oder eine neue Verantwortung, die gleichzeitig eine Erweiterung Ihres Wirkungsbereiches darstellt. Umso mehr, als Jupiter von Mitte Mai bis Ende Juni eine wahre Glückssträhne verspricht: Sie können sich optimal entfalten, bekommen Hilfe von einflussreichen Freunden und schaffen sich einen exzellente Ausgangsposition. Ihnen gelingt derzeit einfach alles (z. B. ein Erfolg mit einem neuen Produkt, einem neuen Job, mit der Gründung des eigenen Unternehmens oder einer neuen Partnerschaft). Vor allem der Mai wird ein Traummonat in jeder Beziehung ...

Weitere viel versprechende Perioden in diesem Jahr: der 5. bis 13. April, Mai (speziell vom 9. bis 31.), Juni (!), die erste Septemberwoche und die Phase vom 26. November bis 3. Dezember. Wichtige Besprechungen, den Abschluss von Verträgen sowie Reisen, Examen oder schriftliche Arbeiten sollten Sie möglichst während dieser Perioden einplanen, da Ihnen Merkur ebenfalls zur Seite steht (neben Jupiter im Mai/Juni, und Saturn ab Mai). Etwas schwerer haben Sie es hingegen im Januar, Anfang Februar, in der letzten Aprilwoche, der ersten Augustwoche und in den letzten Septembertagen. Es kommt zu Missverständnissen oder Verzögerungen, Sie sind im Stress, oder sehr vergesslich und zerstreut. Vor allem wichtige Besprechungen, eine

Reise oder den Abschluss eines Vertrages sollten Sie nach Möglichkeit nicht während dieser letztgenannten Daten einplanen, sondern während der günstigen Merkur-perioden ...

Auch in der Liebe geht es in den ersten Wochen des Jahres drunter und drüber und Sie sind ziemlich ratlos. Außerdem besteht die Gefahr, dass Sie sich zwischen zwei Stühle setzen und zu lange zögern, und speziell Mitte Februar erleben einige eine herbe Enttäuschung. Nach heftigen Auseinandersetzungen im März verziehen sich die Wolken ab Ende März, und in der ersten Aprilwoche kommt es zu einer rauschen-den Versöhnung – Sie sind der Hahn im Korb. Venus verwöhnt Sie nach Strich und Faden, Sie sind verführerischer denn je und machen aufregende Eroberungen. Ab Mai beginnt eine viel versprechende Periode, die bis zum Jahresende andauert und eine allgemeine Stabilisierung und Festigung Ihrer Bindung verspricht. Man zeigt Ihnen, wie sehr man Sie mag, und Ihre tiefe Zuneigung wird erwidert. Zwischen Mitte Mai und Ende Juni wirkt auch Jupiter günstig und symbolisiert eine echte Glücks-strähne. Singles finden den Traumpartner, bestehende Beziehungen erreichen ein höheres Niveau, und für einige geht ein alter Wunschtraum in Erfüllung (Heirat? Nachwuchs?).

Weitere Glücksperioden werden: der 5. bis 13. Juli, die letzte Augustwoche, der 11. bis 19. Oktober und die erste Dezemberwoche. Venus verspricht während dieser ge-nannten Phasen Spaß und Vergnügen, glänzende Laune und unvergessliche Momen-te im Kreise Ihrer Freunde oder in den Armen Ihres Partners ...

Kleine Unstimmigkeiten sind hingegen – neben der letzten Aprilwoche – auch zwi-schen dem 16. und 24. September an der Tagesordnung, und es liegt an Ihnen, dem Partner (oder einem Freund?) einen Schritt entgegenzukommen ...

Das Jahr 2000 fängt im gesundheitlichen Bereich ziemlich schwierig an, und bis Mit-te Februar neigen Sie zu Exzessen und lassen sich zu unvernünftigen Reaktionen und

Übertreibungen hinreißen. Sie sollten sich körperlich mehr schonen und weniger über die Stränge schlagen! Auch zwischen dem 9. und 23. März lassen Sie sich zu leichtsinnigen Manövern verleiten, und dies könnte unter anderem im Straßenverkehr, beim Sport, im Haushalt oder im Umgang mit gefährlichen Gegenständen unangenehme Folgen haben. Dies gilt ebenfalls in der zweiten Julihälfte und zwischen dem 6. und 23. Dezember ...

Ab Mai hingegen sind Sie sehr widerstandsfähig und robust: Saturn stärkt Ihre körperlichen Abwehrkräfte und Ihre innere Ruhe, oft verbunden mit einem positiven Reifeprozess. Zwischen Mitte Mai und Ende Juni sorgt außerdem Jupiter für Optimismus und Lebensfreude, und Sie fühlen sich rundum bestens.

Optimal ist Ihre Verfassung speziell in der zweiten Aprilhälfte, Anfang Mai und zwischen dem 18. Oktober und 4. November. Mars verleiht Ihnen zusätzliche Energie und Sie fühlen sich bärenstärk, sind kaum zu bremsen ...

Ihre Sterne 2001 bis 2005

Nach einer ziemlich neutralen ersten Jahreshälfte nervt Sie Jupiter von Juli 2001 bis August 2002 mit ärgerlichem Papierkram, Komplikationen mit Behörden oder Ihrer Bank oder juristischen Problemen. Anschließend, von August 2002 bis Sommer 2003 sind die Sterne wieder neutral. Ab Sommer 2003 sind die kosmischen Einflüsse widersprüchlich: Saturn steht bis zum Sommer 2005 in Opposition zu Ihrem Zeichen, und dies symbolisiert oft gewisse Einschränkungen, neue Verantwortung oder Belastungen. Gleichzeitig aber sorgt Jupiter zwischen August 2003 und September 2004 für exzellente Jobperspektiven und auch privat für eine Glücksserie. Anschließend, von September 2004 bis Oktober 2005, funkt Ihnen Jupiter wieder dazwischen und beschert Ihnen eine Reihe von Komplikationen; doch ab Oktober 2005 geht es wieder bergauf und Sie gehen auf Erfolgskurs. Dazu kommt für die Dezember-Steinböcke ab Januar 2004 (bis Ende 2005) ein positiver Uranuseinfluss, der eine unerwartete und radikale Wende in Ihrem Leben verspricht, die äußerst positiv für Ihre Karriere und Ihr Privatleben ist: Vielleicht ein neuer Job? Eine neue Wohnung? Liebe auf den ersten Blick? Kurz: eine Riesenüberraschung, die für viele wie ein Blitz aus heiterem Himmel einschlägt!

Wassermann

vom 21. Januar
bis 19. Februar
Ihr Motto:
„Ich weiß"

Typisch Wassermann

Alle engelhaften und sublimen Facetten des Wassermanns, sein ganzes Streben nach einer Gemeinschaft mit der Menschheit und dem Universum, spiegeln sich in der Musik Mozarts wider, der sagt: „Ich wurde von Himmel und Erde geboren, aber ich gehöre dem Himmel an." Als ein Luftzeichen, nämlich idealistisch und verstandesbetont, und männliches Zeichen gleicht der Wassermann im Wesen dem Zwilling. Außerdem ist er ein fixiertes Zeichen, was für Beständigkeit steht. Der Geist und das Denken haben Vorrang gegenüber den Gefühlen und der Welt der Empfindung. Uranus ist Ihr Herrscherplanet. Wie er auch Herrscher der Wassermann-Ära ist, die auf das Fische-Zeitalter folgt, das Zeitalter des Christentums. Ein aufständischer, origineller und exzentrischer Uranus, Symbol für abrupte Veränderungen und geniale Erfindungen, der den modernen Menschen dazu verleitet, Zauberlehrling zu spielen, indem sich ein immer größerer Abgrund zwischen seiner Seele und seinem Werk auftut. Bevor Uranus von Herschel zur Zeit der französischen Revolution entdeckt wurde, wurde Ihrem Sternzeichen traditionsgemäß das Tagesdomizil Saturns zugeteilt und dem Steinbock sein nächtliches Domizil.

Ihr Tag ist der Samstag, und Ihre Farben sind Dunkelgrau, Schwarz und Violett-Rot. Das zu Ihnen gehörende Parfum stammt vom Farn, und Ihre Pflanzen sind der Lorbeer und der Olivenbaum. Ihr Metall ist das Blei und der Saphir Ihr Edelstein, Ihre Zahl ist die 13.

Wassermann, wer sind Sie?

Trotz der Gestik und des Ganges, die manchmal etwas linkisch und abrupt wirken, gefallen Sie durch Ihre Originalität und Ihr exzentrisches Wesen, weil Sie eben nicht so sind wie die anderen. Im Allgemeinen sind Sie eher groß gewachsen, haben ein eckiges Gesicht, jedoch ohne Härte. Im Gegenteil: Sie besitzen einen freundlichen Blick. Anders als der Löwe, der Ihnen im Sternkreis gegenübersteht und sehr ichbezogen ist, kümmern Sie sich um Ihre Umwelt. Sie sind ein Altruist. In jedem Wassermann steckt ein mehr oder weniger frustrierter Prometheus.

Für Sie existiert der Mensch nur inmitten seinesgleichen, und der Ausspruch von Aristoteles, „Der Mensch ist ein Gesellschaftstier", scheint auf Sie gemünzt zu sein. Es erscheint völlig logisch, dass Freundschaft und Freunde der Mittelpunkt Ihres Lebens sind. Sie besitzen zahllose Freunde, mit denen Sie zu jeder beliebigen Zeit wieder Kontakt aufnehmen können. Und dies, obwohl Sie weniger extrovertiert sind als Ihr Freund, der Zwilling. Obgleich gastfreundlich und hilfsbereit, fast eine Art Seelentröster, reagieren Sie manchmal scharf gegen diese natürliche Neigung, als ob Sie Angst hätten, dass Ihre eigene Persönlichkeit verblassen und Ihre Integrität durch zu viel Geben verloren gehen könnte. So kann der Fall eintreten, dass ausgerechnet Sie als das Gegenteil dessen erscheinen, was Sie wirklich sind. In gewisser Hinsicht ist es die gleiche Kompensationserscheinung, die vom Wassermann Alfred Adler, einem abtrünnigen Schüler Freuds, dargestellt worden ist. Vielleicht aufgrund seiner schwächlichen Konstitution entdeckte er den Instinkt des „Machthungers" als Reaktion auf den Minderwertigkeitskomplex.

Weil Sie ein aktives, aber auch phantasievolles Temperament haben, lieben Sie den Wechsel um des Wechsels willen. Sie mögen die Neuheit als solche, sind für den Fortschritt, für avantgardistische Ideen, ultramoderne Erfindungen, für den letzten Schrei. Die Art, wie Sie sich kleiden, oder einfach Ihre Lebensart schockieren brave oder konservative Menschen. Andere zu provozieren stört Sie im Übrigen kaum. Sie zeigen auch sehr oft einen Hang zum Spiel, der lediglich eine der Facetten Ihrer Abenteuerlust ist. Jede Art von Zwang ist Ihnen überhaupt unerträglich.

Zusammen mit dem Skorpion, dem Schützen und dem Steinbock gehören Sie zu den unabhängigsten Tierkreiszeichen. Sie sind ein unerschütterlicher Individualist, der sich manchmal nur schwer in die Gesellschaft einordnen kann (diese Gesellschaft, die Sie so sehr brauchen). Wie für den Steinbock ist für Sie der Begriff „Verzicht" von großer Bedeutung. Als Luftzeichen gelingt Ihnen jedoch der Höhenflug noch leichter als ihm. Die Macht der Trägheit, die den Erdzeichen innewohnt, diese Schwere, von der die französische Autorin Simone Weil in „Gewicht und Gnade" spricht, macht Ihnen kaum zu schaffen: „Die Verbundenheit ist Erzeuger von Illusionen, und wer immer auch das Reale sucht, muss losgelöst sein", so schreibt diese Philosophin.

Für den idealistischen und engelhaften Wassermann liegt das Wahre außerhalb der Materie. Ein Stier, der sicher auf seinen vier Hufen steht, hätte davon eine ganz andere Vorstellung. Für ihn ist das Wahre das Greifbare. Schließlich muss man hinzufügen, dass Sie eine starke Intuition und große Vorstellungskraft besitzen. Trotzdem, lieber Wassermann, sind Sie bei weitem nicht perfekt. Ihre Fehler sind Launenhaftigkeit, Reizbarkeit, Widerspruchsgeist und Neigung zu paradoxer Kritik, Aggressivität (ähnlich dem Skorpion) sowie eine Originalität, die leicht zur Extravaganz wird. Aber vor allem neigen Sie zur Gleichgültigkeit und manchmal zur Grausamkeit, bedingt durch eine mögliche Trennung von Geist und Seele, als wollte dieser jene zum Schweigen bringen oder zum Krüppel machen.

Ihre Intelligenz

Sie ist beweglich und spiegelt Ihre allumfassende Neugier wider. Sie verarbeitet alles Neue leicht und mit einer gewissen Gier (Kultur und Wissen sind dem Wassermann wichtig). „Lerne das Einfachste", rät Bertolt Brecht. Außerdem verleiht Ihnen Uranus einen scharfen kritischen Geist, der manchmal zur Revolte neigt. Sie besitzen polemische Fähigkeiten. Der revolutionäre und geistvolle Beaumarchais ist typisch für dieses Tierkreiszeichen: „Bedenkt man all die Tugenden, die man von einem Dienstboten erwartet, so frage ich Sie, Exzellenz, ob Sie viele Herren kennen, die würdig wären, Dienstbote zu sein?" Ein dreister Geist also, ähnlich dem Prometheus, erfinderisch, sogar seherisch und surrealistisch veranlagt. Mit Ihrem der Zukunft zugewandten Geist sind Sie übrigens ein Liebhaber der Science Fiction.

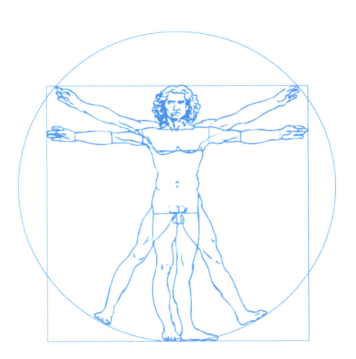

Sie und die Liebe

Da Sie geistvoll sind und eine überschwängliche Phantasie haben, ist es nicht ver-
wunderlich, dass Sie vom anderen Geschlecht sehr geschätzt werden. Sie sind auch,
wen wundert's, zu einer „großen Liebe" fähig. Denn Sie sind ein Schwärmer. André
Breton, dieser surrealistische Wassermann, schreibt über dieses herrliche und freie
Gefühl in „Die besessene Liebe" (L'amour fou): „Sich auflösen, um mir gestatten zu
können, Dich zu lieben, wie der erste Mann die erste Frau geliebt hatte in völliger
Freiheit; dieser Freiheit, für die das Feuer selbst zum Menschen wurde." Es ist fast
verhängnisvoll, denn auf lange Sicht erwartet Sie, idealistisch und phantasievoll, wie
Sie sind, die Enttäuschung, wenn der Alltag mit seiner verhassten Routine dazwischenfunkt. Als echtes Luftzeichen fallen Sie dann aus allen Wolken. Es sei denn,
dass Sie das große Abenteuer eines Lebens zu zweit mit einem anderen Luftzeichen
wagen, mit der schönheitsliebenden Waage oder dem quicklebendigen Zwilling,
beide sentimental, geistvoll und kontaktfreudig wie Sie selbst. Denn Vorurteile
haben Sie nicht (wenn doch, dann höchstens das des Anti-Konformismus). Milieu,
Rasse oder Herkunft Ihres Partners sind für Sie kein Kriterium, und eine freie Bindung
macht Ihnen keine Angst. Sie sind auch ein Anhänger der „freundschaftlichen Liebe"
oder der „verliebten Freundschaft". Dagegen kann man nicht behaupten, dass Sie
treu sind wie Penelope (die Frau des Odysseus, Sinnbild standhafter Frauentreue),
denn Sie hassen es, zu warten und sich nicht zu bewegen. Scheidungen sind bei diesem Uranus-Zeichen keine Seltenheit, da dieser Planet einen plötzlichen Wechsel
und abrupte Trennungen symbolisiert.

Der Wassermann und die anderen Sternzeichen

Wassermann und Wassermann

Einer muss dem anderen seine Unabhängigkeit lassen, ansonsten wird Ihre Beziehung ein wahres Versteckspiel. Gemeinsam können Sie eine Menge Dinge unternehmen, denn Sie sind beide schnell begeistert und haben zahllose Ideen. Außerdem haben Sie viel Humor und werden sich wohl kaum langweilen. Aber wer wird sich inzwischen um den Haushalt kümmern?

Wassermann und Fische

Gemeinsam können Sie große Ziele verwirklichen oder zumindest anpeilen, meistens für humanitäre Zwecke. Ihr großes Problem: Sie schweben beide fast dauernd über den Wolken und sollten ab und zu auf die Erde zurückkommen. Schließlich gibt es auch ganz banale irdische Probleme, die gelöst werden müssen.

Wassermann und Widder

Sie beide sind echte Komplizen. Mit diesem Partner können Sie durch dick und dünn gehen. Er liebt wie Sie alles Neue und Unvorhergesehene. Sie können mit ihm stundenlang Pläne schmieden – und vielleicht sogar verwirklichen. Denn da, wo Sie in Gedanken an Projekten feilen, geht der Widder sofort zur Tat über. Der einzige dunkle Punkt: Ab und zu wird er Ihnen übel nehmen, dass Sie nicht immer so handeln, wie Sie denken – zum Beispiel in der Liebe. Bei Ihnen, Wassermann, läuft alles über das Gehirn.

Wassermann und Stier

Bei ihm brauchen Sie eine gehörige Portion guten Willens, denn Ihr Rhythmus ist nicht der gleiche. Wenn der Stier gerade anfängt, sich wohl zu fühlen, sind Sie schon wieder mit etwas anderem beschäftigt. Er liebt die Beständigkeit und Sie die Abwechslung. Und das kann nicht lange gut gehen ... Es sei denn, dass Ihre Einzelhoroskope zusätzliche Affinitäten aufweisen, die dann Ihre sexuelle Anziehung vervollkommnen.

Wassermann und Skorpion

Oft ist es Liebe auf den ersten Blick, aber auf die Dauer sind die Gegensätze zu krass. Es wird immer Streit geben, bis Sie schließlich auch die Waffen strecken. Oder Sie werden eines dieser Paare, das sich zweimal in der Woche endgültig und für immer trennt, um sich am Tag darauf wieder zu versöhnen.

Wassermann und Schütze

Sie beide verbindet ein gemeinsames Streben nach einem höheren Ideal. Sie können stundenlang in die Sterne gucken und eine neue Weltordnung erfinden, denn Ihre Ansichten über Moral und Gesellschaft sind sich sehr ähnlich. Am besten, Sie gründen mit ihm ein humanitäres Hilfswerk oder Sie starten beide eine Expedition ins Abenteuer.

Wassermann und Steinbock

Obwohl Sie beide Saturn-Menschen sind, ist Ihr Saturn fröhlicher als der Ihres Partners. Sie wissen, dass Sie auf ihn in jeder Situation zählen können, was umgekehrt nicht immer der Fall ist. Ärgern Sie ihn nicht, indem Sie ständig Ihre Ansichten

ändern. Auf alle Fälle hat er Sinn für Humor, und das kann schließlich manche Situation retten.

Wassermann und Zwillinge

Er ist ein Luftzeichen wie Sie und im täglichen Leben kommen Sie ausgezeichnet miteinander aus. Sie finden sich auf Anhieb sympathisch und sind beide sehr tolerant und auch sehr kontaktfreudig. Genau wegen dieser Übereinstimmung besteht die Gefahr, dass es vielleicht an der nötigen Leidenschaft fehlt, und das birgt wiederum die Gefahr der Langeweile in sich, was für Sie beide unerträglich wäre. Gottseidank gibt es noch die anderen! ...

Wassermann und Krebs

Hier treffen zwei Träumer aufeinander, doch den beweglichen Wassermann wird der Krebs nur schwer verstehen ... und vor allem nicht festhalten können. Er wird Ihnen Vorwürfe machen, und nichts werden Sie mehr hassen als das. Glücklicherweise wird er Sie immer wieder heimlocken ... Aber Achtung! Verletzen Sie ihn nicht, denn er ist ja so nachtragend ...

Wassermann und Löwe

Er liegt auf der gleichen Wellenlänge wie Sie, denn er verfolgt wie Sie ein Ideal. Bloß: Der Löwe ist ein egozentrischer Mensch, während Sie weniger an Ihren persönlichen Fortschritten, als an denen der Menschheit interessiert sind. Aber der Löwe übt auf Sie eine starke Faszination aus, und auch die vielen Gegensätze zwischen Ihnen wirken sich oft stimulierend auf Ihre Beziehung aus. Er kann Sie wunderbar ergänzen.

Wassermann und Jungfrau

Sie beide sehen die Welt nicht auf dieselbe Weise: Sie durch ein Fernrohr und Ihr Partner durch ein Mikroskop. Gemeinsam haben Sie Ihre Nächstenliebe und Ihren Mannschaftsgeist, Ihre Solidarität. Besonders beruflich kann Sie die Jungfrau in perfekter Weise unterstützen, denn sie steht mit beiden Beinen auf der Erde. Aber auch in einer Liebesbeziehung ist es ganz gut, wenn zumindest einer der Partner eine Beziehung zu Geld hat ...

Wassermann und Waage

Einen besseren Partner können Sie kaum finden. Denn die Waage teilt viele Ihrer Eigenschaften und respektiert auch Ihre manchmal verrückten Ansichten. Und um die Harmonie zu retten, ist die Waage äußerst kompromissbereit.

Ihre Gesundheit

Ihre Konstitution ist nicht die robusteste. Ihre Augen sind anfällig, ebenso das Nervenkostüm und – durch die Einwirkung des Löwen, der Ihrem Zeichen im Tierkreis genau gegenübersteht – auch Herz oder Blutkreislauf und die Wirbelsäule. Achtung vor Stürzen. Die Beine, vor allem die Knöchel, sind empfindlich.

Ihre Berufung

Alles Neue, jede Abwechslung, die mit Neuheiten und Erfindungen zu tun hat, fasziniert Sie. Und da Uranus unter anderem der Planet der Wellen ist, interessiert Sie alles, was sich auf Elektrizität, Radio, Fernsehen und Flugwesen bezieht. Erfinder sind fast immer in Ihrem Zeichen geboren (oder im Zeichen des Löwen). Mit Ihrem

scharfen und kritischen Geist sind Sie ebenfalls für die Berufe des Juristen (eher Verteidiger als Ankläger), des Kritikers und alle Tätigkeiten geeignet, bei denen Sie Ihre polemischen Fähigkeiten einsetzen können.

Ihr Schicksal

Mit der wissenschaftlichen und technischen Anwendung Ihrer originellen Ideen haben Sie oft Erfolg. Anders gesagt, durch Erfindungen. Unvorhergesehene und oft gravierende Veränderungen Ihrer Situation sind an der Tagesordnung – und Ihr Planet Uranus ist gleichzeitig für Glücksfälle wie auch für Schicksalsschläge verantwortlich. Seine halbe Umlaufzeit, 42 Jahre, stellt oft einen Wendepunkt Ihres Schicksals dar, von dem an Sie sich stabilisieren. Ihr Einkommen ist häufig Schwankungen unterworfen. Da Sie aber dem Sein wesentlich mehr Bedeutung zumessen als dem Haben, sind Reichtum und finanzieller Erfolg keinesfalls Ihre wichtigsten Ziele.

Berühmte Wassermänner

Lord Byron, François Villon, Jules Verne, Thomas A. Edison, Charles Lindbergh, Robespierre, Friedrich II., Abraham Lincoln, Franklin D. Roosevelt, Friedrich Ebert, Nicolae Ceauçescu, Boris Jelzin, Boris Pasternak, Norman Mailer, Hedwig Courths-Mahler, Stendhal, Charles Dickens, Virginia Woolf, Somerset Maugham, Colette, E. T. A. Hoffmann, Lewis Caroll, Bertolt Brecht, Beaumarchais, Mozart, Schubert, Yehudi Menuhin, Wilhelm Furtwängler, Arthur Rubinstein, Mario Lanza, Placido Domingo, Neil Diamond, Bob Marley, Phil Collins, John Travolta, Kim Novak, Jack Lemmon, Clark Gable, Paul Newman, Lana Turner, Nastassja Kinski, James Dean.

Ihre Sterne 2000

1. Dekade (20. bis 30. Januar)

Abgesehen von einigen Komplikationen im Frühling sollte das Jahr 2000 ein exzellentes Jahr für Sie werden, und speziell in der zweiten Jahreshälfte gelingt einigen ein wahres Meisterstück (z. B. eine Promotion, neue Privilegien, ein neuer Posten, ein finanzieller Gewinn). Vor allem Juli/August und November/Dezember sind Traummonate und alle Hoffnungen sind erlaubt (beruflich und privat).

Nur zwischen Mitte Februar und Ende April funkt Ihnen Jupiter dazwischen, und Sie müssen mit einer Reihe von Problemen rechnen (Ärger mit Ihrer Bank, mit Behörden, mit Vorgesetzten). Vor allem die letzte Märzwoche, die ersten Apriltage und die letzte Aprilwoche könnten in dieser Hinsicht kritisch werden, und unter anderem sollten Sie während dieser Perioden größere Geldausgaben oder Anschaffungen gründlich überlegen!

Ab Mai geht es bergauf und Sie liegen im Aufwärtstrend: Sie sind unternehmungs-lustig und dynamisch (in den ersten beiden Maiwochen) und in der zweiten Monats-hälfte erfolgreich bei Verhandlungen, Vertragsabschlüssen, Examen, auf Reisen usw. Ab Anfang Juli verspricht Jupiter eine echte Glückssträhne (bis Ende August) sowie später wieder im November und im Dezember: Ihnen gelingt einfach alles, beispiels-weise die Gründung Ihres eigenen Unternehmens, ein neuer Job oder ein Aufstieg innerhalb der Firma. Sie können sich bestens entfalten und haben alle Trümpfe in der Hand, um einen Volltreffer zu landen (vielleicht ein positiver Bescheid von Ihrer Bank, eine Nachzahlung oder ein Gewinn im Spiel).

Die besten Perioden des Jahres werden: die zweite Januarhälfte, die zweite Maihälfte, der 7. bis 12. August und der 3. bis 10. Dezember. Sie agieren sehr clever, sind rede-gewandt und kontaktfreudig, pflegen einen regen Gedankenaustausch und ent-decken interessante neue Horizonte. Zu Missverständnissen und Verspätungen kann es hingegen speziell Ende Februar, im März und April, in der ersten Maiwoche, in der ersten Oktoberwoche und zwischen dem 27. Oktober und 20. November kommen: Merkur wirkt ungünstig, und Sie sind zerstreut und vergesslich, machen Fehler oder werden falsch verstanden.

Wenn Sie zwischen dem 23. und 27. Geburtstag haben, signalisiert Neptun das ganze Jahr hindurch neue Interessen, neue Wissensgebiete, eine große innere Bereiche-rung oder neue Wirkungsbereiche. So mancher entwickelt künstlerische Talente oder setzt sich für humanitäre Institutionen ein. Ende März und Anfang April sollten Sie auf der Hut sein, da man Sie in eine Falle locken könnte oder über den Tisch ziehen will. Finger weg von undurchsichtigen Geschäften und riskanten Spekulationen! Wesentlich besser läuft es für Sie in der letzten Juliwoche und der ersten Dezember-hälfte: Sie gehen instinktiv den richtigen Weg und beweisen viel Weitblick, fast einen sechsten Sinn. Einige treffen voll ins Schwarze und sind im siebten Himmel (beruflich und privat!) …

Auf dem Gefühlssektor geht es zwischen Mitte Februar und Ende April drunter und drüber, aber in der zweiten Jahreshälfte schweben Sie wie auf Wolken dahin, und im Juli/August oder November/Dezember geht für viele ein alter Wunschtraum in Erfüllung (Heirat oder Nachwuchs nicht ausgeschlossen). Vor allem die zwischen dem 23. und 27. Januar Geborenen erleben wahre Sternstunden (Ende Juli, Anfang August und Anfang Dezember!): Wenn Sie noch solo sind, lernen Sie den Traumpartner kennen, und bereits Gebundene erreichen ein höheres Niveau in ihren Beziehungen. Vielleicht entstehen auch große Freundschaften, die dauerhaft und solide sind.

Die schönsten Perioden des Jahres werden: die erste Januarwoche, die letzte Maiwoche, die zweite Julihälfte, August, die erste Septemberwoche, die zweite Oktoberhälfte sowie November und Dezember (speziell vom 3. bis 10.!).

Zu Unstimmigkeiten oder hitzigen Diskussionen kann es hingegen Ende Februar, in der letzten März- und ersten Aprilwoche, in der ersten Maiwoche, der letzten Septemberwoche und der letzten Dezemberwoche kommen.

Bis Mitte Februar sind Sie gesundheitlich recht gut in Schwung, aber anschließend, bis Ende April, verleitet Sie Jupiter zu Exzessen; Sie überschätzen Ihre Kräfte und trauen sich zu viel zu. Es wäre deshalb ratsam, dass Sie sich mehr schonen und sich ab und zu eine kleine Pause gönnen. Besonders in der letzten März- und der ersten Aprilwoche schlagen Sie gehörig über die Stränge und sind anfällig für Entzündungen oder Verletzungen (z. B. beim Sport, am Steuer oder im Haushalt). Ab Mai geht es wieder bergauf und in der zweiten Jahreshälfte sind Sie in Höchstform. Besonders im Juli/August und im November/Dezember verspricht Jupiter eine gesteigerte Lebensfreude und ein erstaunliche Vitalität. Außerdem trägt Ihre innere Ausgeglichenheit dazu bei, dass Sie sich besser denn je fühlen und dass Ihre Abwehrkräfte bestens funktionieren.

Die zwischen dem 23. und 27. Januar Geborenen bekommen das ganze Jahr hindurch den Einfluss von Neptun zu spüren, der oft eine Erweiterung Ihres Bewusstseins symbolisiert. Neue Interessen (z. B. für Sport, Hobbys, asiatische Disziplinen wie Yoga oder Tai Chi) tragen ebenfalls dazu bei, dass Sie sich körperlich und seelisch besser fühlen und eine große innere Ruhe ausstrahlen.

Lediglich Ende März und Anfang April wirken Mars und Neptun ungünstig, und Sie sind anfälliger für Infektionen, Verdauungsprobleme oder Viruserkrankungen (unter anderem auf Reisen). Außerdem sollten Sie bei der Einnahme von Medikamenten genau die Anweisung Ihres Arztes beachten!

Weitere schwierige Perioden: Um den 8./9. August und Ende Dezember sollten Sie ebenfalls auf der Hut sein und jedes unnötige Risiko vermeiden!

In großartiger Form sind Sie hingegen in der ersten Maihälfte, in der letzten Juliwoche, Anfang August, zwischen dem 4. und 20. November und in der ersten Dezemberwoche. Nützen Sie im Falle einer Krankheit oder chronischer Beschwerden diese Phasen, um eventuell neue Heilverfahren oder neue Medikamente einzusetzen!

2. Dekade (30. Januar bis 9. Februar)

Ein abwechslungsreiches und sehr interessantes Jahr liegt vor Ihnen, mit ziemlich widersprüchlichen Einflüssen. Von Januar bis Anfang Mai bringt Saturn gewisse Einschränkungen oder eine neue Verantwortung, die oft mit zusätzlichem Stress verbunden ist. Dazu kommt im April und in den ersten beiden Maiwochen der störende Jupiter, der häufig finanzielle Probleme, Ärger mit Vorgesetzten oder mit Behörden und unangenehmen Papierkram symbolisiert. Größere Geldausgaben belasten Ihr Budget und ein negativer Bescheid von Ihrer Bank macht Ihnen Sorgen (speziell in den ersten zehn Maitagen?) ...

Ab Juni geht es hingegen wieder bergauf und in der zweiten Jahreshälfte haben Sie die Lage besser unter Kontrolle. Die besten Perioden des Jahres werden: die zweite Maihälfte, der 14. bis 21. September und die zwei ersten Dezemberwochen. Mit Verspätungen oder Missverständnissen müssen Sie hingegen besonders im April, in der ersten Maihälfte, der ersten Augusthälfte, vom 7. bis 26. Oktober und zwischen dem 20. und 26. November rechnen. Merkur funkt Ihnen dazwischen, Sie sind vergesslich und zerstreut und dadurch könnten Ihnen Fehler unterlaufen.

Eine Ausnahme bilden im Laufe des Jahres die Geburtstage zum Beginn der Dekade : Wenn Sie vor dem 2. Februar geboren sind, verspricht Pluto tief gehende Umwälzungen und Sie sehen vieles mit völlig neuen Augen. Vielleicht kommt es zu großen Veränderungen im Beruf (neuer Posten, neuer Chef oder ein Ortswechsel?) oder im privaten Bereich (Neubeginn einer bestehenden Bindung oder ein neuer Partner?).

Im September und im Oktober winkt eine echte Glückssträhne, da neben Pluto auch Jupiter positiv wirkt: Für viele geht ein lang ersehnter Traum in Erfüllung und eine Hochzeit oder ein Baby sind nicht ausgeschlossen!

Weitere Sternstunden (außer September und Oktober) erleben Sie um den 8./9. Januar, Ende Februar, Mitte April, Anfang Juni, um den 21. Juli, um den 8./9. September, Ende Oktober und Mitte Dezember. Sie verändern sich sehr vorteilhaft, und so manche Partnerschaft nimmt neue Formen an oder ein neuer Wind weht, der alte Beziehungen wieder auffrischt ...

Auch die Geburtstage zum Ende der Dekade (nach dem 5. Februar Geborene) erleben im Laufe des Jahres eine radikale Wende, für die Uranus verantwortlich ist. Oft zeichnet sich zwischen Februar und April ein Wechsel ab, der dann zwischen Juli und Jahresende eintritt, meistens völlig unerwartet und wie der Blitz aus heiterem Himmel: Vielleicht eine Umstrukturierung in der Firma? Oder ein Umzug? Eine Trennung? Oder Liebe auf den ersten Blick? Sehr positiv sollte diese Wende in beruflicher Hinsicht

Ende Januar, um den 7./8. April, um den 18./19. September und Mitte Dezember sein. Privat verspricht Venus eine tolle Überraschung Mitte Januar, Anfang März, Mitte September, Anfang November und um den 20. Dezember.

Zu Unstimmigkeiten und Auseinandersetzungen kann es hingegen Mitte Mai, Ende Juli und um den 8./9. Oktober kommen, mitunter auch zu einer einschneidenden Veränderung oder zu unerwarteten Ereignissen, die Ihnen nicht ins Konzept passen.

In Sachen Gesundheit zuerst die guten Nachrichten: Die Geburtstage zum Beginn der Dekade (vor dem 2. Februar Geborene) haben das ganze Jahr hindurch Pluto auf ihrer Seite, und dies bedeutet ein erstaunliches Regenerationsvermögen und zusätzliche Energien. Einige fühlen sich wie neugeboren und im Falle einer Krankheit wären die Chancen auf Heilung durch neue (alternative oder sanfte) Methoden optimal. Besonders die Monate September und Oktober werden viel versprechend, da neben Pluto auch Jupiter harmonisch wirkt und die positive Wirkung noch verstärkt. Die besten Perioden in dieser Hinsicht (außer September/Oktober) werden Ende Februar, Mitte Mai, Mitte August, um den 21./22. November und Anfang Dezember sein.

Die gesamte Dekade ist in den ersten Monaten (von Januar bis Anfang Mai) weniger gut in Schuss als sonst, da Saturn oft auf gewisse Mangelerscheinungen hinweist. Sie sollten vorbeugend zusätzliche Vitamine, Mineralstoffe oder Spurenelemente zu sich nehmen oder schlechte Lebensgewohnheiten ablegen (gesündere Ernährung, weniger Alkohol, weniger Rauchen), um eventuelle chronische Probleme zu vermeiden. Im April und in den ersten beiden Maiwochen verleitet Sie außerdem Jupiter zu leichtsinnigen Gesten und riskanten Manövern (Vorsicht beim Sport oder am Steuer!).

Ab Mitte Mai bessert sich die Lage und Ihre Verfassung ist zufrieden stellend. Die besten Perioden des Jahres sind: die letzte Februarwoche, die erste Märzwoche, die zweite Maihälfte und die Phase vom 20. November bis zum 6. Dezember. Etwas

schwieriger wird hingegen die Periode vom 5. bis 19. April und die zweite Augusthälfte, da Sie Mars zu voreiligen und überstürzten Reaktionen verleitet (unter anderem bei sportlichen Aktivitäten, im Haushalt oder im Umgang mit gefährlichen
Gegenständen).

Die Geburtstage zum Ende der Dekade (nach dem 6. Februar Geborene) sind während bestimmter Perioden nervöser als sonst oder es kommt zu Schlafstörungen, da
Uranus durch Ihre Dekade wandert. Besonders Ende August ist Ihr Nervensystem
anfällig, und Übungen wie Meditation, Yoga oder ähnliche Disziplinen könnten eine
sehr positive und beruhigende Wirkung haben.

3. Dekade (9. bis 19. Februar)

Das Jahr 2000 fängt unter den besten Voraussetzungen an und im Januar und Februar
beschert Ihnen Jupiter eine echte Glückssträhne. Sie können sich bestens entfalten
und einigen gelingt ein Volltreffer: ein finanzieller Gewinn, ein Prestiggewinn, neue
Privilegien, ein neuer Posten, eine Erfolg versprechende Partnerschaft oder Erfolg
mit der Gründung der eigenen Firma . Oft ernten Sie jetzt zu Beginn des Jahres die
Resultate eines Vorhabens vom Mai/Juni des letzten Jahres, die zu Ihrer vollsten
Zufriedenheit ausfallen sollten. Die ersten zwei Februarwochen werden exzellent
für wichtige Verhandlungen, den Abschluss eines Vertrages, neue Projekte oder
Reisen.

Anschließend wird es ruhiger und bis Mitte April sind die kosmischen Einflüsse neutral. Nach einer viel versprechenden letzten Aprilwoche ziehen ab Mai Wolken auf
und bis zum Jahresende wirkt Saturn störend, zwingt Sie zu Kompromissen oder signalisiert Rückschläge urd Verluste. Umso mehr, als Jupiter im Mai und Juni ebenfalls
negativ wirkt, was zu einer Reihe von Komplikationen führen könnte (unter anderem

246

zu finanziellen Problemen, verspäteten Zahlungen und Verlusten durch Spekulationen). Oder Sie liegen im Clinch mit einer Behörde oder einem Vorgesetzten, Sie überziehen Ihr Budget und lassen sich zu leichtfertigen Entscheidungen verleiten. Vor allem die zwischen dem 9. und 14. Februar Geborenen müssen im Mai auf der Hut sein, um größeren Ärger zu vermeiden. Alle anderen müssen speziell im Juni vorsichtig sein und sollten jeden wichtigen Entschluss gründlich überdenken.

In der zweiten Jahreshälfte wirkt Saturn weiterhin bremsend, und Sie sind gezwungen, alles Unwichtige aus Ihrem Leben zu eliminieren. Die schwierigsten Perioden: Zwischen dem 12. und 23. August und vom 26. November bis 3. Dezember werden Termine verschoben, Ihre Haltung wird falsch ausgelegt und durch Ihre Zerstreutheit könnte Ihnen ein dummer Fehler unterlaufen. Wesentlich besser kommen Sie in der letzten Septemberwoche und zwischen dem 16. und 23. Dezember über die Runden. Merkur steht Ihnen zur Seite, und Dank Ihrer Redegewandtheit und Ihrer guten Kontakte können Sie einen Erfolg verbuchen.

Auch Ihr Gefühlsleben ist in den ersten Wochen des Jahres sehr harmonisch: Januar und Februar werden Traummonate und alle Hoffnungen sind erlaubt. Jupiter beschert Ihnen unvergessliche Stunden, manchmal eine Folge vom Mai/Juni letzten Jahres (Heirat nicht ausgeschlossen). Singles könnte eine schicksalhafte Begegnung widerfahren, und bereits Gebundene treffen eine weit tragende Entscheidung (ein Baby?).

Nach angenehmen Phasen im März (vom 5. bis 13.) und im April (zwischen dem 22. und 30.) ziehen ab Mai Gewitterwolken auf und bis zum Jahresende wirkt Saturn hemmend und zwingt Sie Bilanz zu ziehen. Ihr Partner will sich nicht länger mit halbherzigen Lösungen abfinden und drängt Sie zu einer Entscheidung, einem Kompromiss. Im Mai und im Juni funkt Ihnen auch Jupiter dazwischen, und die Lage ist ziemlich chaotisch oder Sie stehen vor einer schwierigen Wahl ... Die problematischsten Perioden: Zwischen dem 17. und 25. Mai, in der ersten Augustwoche und zwischen

dem 11. und 19. Oktober ist auch Venus schlecht gelaunt, und Reibereien mit dem Partner oder mit Freunden (oder Kindern?) sind an der Tagesordnung. Etwas besser läuft es hingegen zwischen dem 10. und 18. Juni, vom 16. bis 24. September, zwischen dem 4. und 13. November und in der letzten Dezemberwoche: Venus verleiht Ihnen Charme und gute Laune und Sie amüsieren sich glänzend ...

In den ersten drei Monaten sind Sie gesundheitlich in Bestform: Im Januar und Februar wirken Ihr Optimismus und Ihre Lebensfreude ansteckend auf Ihre Umgebung und stimulieren Ihr Immunsystem, und im März spornt Sie Mars zu rekordverdächtigen Leistungen an; Sie sind energiegeladen und dynamisch.

Ab Mitte April sind Sie weniger gut in Schuss und anfälliger als sonst. Besonders Mai und Juni werden schwierige Monate: Sie schlagen zu sehr über die Stränge und leichtsinnige oder waghalsige Gesten könnten unangenehme Folgen haben (Vorsicht im Straßenverkehr, beim Sport oder im Umgang mit gefährlichen Gegenständen). Auch in den ersten beiden Septemberwochen sollten Sie jedes unnötige Risiko vermeiden! In den letzten drei Monaten sind Sie nicht gerade in Hochform, und in einigen Fällen könnten Probleme (z. B. chronische Beschwerden) aus dem Sommer Konsequenzen haben. Vor allem Zähne, Haut oder Gelenke könnten anfälliger sein als gewöhnlich und auch die typischen Schwächen Ihres Sternzeichens, nämlich Kreislauf-, Nerven- oder Halsbeschwerden, könnten auftreten. Nützen Sie die günstigen Marsaspekte in der ersten Junihälfte und zwischen dem 6. und 23. Dezember, um etwas für Ihre Gesundheit zu tun (z. B. eine Kur, eine Diät oder regelmäßige sportliche Betätigung).

Ihre Sterne 2001 bis 2005

Auch in den nächsten fünf Jahren gehören Sie zu den Favoriten der Sterne, und vor allem die Februargeburtstage erleben den positiven und sehr seltenen Einfluss von Pluto, der große Umwälzungen in Ihrem Leben verspricht und oft zu einer vollkommenen Metamorphose führt, die sehr vorteilhaft für Sie ist. Die zwischen dem 1. und 5. Februar Geborenen sind 2001 davon betroffen, die zwischen dem 4. und 8. Geborenen im Jahr 2002, die Geburtstage zwischen dem 7. und 10. Februar im Jahr 2003, die vom 9. bis 12. Geborenen 2004, und schließlich die zwischen dem 11. und 15. Februar Geborenen im Jahr 2005. Parallel dazu erleben die Wassermänner der dritten Dekade (vom 9. bis 19. Februar Geborene) eine radikale Wende im Leben zwischen Januar 2001 und Dezember 2003: Uranus, der Planet Ihres Sternzeichens, bewirkt eine radikale und meist unerwartete Veränderung, die Ihre Karriere oder Ihr Privatleben betreffen kann.

Dazu kommt für die zwischen dem 25. und 31. Januar Geborenen der Einfluss von Neptun in den Jahren 2001 und 2002, der eine erhöhte Kreativität, neue Interessen (unter anderem für Religion, Philosophie und Grenzwissenschaften), sowie oft eine

große innere Bereicherung verspricht. Bei negativer Wirkung hingegen (dies hängt von der Sonne in Ihrem Geburtshoroskop ab!) kann Neptun auch Intrigen oder Enttäuschungen bedeuten. Man macht Ihnen etwas vor oder Sie machen sich selbst Illusionen, können die Lage nur schwer durchschauen. Die Wassermänner der ersten Februarwoche sind zwischen 2003 und 2005 davon betroffen ...

Alle Wassermänner können zwischen Frühling 2001 und Sommer 2003 mit einem harmonischen Saturneinfluss rechnen, der eine allgemeine Konsolidierung verspricht. Sie haben in diesen Jahren gute Karten, um langfristige Vorhaben zu beginnen (z. B. Geldanlagen oder Versicherungen), und Sie können Ihre Position festigen und weiter ausbauen. Dazu kommt der positive Einfluss von Jupiter, der in der ersten Jahreshälfte 2001 und zwischen September 2004 und Oktober 2005 eine wahre Glückssträhne verspricht. Nur von August 2002 bis August 2003 wirkt Jupiter störend und Probleme mit Behörden oder Vorgesetzten sind möglich. Da gleichzeitig mehrere andere langsame Planeten günstig wirken (Saturn, Uranus und Pluto!), sollten Sie ohne größere Schwierigkeiten über die Hürden kommen, und die Bilanz der ersten fünf Jahre des neuen Jahrtausends sollte eindeutig positiv ausfallen!

Fische

vom 20. Februar
bis 20. März
Ihr Motto:
„Ich empfinde"

Typisch Fisch

Es gibt so viele schlechte Pfade, dass man am sichersten geht, wenn man diese Welt auf etwas leichte, oberflächliche Art durchlebt; man muss sie streifen, nicht in sie versinken." So dachte Montaigne, dieser typische Fisch, in den „Essays". Natürlich, denn Sie sind ein Wasserzeichen mit den Merkmalen Feinfühligkeit und Sensibilität. Ein doppeltes Zeichen, was in Ihrem astrologischen Symbol versinnbildlicht ist: Ein materialistischer und ein vergeistigter Fisch sind dort durch eine Art Nabelschnur verbunden, die für die Doppelsinnigkeit und die Vielfalt des Zeichens steht. Es ist auch ein veränderliches Zeichen: der Übergang zwischen Winter und Frühjahr. Der Fisch ist das zwölfte und letzte Zeichen des Tierkreises.

Der menschliche Zyklus ist in seiner Ganzheit vollendet. Der Mensch tritt aus sich selbst heraus, um das Universum zu erforschen und in die Unendlichkeit einzutauchen. Dieses Unendliche wird durch Neptun symbolisiert, der Ihr Zeichen regiert. Der grenzenlose, globale, ozeanische Neptun, der Planet des Irrationalen, der Auflösung, des Traums, des Trugbildes, der Flucht und des Seltsamen. Nur ein Fisch wie d'Annunzio kann inbrünstig ausrufen: „Gelobt seist Du, Vielfältigkeit der Kreatur, Sirene dieser Welt."

Die Tradition der Astrologie hatte Ihnen bis zur Entdeckung Neptuns Jupiter als Planeten zugeordnet und deshalb die Entsprechung beibehalten. Ihr Tag ist der Donnerstag, Ihre Farben sind Marineblau, Königsblau und Violett. Ihr Parfum ist die Levkoje, Ihre Pflanzen sind Eukalyptus und Majoran. Das mit Ihnen verbundene Metall ist Zinn, Ihr Edelstein ist die Koralle, und als Zahl schließlich gebührt Ihnen die 12.

Fisch, wer sind Sie?

Normalerweise sind Sie nicht sehr groß gewachsen und selten mager (Jupiter und Neptun sind die Planeten der Weite und der Ausdehnung). Typisch ist Ihr etwas vager, träumerischer Blick, der wie nach innen gerichtet ist. Ihre Augen stehen oft ein wenig vor. Mit zunehmendem Alter kann Ihre Gesichtsmuskulatur leicht erschlaffen. Sie, Madame Fisch, haben häufig einen ergründlichen Charme, der schwer zu definieren ist. Mit Ihrem leicht verschwommenen Sirenenblick sind Sie die Odaliske des Tierkreises.

Sie, Herr Fisch, sind nicht immer sehr gepflegt, denn Sie legen wenig Wert auf Ihr Äußeres. Sie sind bescheiden. Wilhelm Grimm sagt dazu treffend: „Ich habe keine Lust, ein vornehmer, angesehener Mann zu werden. Meine Wünsche gehen nur dahin, in einfachen, natürlichen Verhältnissen wie bisher leben zu können." Ihr Charakter ist phlegmatisch und wechselhaft (zyklothymisch), optimistische und pessimistische Phasen wechseln einander ab. Sie sind überaus sensibel und überempfindlich. „Der wirksamste Trost bei jedem Unglück, bei jedem Leiden ist, hinzugehen auf die anderen, die noch unglücklicher sind als wir", schreibt Arthur Schopenhauer. Kaum ein anderes Zeichen ist so psychosomatisch wie Sie, und der geringste Ärger schlägt sich auf Ihr körperliches Befinden nieder.

Sie sind sehr leicht zu beeindrucken und dementsprechend auch beeinflussbar. Sie sollten sich davor hüten, immer den Standpunkt der Person zu vertreten, die als letzte das Wort hatte. Es kommt aber auch häufig vor, dass Sie in Ihrem hermetisch abgeschlossenen Aquarium untertauchen, wenn Sie den Kontakt unterbrechen wollen. Dann verschanzen Sie sich in einem passiven Widerstand, einer unerwarteten Macht der Trägheit – sie ist Ihre Verteidigung. Sie sind schwer zu fassen, äußerst komplex und häufig sich selbst ein Geheimnis. Der Neptun ist unter anderem der Planet der Verwirrung, des Chaos. Sie haben eine Neigung für das Unendliche, das Geheimnisvolle und das Träumerische. Schopenhauer schreibt: „Was die Geschichte erzählt, ist eigentlich nichts anderes als ein langer und schwerer Traum der Menschheit."

Sie suchen häufig Ihr Heil in der Flucht und sollten vermeiden, dass daraus eine Art Fluchtkomplex wird: Bei der geringsten Schwierigkeit, wenn die Wirklichkeit Ihre übertriebene Sensibilität verletzt, setzen Sie ohne Überlegung zur Flucht an. Hüten Sie sich auch vor den künstlichen Paradiesen der Rauschgifte, für die Sie sehr anfällig sind. Auch dies ist nichts anderes als eine Flucht vor der Wirklichkeit. Anstatt nur aus Aufnahmefähigkeit zu bestehen (wie ein Schwamm, der sich voll saugt), sollten Sie Ihre Persönlichkeit zusammennehmen und kohärent und schöpferisch vorgehen. In den Worten Chopins hört sich das folgendermaßen an: „Oft verwandle ich den Tag zur Nacht und die Nacht zum Tag. Ich lebe wie ein Traum und schlafe im Wachen. Die Welt um mich herum verschwindet auf merkwürdige Weise."

Diese Ausdehnung der Seele, die Ihnen die Fähigkeit verleiht, am großen Ganzen teilzuhaben, diese Empfindsamkeit lässt Sie vergessen, aus sich herauszugehen und vermittelt Ihnen Güte, Mitleid und große menschliche Gefühle. So wie Victor Hugo seine „Elenden" schrieb. Keiner kann sich wie Sie „in den anderen hineinversetzen" und, durch ursprüngliches Mitgefühl, mit ihm leiden. Man denke an Booth, der die Heilsarmee gründete. Sie haben Antennen wie der Skorpion. Das Geheimnisvolle unseres Universums ist in Ihrem Leben allgegenwärtig.

Ihre Fehler? Inmitten so zahlreicher Wege, einer so reichen Gefühlswelt, wirkt bei Ihnen die Unentschlossenheit und die Unbeständigkeit oft bremsend. Sie wollen es sich mit keinem verderben und treiben wie ein Boot im Strom. Doch achten Sie darauf, dass Sie nicht durch Ihre kapriziösen Kehrtwendungen Schiffbruch erleiden. Selbst der große Montaigne sagt, wie es sich für einen Fisch gehört, im Namen des Menschen, den er für unbeständig und vielfältig hält: „Wir treiben zwischen verschiedenen Ansichten hin und her; wir wollen nichts freiwillig, nichts unbedingt, nichts immer." Beschreibt er da nicht sich selbst, sein Tierkreiszeichen? Seien Sie selbstsicher, weniger komplexbehaftet. So werden Sie weniger Angst vor dem Unbekannten haben. Denn diese Art gibt es auch: die schüchternen und verzagten Fische, die negativ eingestellten, pessimistischen Fische. So wie Schopenhauer, dessen finstere Weltanschauung bekannt ist. Sagt er nicht: „Der Arzt sieht den Menschen in seiner ganzen Schwäche, der Jurist in seiner ganzen Schlechtigkeit, der Theologe in seiner ganzen Dummheit."

Ihre Intelligenz

Sie ist vor allem intuitiv. Ihr Geist neigt zu umfangreichen Kenntnissen, zu ausführlichen Synthesen, die oft einen mystischen Keim beinhalten. Sagt nicht der große Einstein: „Ich kann nicht glauben, dass Gott mit dem Kosmos Würfel spielt." Er sagt auch: „Das Schönste, das wir empfinden können, ist das Geheimnis der Dinge."

Und Georges Bernanos fügt dem hinzu: „Das, was wir Zufall nennen, ist vielleicht die göttliche Logik." Poetische Inspiration kann gleichermaßen vorhanden sein, aber Ihr Geist fühlt sich instinktiv zum Geheimnisvollen und zum Okkultismus hingezogen. Schärfe und Präzision sowie Unerbittlichkeit sind dagegen keine spezifischen Eigenschaften Ihres Zeichens.

Sie und die Liebe

Hier ist es angebracht, zwischen weiblichen und männlichen Fischen zu unterscheiden. Während Er schüchtern, zögernd und unsicher sein kann, ist Sie die Versuchung in Person, die Nixe, die die Herzen zum Schmelzen bringt. Diese Sirene ist übrigens ein stilles Wasser: Ohne große Anstrengung und ohne besondere Skrupel wird sie fast unbewusst ihrer besten Freundin den Mann ausspannen und in ihrem Sog abschleppen. Ein kleiner Schlag mit der Schwanzflosse und hopp ...!

Der Fisch ist ein fruchtbares Zeichen und seine Ehe ist meistens sehr kinderreich. Verletzt jedoch das Eheleben zu sehr seine lebhafte Empfindsamkeit (Steuern, Sozialversicherung – all dies ist schwer zu ertragen für einen kleinen Fisch), wird er sich schmollend und stumm wie ein „Karpfen" zurückziehen. Sie, Frau und Herr Fisch, sind eher sensorisch als sexuell-sinnlich. Ihre Gefühlswelt ist breit gefächert und lässt sich nicht auf einige Punkte beschränken, die von den Sexologen als erogene Zonen definiert werden. Mit dem Krebs werden Sie im Rhythmus übereinstimmen denn er teilt Ihre Träume und Ihre Neigung zur Flucht aus der Wirklichkeit. Die präzise und vernünftige Jungfrau ist aus einem ganz anderen Holz geschnitzt als Sie, hat jedoch in Ihren Augen den Reiz des Komplementären.

Der Fisch und die anderen Sternzeichen

Fisch und Fisch

Obwohl Sie sich – natürlich – sehr ähnlich sind, hören Sie nie auf, sich gegenseitig zu entdecken. Und Sie haben in Ihrer überschwänglichen Phantasie so viele Geheimnisse zu entdecken, dass Ihnen wohl nie langweilig werden wird.

Fisch und Wassermann

Gemeinsam können Sie große Ziele verwirklichen oder zumindest anpeilen, meistens für humanitäre Zwecke. Ihr großes Problem: Sie schweben beide fast dauernd in den Wolken und sollten ab und zu auf die Erde zurückkommen. Schließlich gibt es auch ganz banale irdische Probleme, die gelöst werden müssen.

Fisch und Widder

Für Sie, Frau Fisch, ist der Widder der echte Supermann, den Sie Tag und Nacht bewundern werden. Weniger gut passt der Fische-Mann zur Widder-Frau, da er sich von ihr fast überrannt fühlt und sie auf die Dauer nicht gern die Stärkere sein will.

Fisch und Stier

Sie beide kann eine tiefe Zärtlichkeit verbinden. Der sentimentale Realismus des Stiers und Ihre verträumte Sensibilität können Ihnen wunderschöne Stunden bescheren. Und sein Sinn fürs Praktische kommt Ihnen, dem zerstreuten Fisch, wie gerufen. Wenn er also geduldig ist und sich nicht zu oft darüber ärgert, dass Sie ihm entgleiten, dann steuern Sie unvermeidlich auf ein Happy End zu.

Fisch und Zwilling

Sie sind wirklich grundverschieden, ziehen sich aber oft sehr stark an – doch diese Beziehung ist meistens nur kurzlebig. Sie ist sehr kompliziert, denn zusammen sind Sie zu viert! Der Zwilling wundert sich über Ihre verträumte Art und Ihre verletzliche Sensibilität, und nur bei einer sehr großen geistigen Anziehung hält diese Beziehung wirklich lange an (was nur die individuellen Horoskope verraten).

Fisch und Krebs

Mit ihm können Sie Ihre Träume verwirklichen. Allerdings herrscht über Ihre Gefühle selten völlige Klarheit, denn Sie sind beide sehr introvertiert und gehen nur selten aus sich heraus. Stumm wie der Fisch und verschlossen wie der Krebs, können Sie trotz Ihrer Seelenverwandtschaft an Ihrem Glück vorbeigehen ...

Fisch und Löwe

Übertreiben Sie nicht mit Ihrer Geschichte, dass Sie „ach, so schwach" sind. Denn der Löwe könnte das ausnützen. Aber meistens beschützt er Sie, den sensiblen Fisch, der es doch gut versteht, dem Löwen zu entgleiten.

Fisch und Jungfrau

Diese beiden Zeichen stehen sich im Tierkreis genau gegenüber, und auf den ersten Blick scheint es unmöglich, diese starken Gegensätze zu überwinden. Tatsächlich können diese beiden Zeichen sehr voneinander profitieren und sich bestens ergänzen. Gestehen Sie sich ein, dass Ihnen etwas Ordnung und Klarheit gut tun würden.

Fisch und Waage

Sie brauchen eine Stunde, um ihr zu sagen, dass man ausgehen könnte. Sie braucht dann zwei Stunden, um sich zu entscheiden, was sie anziehen könnte.

Fisch und Skorpion

In Ihnen scheint er ein ideales Opfer gefunden zu haben, doch Sie wissen sich recht gut zur Wehr zu setzen. Dieser Partner übt auf Sie eine starke Faszination aus, und auch seine Intelligenz wissen Sie zu schätzen. Eine perfekte Beziehung also.

Fisch und Schütze

Er hat wie Sie ein hohes Ideal von der Liebe und ist sehr romantisch. Vielleicht wird man Sie beide noch nach Jahren Händchen haltend sehen. Allerdings unter der Bedingung, dass Sie seine Unabhängigkeit nicht antasten. Sie sollten ihm zumindest den Eindruck vermitteln, dass er macht, was er will. Dann sind die Erfolgschancen sehr gut. Aber es bleibt der Unterschied ...

Fisch und Steinbock

Kaum ein anderes Zeichen versteht so gut die Sensibilität des scheinbar kühlen Steinbocks wie Sie. Sie können sich fast in idealer Weise ergänzen, denn der Steinbock weiß genau, was er will. Das könnte Ihnen vielleicht behilflich sein, um einige Ihrer Träume zu verwirklichen.

Ihre Gesundheit

Ihre Konstitution ist eher zart. Sie müssen auf Ihre Atemwege, Ihren Verdauungsapparat und Ihre Füße achten, die sehr empfindlich sind. Sie neigen zu Erkältungen, Allergien und psychosomatischen Krankheiten. Gewiss haben Sie oft kalte Hände und Füße. Auf das vegetative Nervensystem ist ebenfalls zu achten. Kämpfen Sie gegen Ihre Tendenz zu Depressionen, und überwachen Sie Ihre Linie, denn Sie nehmen leicht zu.

Ihre Berufung

Sie wollen all das einsetzen, was in Ihnen an Hingabe, Nächstenliebe, Selbstaufgabe und Opfersinn vorhanden ist. Sie haben die Seele eines Menschenfreundes. Die Berufe Arzt, Krankenpfleger, Sanitäter und Sozialarbeiter werden Ihren humanitären Tendenzen am besten Rechnung tragen.

Natürlich zieht Sie das Meer an: Ist nicht Neptun Ihr Schutzherr? Als Matrose oder in allen anderen Berufen, die mit der Schifffahrt zu tun haben, werden Sie ihm dienen können.

Häufig üben Sie zwei Berufe gleichzeitig aus, selbst auf die Gefahr hin, einen der beiden plötzlich aufgeben zu müssen. Sie fühlen sich zu allem Mystischen hingezogen und sind an allem interessiert, was mit Religion, Okkultismus, Parapsychologie und Astrologie in Zusammenhang steht. Sie sind ein guter Mitarbeiter, während leitende Posten im Prinzip nicht für Sie geschaffen sind. Trotzdem können Sie, wenn Ihnen das Glück beisteht (und Sie haben Glück), mitunter ein Imperium aufbauen, falls Sie sich eindeutig für die materialistische Seite des Fisches und nicht für die idealistische entschieden haben. Die Begriffe der Ausdehnung und der Weite, die Ihrem Sternzeichen zugeordnet sind, betreffen in diesem Fall die Dimension Ihrer Geschäfte, oft im Zusammenhang mit Flüssigkeiten, Schiffbau oder Meeresprodukten. Ihr Bedürfnis, das Unendliche zu erforschen, kann schließlich in Berufen der Astronomie oder der Astronautik Befriedigung finden.

Ihr Schicksal

Es ist oft von einer gewissen Unbeständigkeit gekennzeichnet. Je nachdem, ob Sie ein „Weltbürger-Fisch", ein Kosmopolit auf dem Weg zur Entdeckung des Universums oder ein auf kleinen Raum beschränkter Fisch sind, werden Sie ein völlig verschiede-

nes Schicksal haben. Letztere sehen sich in ihrem moralischen oder physischen Exil gern masochistisch als Opfer des Schicksals, das sie auch mit einem Hauch von verdrossenem Lustgefühl beweinen. Und da Ihnen die Ereignisse mehr oder weniger Recht geben, schließt sich der Teufelskreis.

Die Ersteren dagegen bringen es entweder zu großem Reichtum (nicht immer mit ausschließlich ehrlichen Mitteln) oder werden ein vollendetes Beispiel der menschlichen Spezies abgeben.

Berühmte Fische

Francis Bacon, Gassendi, Schopenhauer, Karl Jaspers, Rudolf Steiner, George Washington, Rosa Luxemburg, August Bebel, Edward Kennedy, Michail Gorbatschow, Felipe González Márquez, Prinz Albert von Monaco, Alexei Kossygin, Kopernikus, Galilei, Rudolf Diesel, Joliot Curie, Michelangelo, Albert Einstein, Victor Hugo, Oskar Kokoschka, Henrik Ibsen, Friedrich Hölderlin, Siegfried Lenz, Erich Kästner, Karl May, John Steinbeck, Frédéric Chopin, Antonio Vivaldi, Georg-Friedrich Händel, Gioacchino Rossini, Maurice Ravel, Nina Simone, Harry Belafonte, Lorin Maazel, Johnny Winter, Michel Legrand, George Harrison, Eartha Kitt, Johnny Cash, Fats Domino, Brian Jones (Rolling Stones), Roger Daltrey (Who), Lou Reed, David Gilmore (Pink Floyd), Nina Hagen, Al Jarreau, Robert Altman, Pier Paolo Pasolini, Luis Buñuel, Claude Sautet, David Niven, Peter Fonda, Sidney Poitier, Rex Harrison, Jerry Lewis, Karl-Heinz Böhm, Heinz Rühmann, Therese Giehse, Liz Taylor, Michèle Morgan, Liza Minelli, Cyd Charisse, Ornella Muti, Sydne Rome, Irene Papas, Dominique Sanda, Ursula Andress, André Courrèges, Hubert de Givenchy, Alain Prost, Mario Andretti, Niki Lauda, Dick Fosbury (Hochsprung), Marie-Therèse Nadig, Gustav Thöni, Ivan Lendl, Rudi Altig, Ingemar Stenmark ...

Ihre Sterne 2000

1. Dekade (19. bis 29. Februar)

Das Jahr 2000 wird sehr unterschiedlich: In der ersten Jahreshälfte haben Sie exzellente Karten, können sich beruflich verbessern und erleben privat wunderschöne Momente. Die zweite Jahreshälfte hingegen wird für viele schwieriger und besonders in den Monaten Juli/August kommt es zu einer Reihe von Komplikationen, die dann im November und Dezember Folgen haben könnten. Sie müssen sich mit lästigem Papierkram herumschlagen, haben Ärger mit einem Vorgesetzten oder mit Ihrer Bank und sind wahrscheinlich gezwungen, Ihr Budget zu überziehen. Besonders in der letzten Augustwoche und in den ersten Dezembertagen (bis zum 10.) sollten Sie weniger leichtsinnig Ihr Geld ausgeben, denn Ihre Kreditkarte sitzt ziemlich locker …

Eine echte Glückssträhne winkt Ihnen hingegen zwischen Mitte Februar und Anfang April: Jupiter verspricht ausgezeichnete Jobperspektiven und echte Aufstiegschancen, und vor allem zwischen dem 19. Februar und Ende März gelingt einigen ein wah-

res Meisterstück (eine Beförderung, ein neuer Job, ein Erfolg mit einem neuen Produkt oder neue Privilegien). Weitere Erfolg versprechende Perioden werden: die erste Januarwoche, der 5. bis 11. Februar, die erste Maiwoche sowie die erste und letzte Juniwoche. Sie verhandeln geschickt und clever, sind redegewandt und kontaktfreudig. Außerdem wären die Voraussetzungen ideal, wenn Sie einen Vertrag aushandeln, wichtige Abmachungen unterzeichnen oder eine Bewerbung abgeben. Auch zwischen dem 7. und 14. September, in der ersten Oktoberwoche, zwischen dem 27. Oktober und 20. November und in der letzten Dezemberwoche kommen Sie recht gut über die Hürden und beweisen Ihre Schlagfertigkeit.

Etwas schwieriger werden hingegen folgende Perioden: In der zweiten Maihälfte, der letzten Augustwoche und zwischen dem 3. und 10. Dezember ist in der Kommunikation Sand im Getriebe. Sie werden falsch verstanden, sind zerstreut und vergesslich, und dadurch könnten Ihnen dumme Fehler unterlaufen.

Auch Ihr Liebesleben und Ihre freundschaftlichen Beziehungen sind in den ersten Monaten des Jahres sehr harmonisch, während ab Juli einige Wolken aufziehen, die die Stimmung trüben könnten.

Nach einigen (kleinen) Unstimmigkeiten in der ersten Januarwoche verwöhnt Sie Venus in der letzten Januarwoche und Sie amüsieren sich glänzend, sind der strahlende Mittelpunkt des Geschehens. Von Mitte Februar bis Anfang April verspricht Jupiter unvergessliche Stunden, aufregende Eroberungen und alle Hoffnungen sind erlaubt. Auch eine Heirat oder eine Verlobung und ein Baby sind nicht ausgeschlossen. Besonders die Tage vom 13. bis 21. März sollten Sie rot in Ihrem Kalender anstreichen! Vielleicht erleben Sie eine wahre Sternstunde und ein lang ersehnter Wunschtraum geht in Erfüllung.

Auch in der ersten Maiwoche und in der zweiten Junihälfte sind Sie der Hahn im Korb und niemand kann Ihrem geheimnisvollen Charme widerstehen.

Ab Juli wendet sich das Blatt und Jupiter zeigt sich von seiner Schattenseite: Sie stehen vor einer schwierigen Wahl und lassen sich zu leichtsinnigen Reaktionen verleiten (im Juli und August), die dann in den letzten Wochen des Jahres (November und Dezember) Folgen haben könnten. Vor allem in den ersten beiden Augustwochen könnte es hart auf hart gehen, und diese Krise kann im November Auswirkungen haben. Nur in der letzten Septemberwoche und zwischen dem 13. und 21. November steht Ihnen Venus zur Seite und durch diplomatisches Vorgehen könnten Sie einen Fehler wieder ausbügeln. Außerdem finden Sie in den letzten Wochen des Jahres die richtigen Worte im richtigen Augenblick und können dadurch so manche alten Missverständnisse aufklären und endgültig aus der Welt schaffen. Ihre Jahresbilanz sollte trotz des schwierigen Jupitereinflusses eindeutig positiv ausfallen, und nach dem Traumfrühling können sich viele auf ihren Lorbeeren ausruhen ...

Bis Ende Juni sind Sie gesundheitlich in Bestform, vital und dynamisch. Vor allem zwischen Mitte Februar und Anfang April verspricht Jupiter Lebensfreude und Optimismus, und dies wirkt sich positiv auf Ihr Immunsystem aus und stärkt Ihre Abwehrkräfte. Außerdem wären die Chancen optimal, dass Sie – im Falle einer Krankheit oder bei chronischen Problemen – neue Heilmethoden oder neue Medikamente erfolgreich einsetzen. Besonders in der letzten März- und der ersten Aprilwoche sind die Chancen exzellent. Auch zwischen dem 4. und 17. Januar und in der zweiten Junihälfte spornt Sie Mars zu Höchstleistungen an (ideal, um sportliche Aktivitäten auf den Stundenplan zu setzen).

Ab Juli sind die kosmischen Einflüsse weniger gut: Im Juli und August verleitet Sie Jupiter zu Exzessen (zu üppige Ernährung, zu wenig Bewegung usw. führen dazu, dass Sie schnell mehrere Pfunde zulegen), die manchmal im November und im Dezember Folgen haben könnten. Es wäre ratsam, dass Sie Ihren Körper mehr schonen und einen Gang zurückschalten. Auch in der zweiten Septemberhälfte und zwischen dem 3. und 18. Mai verleitet Sie Mars zu voreiligen Reaktionen und riskanten (Über-

hol)Manövern, die ins Auge gehen könnten (Vorsicht im Straßenverkehr, im Haushalt oder im Umgang mit gefährlichen Gegenständen oder elektrischen Geräten!).

Das Jahr endet mit einem harmonischen Marseinfluss in der letzten Dezemberwoche: Sie sind in Bestform, sehr widerstandsfähig und robust, und Ihre Jahresbilanz sollte vorwiegend positiv ausfallen.

2. Dekade (29. Februar bis 10. März)

Das neue Jahr beginnt unter den besten Voraussetzungen. Die erste Jahreshälfte steht ganz im Zeichen einer Konsolidierung und die Monate April und Mai im Zeichen einer Entfaltung, einer echten Erfolgssträhne.

Saturn wirkt vom Jahresbeginn an bis Anfang Mai harmonisch, und Sie bauen auf einer äußerst soliden Grundlage auf, können Ihre Position nicht nur festigen, sondern sogar weiter ausbauen. Man betraut Sie mit neuen Aufgaben und besonders der April und die ersten beiden Maiwochen werden erfolgreiche Phasen: Jupiter verspricht tolle Erfolgschancen, manchmal sogar eine echte Glückssträhne (einen finanziellen Gewinn, Aufstiegsmöglichkeiten, einen neuen Job oder einen günstigen Bescheid von einer Behörde?).

Die besten Perioden des Jahres (außer April/Mai), in denen Merkur interessante neue Kontakte verspricht, sowie Erfolg auf Reisen oder bei der Unterzeichnung eines Vertrages sind folgende: der 6. bis 12. Januar, die zweite Februarhälfte, der 28. März bis 5. April, die erste Maihälfte (!), der 6. Juni bis 31. Juli, 7. bis 26. Oktober, 20. bis 26. November und Ende Dezember.

Zu Missverständnissen oder Verzögerungen kann es hingegen speziell zwischen dem 19. und 24. Mai, Ende August und zwischen dem 10. und 16. Dezember kommen. Mer-

kur nervt Sie mit Verspätungen (Vorsicht auf Reisen, unter anderem im Hinblick auf Ihr Gepäck!) oder ärgerlichen Details in einem Vertrag, Missverständnissen sowie verschobenen Terminen.

Nicht sehr leicht haben es im neuen Jahr die Geburtstage zum Beginn der Dekade: Wenn Sie zwischen dem 29. Februar und 3. März geboren sind, zwingt Sie Pluto in den kommenden Monaten zu einer einschneidenden Umwälzung, die Ihr Leben grundlegend verändern könnte: vielleicht ein Umzug, ein neuer Vorgesetzter, eine Umstrukturierung am Arbeitsplatz. In den meisten Fällen kommt es zu einer tief gehenden Wandlung, die oft eine Kombination von Ursachen hat und latent mehrere Monate lang spürbar ist. Besonders September und Oktober werden kritisch, da Jupiter ebenfalls ungünstig wirkt und Ärger mit Behörden oder Vorgesetzten signalisiert. Lassen Sie sich nicht zu voreiligen oder leichtfertigen Entscheidungen verleiten, die Ihnen später leid tun könnten, und versprechen Sie nicht mehr, als Sie später auch einhalten können! Ansonsten werden Sie Anfang nächsten Jahres zur Kasse gebeten ...

Auch auf dem Gefühlssektor kann es zu einer tief gehenden Metamorphose kommen und die vor dem 3. März Geborenen sehen vieles mit ganz neuen Augen. Pluto steht oft für Zerstörung und Wiedergeburt und könnte auch eine Trennung und einen Neubeginn in einer bestehenden Beziehung symbolisieren. Besonders September und Oktober werden kritisch, und es fällt Ihnen schwer, eine endgültige Entscheidung zu treffen.

Die gesamte Dekade erlebt in den ersten Monaten eine Stabilisierung: Bestehende Beziehungen werden tiefer und fester und neue Begegnungen stellen sich in der Folge als sehr solide heraus. Der April und die ersten zwei Maiwochen werden traumhaft und für einige geht ein alter Wunschtraum in Erfüllung. Vielleicht gibt es eine Hochzeit? Eine Verlobung? Oder Nachwuchs? Kurzum: Alle Hoffnungen sind erlaubt

und Sie sind im siebten Himmel. Die angenehmsten Perioden (außer April/Mai): der 1. bis 10. Februar, 21. bis 30. März, 9. bis 17. Mai (!), 27. Juni bis 5. Juli, 2. bis 11. Oktober und die letzte Novemberwoche. Venus verwöhnt Sie nach allen Regeln der Kunst, Sie feiern nach Herzenslust und sind verführerischer denn je. Zu (kleinen) Unstimmigkeiten kann es hingegen zwischen dem 8. und 16. Januar, 2. und 10. Juni, 14. und 23. August sowie dem 27. Oktober und 4. November kommen. Sie haben das Bedürfnis, mehr in sich zu gehen, und ziehen sich ein wenig in Ihre Schale zurück. Trotzdem sollte Ihre endgültige Jahresbilanz sehr positiv ausfallen und Sie sollten vollauf zufrieden sein ...

Für den gesundheitlichen Bereich zuerst die weniger gute Nachricht: Die Geburtstage zum Beginn (vor dem 3. März Geborene) erleben in den kommenden Monaten einen tief gehenden Wandlungsprozess und einige sind kaum wiederzuerkennen. Um eventuellen gesundheitlichen Problemen vorzubeugen, sollten Sie sich einem gründlichen Check-up unterziehen und gleichzeitig schlechte Gewohnheiten (beispielsweise das Rauchen, zu viel Alkohol, zu wenig Sport) ablegen. Ansonsten könnten bisher latente chronische Probleme akut werden, speziell Mitte Januar, um den 20. Mai und Anfang Oktober. Im September und im Oktober sollten Sie übrigens besonders vorsichtig sein, da neben Pluto auch Jupiter ungünstig wirkt und Sie zu leichtsinnigen und waghalsigen Gesten verleitet (Vorsicht am Steuer, im Umgang mit elektrischen Geräten oder im Haushalt!).

Viel besser kommen alle anderen über die Runden, und die gesamte Dekade beweist in den ersten fünf Monaten ein erstaunliches Stehvermögen, viel Ausdauer und Widerstandskraft (Saturn ist positiv). Im April und in der ersten Maihälfte wirkt auch Jupiter günstig und Sie sind in Höchstform, voller Optimismus, und Ihre positive Einstellung trägt dazu bei, dass Sie sich rundum bestens fühlen.

Mars verleiht Ihnen in der zweiten Januarhälfte, vom 5. bis 19. April(!) und in der ersten Julihälfte Bärenkräfte, und Sie sind in der Lage, Berge zu versetzen. Ideal, um Sport zu treiben oder ein Abonnement in einem Fitnessklub zu beginnen ...

Nur in der zweiten Maihälfte und in den ersten zwei Oktoberwochen neigen Sie zu voreiligen und überstürzten Gesten, und es wäre ratsam, jedes unnötige Risiko zu vermeiden (speziell wenn Sie Sport treiben oder wenn Sie mit gefährlichen Geräten umgehen).

Ihre Jahresbilanz sollte sehr positiv ausfallen, da die harmonischen Einflüsse eindeutig in der Überzahl sind.

3. Dekade (10. bis 21. März)

Das Jahr 2000 wird ein exzellentes Jahr, eines der besten seit langem! Vom Mai bis zum Jahresende steht Ihnen Saturn zur Seite, und Sie bauen einerseits auf einer äußerst soliden Grundlage auf und beweisen andererseits viel Weitblick und Stehvermögen, können Ihre Position verbessern und weiter ausbauen. Dazu kommt im Mai und im Juni auch noch der harmonische Einfluss von Jupiter, und dies verspricht in vielen Fällen ein wahres Meisterstück. Sie haben alle Trümpfe in der Hand, um ein großes Vorhaben zu verwirklichen, das Ihnen schon lange am Herzen liegt. Ein neuer Job? Ein neuer Posten? Neue Privilegien? Einflussreiche Freunde, die sich für Sie einsetzen? Eine viel versprechende neue Partnerschaft? Ein Aufstieg innerhalb der Firma? Oder Erfolg mit der Gründung der eigenen Firma? Alle Hoffnungen sind erlaubt, und speziell zwischen dem 17. Mai und 30. Juni winkt eine echte Glückssträhne.

Weitere Erfolg versprechende Perioden: Der 12. bis 18. Januar, der 5. bis 13. April, der 9. bis 14. Mai, die erste Augustwoche und die Tage vom 26. November bis 3. Dezember werden exzellent. Merkur symbolisiert interessante neue Kontakte, Erfolg bei

Ansuchen, Bewerbungen oder Verhandlungen, sowie bei Examen oder auf Reisen, und Sie verdanken es Ihrer Redegewandtheit und Kontaktfreude, dass Sie einen schönen Vorsprung gewinnen.

Mit Verzögerungen und (kleinen) Missverständnissen müssen Sie hingegen in der letzten Maiwoche, der ersten Septemberwoche und zwischen dem 16. und 23. Dezember rechnen. Sie sind ein wenig zerstreut und nicht so ganz bei der Sache, aber größere Probleme sollten Ihnen erspart bleiben ...

Auch Liebe und Freundschaft stehen dieses Jahr ganz im Zeichen der Dauer und der Konsolidierung. Ihre Beziehungen werden tiefer und fester und Saturn schweißt bestehende Bindungen noch enger zusammen. Man zeigt Ihnen, wie sehr man Sie schätzt, Ihre Zuneigung wird erwidert, und besonders in den letzten drei Monaten eliminieren Sie alles Unwesentliche aus Ihrem Leben. Von Mitte Mai bis Ende Juni kündigt sich eine seltene Glückssträhne an und Sie sind im siebten Himmel. Singles könnten den Traumpartner kennen lernen, und bereits Gebundene erleben ebenfalls glückliche Stunden (Hochzeit? Nachwuchs? Oder ein großes Familienfest?). Vor allem die Tage vom 17. bis 25. Mai sollten Sie sich rot im Kalender anstreichen, denn die seltene und viel versprechende Konstellation Venus-Jupiter-Saturn signalisiert eine wahre Sternstunde!

Weitere schöne und angenehme Perioden: vom 10. bis 18. Februar, die erste Aprilwoche, vom 5. bis 13. Juli, zwischen dem 11. und 19. Oktober und die erste Dezemberwoche. Sie amüsieren sich glänzend, sind der strahlende Mittelpunkt und niemand kann Ihrem geheimnisvollen Charme widerstehen. Zu kleinen Unstimmigkeiten könnte es hingegen zwischen dem 16. und 24. Januar, dem 10. und 18. Juni, in der letzten Augustwoche und zwischen dem 4. und 13. November kommen. Venus schmollt während dieser genannten Phasen und Sie verspüren vielleicht das Bedürfnis, sich ein wenig aus dem Trubel zurückzuziehen und mehr in sich zu gehen. Oder der Part-

ner fühlt sich unverstanden und hat das Gefühl, das fünfte Rad am Wagen zu sein. Aufgrund der anderen günstigen Einflüsse dürften Sie dies aber schnell wieder ausbügeln und die Wolken verziehen sich ...

2000 wird gesundheitlich ein exzellentes Jahr und Sie sind in Bestform. Saturn verleiht Ihnen (ab Mai) außergewöhnliches Stehvermögen, viel Widerstandskraft und Ausdauer. Die Chancen sind optimal, um schlechte Gewohnheiten abzulegen und einen gesünderen Weg einzuschlagen (weniger Alkohol, weniger Fett und weniger Nikotin). Denn derzeit haben Sie die Kraft und die Charakterstärke, um gute Vorsätze auch wirklich durchzuziehen! Von Mitte Mai bis Ende Juni wirkt Jupiter günstig und dies verspricht erstaunliche Heilungschancen. Falls Sie krank sind oder unter chronischen Beschwerden leiden, könnten neue Heilmethoden oder neue Medikamente bestens anschlagen (ganz besonders in den Tagen vom 20. bis 25. Mai!).

Weitere Perioden, in denen Sie besonders gut in Schuss sind: in den ersten beiden Februarwochen, vom 19. April bis 3. Mai, in der zweiten Julihälfte und zwischen dem 12. und 22. November.

Etwas vorsichtiger sollten Sie hingegen in der ersten Junihälfte und zwischen dem 18. Oktober und 4. November sein, da Sie Mars zu leichtsinnigen Reaktionen verleiten könnte. Vielleicht trauen Sie sich zu viel zu und überfordern Ihren Körper?

Ihre endgültige Jahresbilanz sollte allerdings eindeutig positiv ausfallen und einige fühlen sich besser denn je ...

Ihre Sterne 2001 bis 2005

Zwischen dem Frühjahr 2001 und Juni 2003 zwingt Sie Saturn zu Kompromissen oder Restriktionen, und so mancher Fisch zieht Bilanz, wird mit einer neuen Verantwortung belastet oder muss einige Komplikationen in Kauf nehmen. Glücklicherweise meint es Jupiter zwischen Juli 2001 und August 2002 gut mit Ihnen und Sie ziehen sich oft mit viel Glück aus der Affäre.

Zwischen Juni 2003 und Juli 2005 ist es umgekehrt: Saturn wirkt günstig und Sie können Ihre Position festigen und weiter ausbauen, können langfristig die Weichen für Ihre Zukunft stellen. Doch von August 2003 bis September 2004 funkt Ihnen Jupiter dazwischen, und dies könnte Probleme mit Vorgesetzten, mit einer Behörde oder Ihrer Bank bedeuten ...

Dazu kommt für einige März-Fische der störende Einfluss von Pluto, der tief gehende Umwälzungen provoziert, die Ihnen nicht ins Konzept passen (Abbau von Stellen in Ihrer Firma, Umstrukturierungen, neue Vorgesetzte oder ein Umzug). Fast immer kommt es zu einschneidenden Wandlungsprozessen und Sie ändern sich von Grund auf. Davon sind in 2001 nur die zwischen dem 2. und 5. März Geborenen, 2002 die zwischen dem 4. und 8., 2003 die zwischen dem 7. und 10., 2004 die zwischen dem

10. und 13., und schließlich 2005 die zwischen dem 12. und 15. März Geborenen betroffen. Da Pluto der lamgsamste Planet unseres Sonnensystems ist mit einer Umlaufdauer von 248 Jahren sind jeweils nur wenige Geburtsdaten seinem Einfluss ausgesetzt.

Zum Schluss noch eine gute Nachricht: Uranus tritt Anfang 2004 in Ihr Sternzeichen ein und dies verspricht (vorerst nur für die Februargeburtstage) eine große Wende im Leben, die oft völlig unerwartet kommt. Je nach Ihrem persönlichen Horoskop kann es sich dabei um Liebe auf den ersten Blick, einen Umzug, einen neuen Job oder auch eine Trennung handeln. Zusammenfassend kann man sagen, dass Sie trotz der Opposition Jupiters (zwischen dem Sommer 2003 und Sommer 2004) ab 2003 vorwiegend einen Aufwärtstrend spüren sollten und gute Karten haben, um die Weichen für Ihre Karriere und Ihr Privatleben zu stellen. Selbst die Fische, die von Pluto zu einer Metamorphose gezwungen werden, sollten daran denken, dass wir oft im Leben aus schwierigen Situationen oder Konflikten lernen und damit einen Schritt weiterkommen, speziell wenn gleichzeitig harmonische Einflüsse wirksam sind!

DIE BEDEUTUNG DER ASZENDENTEN

Kurz definiert ist der Aszendent das Sternzeichen, das im Moment der Geburt am östlichen Horizont aufgeht. Deshalb haben Menschen, die bei Sonnenaufgang – und in den zwei Stunden danach – zur Welt kommen, den Aszendenten im gleichen Sternzeichen wie die Sonne (was im Allgemeinen auf Persönlichkeiten hinweist, die sehr typisch für ihr Zeichen sind). Im 24-Stunden-Rhythmus ändert sich das Aszendentenzeichen alle zwei Stunden.

Der Aszendent ist im Horoskop außerdem die Spitze des 1. Hauses (auch Feld genannt) und gibt Auskunft über Persönlichkeit, Charakter, Auftreten und physisches Erscheinungsbild.

Ihr Aszendent spiegelt Ihre Anlagen wider, Ihre Fähigkeiten und Talente. Im Gegensatz zum Deszendenten (der gegenüber dem Aszendenten auf der gleichen Achse liegende Punkt), der symbolisch ist für das Du (die Anderen), bedeutet der Aszendent das Ich. Der Aszendent zeigt, wie wir auf andere wirken.

Lesen Sie in den folgenden Stichworten, wer Sie dem Aszendenten zufolge sind. Neben den grundlegenden Eigenschaften Ihres Sonnenzeichens ist Ihre Persönlichkeit auch stark vom Symbolismus des Aszendentenzeichens geprägt.

Widder

Energisch, dynamisch, willensstark, angriffslustig, impulsiv, selbstsicher, freiheitsliebend, aufrichtige und offene Haltung, manchmal bis zur Taktlosigkeit. Auch Ungeduld, überstürztes Handeln.

Sie suchen das Neue, die Abwechslung, die Herausforderung, und Sie fangen gern
etwas an, was die anderen zu Ende bringen.

Es fehlt Ihnen an Ausdauer, Geduld. Sie brauchen körperliche Bewegung, Sport usw.,
haben oft ein echtes Führungstalent und können gut delegieren.

Stier

Freundlich, naturverbunden, ruhig, gelassen, ausdauernd, beständig, konservativ,
kunstinteressiert, hartnäckig, praktisch handelnd.

Sie brauchen das Gefühl der Sicherheit, lieben Ihre Gewohnheiten und haben nichts
gegen Routine. Sie hassen plötzliche Änderungen und können sehr dickköpfig sein.
Sie sind ein Genießer, schätzen gute Küche über alles, neigen aber zu Naschhaftigkeit ... In Beziehungen sind Sie zu besitzergreifend und manchmal sehr eifersüchtig.

Zwillinge

Vielseitig, neugierig, kontaktfreudig, schlagfertig, anpassungsfähig, geschickt, lebhaft, begeisterungsfähig, einfallsreich, aber auch sprunghaft, oberflächlich, wechselhaft, unstet, unentschlossen. Sie haben eine gute Beobachtungsgabe, sind ein guter
Gesprächspartner, haben viel Phantasie. Sie hassen Entscheidungen, Routine ... und

Sie tanzen gern auf zwei (oder sogar mehr) Hochzeiten. Sie sind gerne unterwegs, reiselustig.

Ihr Erscheinungsbild ist meistens schlank, schlaksige Bewegungen.

Krebs

Gefühlsbetont, empfindsam, sensibel, nachgiebig, diplomatisch, zurückhaltend, reserviert, konservativ, nachtragend, leicht zu beeindrucken, hypochondrisch, manchmal launisch, labil, pessimistisch. Man muss Sie ermutigen, Ihr Selbstvertrauen zu stärken. Sie sind anfällig für psychosomatische Beschwerden (vor allem der Magen).

Neben einem ausgeprägten Einfühlungsvermögen, Sinn für Humor und Intuition, haben Sie ein exzellentes Gedächtnis und studieren gern Geschichte.

Die Familie geht Ihnen über alles ...

Löwe

Selbstsicher, loyal, offen, großzügig, ichbetont, extrovertiert, leidenschaftlich, vital, direkt. Sie streben nach Macht, Luxus und sind eine echte Führernatur. Sie verfolgen hoch gesteckte Ziele, sind sehr unabhängig, manchmal durch Ihre Offenheit undiplomatisch. Manchmal trauen Sie sich zu viel zu, aber Ihre optimistische Grundhaltung hilft Ihnen über vieles hinweg.

Sie brauchen Anerkennung und Erfolg, stehen gerne im Mittelpunkt und legen Wert auf Ansehen und Anerkennung. In negativen Fällen leben Sie über Ihre Verhältnisse und können ziemlich tyrannisch sein.

Jungfrau

Analytische Intelligenz, praktisch veranlagt, steht mit beiden Beinen auf der Erde. Zuverlässig, methodisch, genau, ordnungsliebend, bescheiden, zurückhaltend, sparsam, fleißig, gutes Urteilsvermögen, sorgfältig, gewissenhaft ...

Sie gehen logisch vor, nach dem Grundsatz: „Erst denken und dann handeln!"

Manchmal sehr pedantisch, kleinkariert, detailorientiert, geizig. Sie können sehr kritisch sein, zu egoistisch. Sie sind ernährungsbewusst, oft ein Gesundheitsfanatiker. Spannungen im Beruf oder Privatleben können sich auf die Verdauung auswirken.

Waage

Friedliebend, diplomatisch, harmoniebedürftig, anpassungsfähig, kontaktfreudig, charmant.

Sie haben guten Geschmack, Talent zur Kunst, Sinn für Schönheit. Aber Sie legen sich nicht gerne fest, denn Sie sehen immer die beiden Seiten eines Problems. Manchmal unsicher, weichen Sie Konflikten lieber aus. Sie sind ein guter Schiedsrichter in Streitfällen.

Sie pflegen gesellschaftliche Kontakte mit Hang zu mondänen Anlässen. Sie haben gute Umgangsformen, elegantes Auftreten, modische Kleidung, denn Sie legen großen Wert auf die Meinung der anderen. Manchmal sind Sie zu genusssüchtig, naschhaft, und es mangelt Ihnen an praktischem Sinn.

Skorpion

Willensstark, vital, dynamisch, ehrgeizig, zielstrebig, selbstsicher, impulsiv, leidenschaftlich, undurchschaubar, mysteriös ...

Sie haben ein exzellentes Stehvermögen, können aber auch brüsk, rachsüchtig, besitzergreifend, nachtragend, eifersüchtig, unnachgiebig, dickköpfig, zynisch oder misstrauisch sein, haben Sinn für Manipulation, sind aber treu in Freundschaften.

Da Sie von den anderen zu viel erwarten, sind Sie oft Einzelgänger, machthungrig, geldbezogen, aber auch großzügig, um anderen zu helfen.

Sie haben ein großes Interesse daran, Zusammenhänge zu kennen, ausgeprägten Forschergeist, eine gute Spürnase, sind physisch sehr widerstandsfähig. Oft fallen Sie auf wegen Ihres durchdringenden Blicks.

Schütze

Idealistisch, freiheitsliebend, reiselustig, optimistisch, offen, furchtlos, impulsiv, humorvoll, sportlich, fair, geradlinig, hilfsbereit, ehrgeizig im Sport, ein guter Gesprächspartner, manchmal rastlos, selbstherrlich, rücksichtslos offen, zerstreut und oberflächlich.

Sie können sich nur schwer unterordnen, streben nach Erfolg und Ansehen, haben einen ausgeprägten Sinn für Gerechtigkeit, können gut zuhören, brauchen in der Partnerschaft viel Freiraum. Besitzen aber auch ein Hang zu Übertreibungen, manchmal angeberisches Verhalten.

Gesundheitlich viel Bewegung in frischer Luft und Sport.

Steinbock

Sachlich, praktisch, systematisch, konzentriert, realistisch denkend und handelnd, ehrgeizig, treu, zuverlässig, gründlich, hartnäckig, autoritär, organisiert, methodisch, nüchtern, aber auch verschlossen, nicht anpassungsfähig, starrsinnig, stur, abwartend, kritisch, berechnend, geizig, wenig gesellig.

Sie sind eher ein Verstandes- als ein Gefühlsmensch und zeigen mitunter Gefühlskälte oder Gleichgültigkeit ... Sie wirken kühl, distanziert, abweisend, sind sparsam mit Worten und Gesten, gehen nur selten aus sich heraus.

Oft fehlt es Ihnen an Selbstvertrauen, und es besteht eine Neigung zu Depressionen.

Wassermann

Fortschrittlich, ideenreich, extravagant, originell, unkonventionell, gesellig, kontaktfreudig, altruistisch, manchmal exzentrisch, provokant, launenisch, rastlos ...

Sie haben einen starken Drang zur Unabhängigkeit sowie Pioniergeist und sind oft Erfinder, die ihrer Zeit voraus sind. Haben einen großen Freundeskreis, da Sie es hassen, allein zu sein. Sie ändern blitzartig Ihre Meinung, Ihre Stimmung schlägt unerwartet um, und Sie zeigen sehr überraschende Reaktionen. Auch Ihr Look wechselt häufig, und Sie sind der Mode immer einen Schritt voraus – manchmal auch oberflächlich ...

Fische

Sensibel, mitfühlend, hilfsbereit, phantasievoll, idealistisch, bescheiden, manchmal mutlos, konfliktscheu, schüchtern, leicht zu beeindrucken oder zu beeinflussen, unsicher ...

Sie leben oft in einer Traumwelt, machen sich Illusionen und scheuen die Auseinandersetzung. Sie lassen sich gehen. Ihr mysteriöser Charme und Ihre außergewöhnliche Intuition öffnen Ihnen neue Horizonte, aber es fehlt Ihnen an Ausdauer, Durchsetzungsvermögen und Selbstsicherheit ...

Bildnachweis:

Archiv für Kunst und Geschichte, Berlin:

Seite 10/11, 14/15, 20, 31, 48, 58/59, 75, 87, 89, 90, 108, 114/115, 120, 157/158, 172/173, 206, 217, 227, 242/243, 250, 272

Milan Špůrek, Das große Handbuch der Astrologie, Aventinum:

Seite 19, 21, 41, 61, 81, 101, 121, 143, 163, 185, 207, 229, 251

Titelmotiv: Bavaria Giraudon